KB070465

전쟁 이후의 세계

박노자

소련의 레닌그라드(현재의 상트페테르부르크)에서 태어나 자랐고, 본명은 '블라디미르 티코노프'다. 2001년 귀화하여 한국인이 되었다. 레닌그라드대 극동사학과에서 조선사를 전공했고, 모스크바대에서 고대 가야사 연구로 박사 학위를 받았다. 현재 노르웨이 오슬로대에서 한국학과 동아시아학을 가르치고 있다.

한국 사회에 대한 비판적인 칼럼들을 묶은 《당신들의 대한민국》으로 주목받았으며, 《당신이 몰랐던 K》 《미아로 산다는 것》 《주식회사 대한민국》 《비굴의 시대》 《전환의 시대》 등은 이 연장선상의 저작이다. 《조선 사회주의자 열전》 《거꾸로 보는 고대사》 《우리가 몰랐던 동아시아》 《우승열패의 신화》 등을 통해 역사 연구자로서의 작업도 꾸준히 이어가고 있다.

전쟁 이후의 세계
ⓒ박노자, 2024

초판 1쇄 발행 2024년 2월 20일
초판 2쇄 발행 2024년 8월 26일

지은이 박노자
펴낸이 이상훈
인문사회팀 최진우 김지하
마케팅 김한성 조재성 박신영 김효진 김애린 오민정

펴낸곳 ㈜한겨레엔 www.hanibook.co.kr
등록 2006년 1월 4일 제313-2006-00003호
주소 서울시 마포구 창전로 70(신수동) 화수목빌딩 5층
전화 02)6383-1602~3 **팩스** 02)6383-1610
대표메일 book@hanien.co.kr

ISBN 979-11-7213-001-5 03900

• 이 저서는 2021년 대한민국 교육부와 한국연구재단의 지원을 받아 수행된 연구입니다(NRF-2021S1A3A2A02096299).

E POSTWAR WORLD

2022.02.24.

전쟁 이후의 세계

다원 패권 시대, 한국의 선택

박노자 지음

한겨레출판

전쟁의 시대를 헤쳐나가는 방법

스키가 국민적 스포츠인 노르웨이에서는, 지금처럼 눈이 듬뿍 쌓인 겨울철은 평소라면 스키를 타기 좋은, 기쁜 계절입니다. 하지만 제 동료나 길거리의 보행자, 지하철 승객들의 얼굴에서 홀가분하거나 기쁜 표정을 보기가 쉽지 않습니다. 일차적으로 지난 2023년은 경기 침체가 깊어져가는 해였기 때문일 것입니다. '불경기'와 동시에 사람들의 가슴을 억누르는 것은 매일매일 읽고 보게 되는 세계 뉴스입니다. 2023년은 다른 어느 때보다도 현대사에서 보기 드문 '전쟁의 해'였습니다. 1968년이 '세계 혁명의 해', 여러 나라에서 동시다발적으로 각종 저항 운동들이 일어난 해였다면, 2023년은 끝이 보이지 않는 전란의 해로 각인돼 앞으로 기억될 것입니다. 2024년도 이와 크게 다르지 않으리라는 것은, 다수의 우울한 예상입니다.

2023년이 밝기도 전에 러시아의 우크라이나 침공은 이미 10개월 이상 지속돼 우크라이나 국토의 30~40퍼센트가 이미 지뢰나 각종 폭발물 등으로 황폐화된 상태였습니다. 이 침공은 지금 이 글을 쓰는 순간에도 계속 현재 진행형입니다. 거기에 더해 최근 중동의 강국인 튀르키예의 하위 파트너인 아제르바이잔에 의해 나고르노-카라바흐 지구가 점령돼, 그곳에서 수천 년간 살아온 아르메니아계 주민들이 거의 다 쫓겨나게 됐습니다. 사실상의 인종 청소가 2023년 백주 대낮에, "국제사회"가 수수방관하는 사이에 이뤄진 것입니다. 그뿐만이 아닙니다. 얼마 전 중동에서 미국의 하위 파트너인 이스라엘을, 이란의 하위 파트너인 하마스라는 무장 정파가 공격해 팔레스타인 가자지구에서 처참한 전쟁이 벌어졌습니다. 이스라엘의 가자지구 공습·침탈로 인해 약 녁 달 동안 죽어간 사람들의 수는 이 글을 쓰는 순간 이미 2만 6000명 이상에 달했으며, 앞으로 얼마나 더 많은 사상자가 발생할지 아무도 모릅니다. 구소련과 중동이 여태까지 전란의 중심이었지만, 세계의 다른 지역들도 전혀 태평하지 못합니다. 예컨대 아프리카에서 벌어진 니제르 쿠데타(2023년 7월 26일, 대통령 경호대의 주도로 대통령을 감금하고 군사정부를 수립한 쿠데타)나 수단 내전(2023년 4월 15일, 수단군과 준군사조직 신속지원군 사이에 발생한 내전) 등까지 염두에 두면 정말 2023년은 '전쟁의 해'라는 표현 외에 다른 말을 찾기가 어려울 정도입니다. 그렇다면 도대체 인류는 왜 이렇게 살육의 광기에 휩싸이게 됐을까요?

사실 전쟁의 원인은 꼭 한 가지로만 꼽을 수 없습니다. 6·25 전쟁만 봐도 그렇습니다. 6·25 전쟁은 각각 좌우에 그 기반을 둔, 상호 경쟁적 관계에 있었던 한반도 내 두 개의 신생 탈식민 정권 사이의 내전이기도 했지만, 동시에 중국과 소련, 그리고 미국을 패권 국가로 삼았던 서방 진영 사이의 대리전이기도 했습니다. 또한, 미국과 중국 양국의 군대가 직접 부딪쳤던 만큼 강대국 사이의 국제 전쟁이기도 했습니다. 이렇게 복합적 성격의 전쟁이었지만, 적어도 세계사적 맥락에서는 글로벌 냉전의 일부인 국제전이자 대리전으로 다루어지는 것이 일반적입니다. 현재 진행 중인 각종 전쟁들도 똑같이 평가할 수 있습니다. 이 전쟁들은 일차적으로 경쟁적 관계에 있는 국민국가나 집단 사이의 무장 갈등이거나 강대국에 의한 주변 약소국 복속, 또는 영토 점령의 시도라고 볼 수 있습니다. 하지만 글로벌 맥락에서는 열강 내지 강대국 사이의 관계, 강대국들의 이해利害를 떠나서 분석할 수 없는 전쟁들입니다.

가령, 이제 2년 정도 지속돼 온 러시아의 우크라이나 침략을 봅시다. 이 책에서 논증했듯이, 이 침략의 일차적 본질은 우크라이나라는 "옛 제국 영토"를 "수복", 즉 재점령하려는 블라디미르 푸틴 정권의 제국주의적 의도에 있습니다. 이 책에서 자세히 다루었지만, 푸틴 정권으로서 우크라이나 영토—적어도 점령이 현실적으로 가능한 것으로 보이는 우크라이나 동남부 영토—의 보유는 여러 차원에서 중요합니다. 푸틴 정권은 이 피점령 지역의 매장 자원과 인력 자원이 보다 높은 수준의 자급자족과 국가 주도, 군수 복합체 본위의 개발을 지향하는 러시아 제국에 새로운 '힘'을 보태기를 기대합니다. 동시에 우크라이나라는 국가의 약체화나 파괴가 동슬라브 지역에서 모스크바를 중심으로 한 러시아 민족주의의 경쟁자가 될 수 있는 우크라이나 민족의식의 약화로 이어질 것도 기대합니다. 한데 우크라이나에 대부분의 무기를 공급하고 우크라이나를 재정적으로나 외교적으로 지원하는 것은 미국과 유럽연합과 같은 미국의 하위 파트너들입니다. 즉, 우크라이나에서 러시아의 제국주의적 침략이 진행되는 것과 동시에 미국과 러시아 사이의 힘겨루기, 미·러 대리전이 진행되는 중이기도 합니다. 이러한 미국과 러시아 사이의 간접 전쟁의 결과는 궁극적으로 2020년대 이후의 세계에서 미국과 러시아의 상대적 지위를 정하는 데에 결정적 영향을 미칠 것으로 예상됩니다.

요컨대 우크라이나 침공이 한 강대국의 제국주의적 침략인 동시에 여러 강대국 사이의 대리전인 것처럼 앞에서 열거한 현재 진행 중인 다른 전쟁들도 대부분 강대국들의 각종 이해와 복잡하게 얽혀 있습니다. 이를테면 아제르바이잔의 후견 국가는 지역 강국인 튀르키예인가 하면, 그 상대편인 아르메니아는 러시아의 피被후견 국가인 동시에 최근 몇 년 사이 미국과 프랑스 등을 상대로─별다른 성과 없이─"구애"를 해온 나라입니다. 하마스를 지원하는 국가가 이란이라면 이스라엘에 대한 공격이 이뤄진 날부터 이스라엘을 향해서 미군의 항공모함 2척이 떠난 셈입니다. 물론 이란이 하마스의 이번 공격에 직접 개입했는지 여부는 아직 정확히 확인되지 않았습니다. 하지만 이번 공격은 하마스가 표방한 '팔레스타인 해방'이라는 목표와 동시에, 이스라엘이 보장해주고 있는 중동에서의 미국의 '지분'을 '축소'시키려는 이란의 지역 전략 속에서 이뤄진 것으로 보입니다. 또한, 이와 동시에 미국이 여태까지 은밀히 추진해온 이스라엘과 사우디아라비아 사이의 수교, 그리고 이에 따른 이란과 사우디아라비아 사이의 관계 차단을, 이번 공격이 저지 혹은 좌절시킬 것으로 예상됩니다. 그만큼 이란이 득을 보고 있다는 것이지요. 심지어 니제르에서 프랑스 주둔군을 철수하게 만든, 니제르에서 벌어진 최근의 쿠데타 역시 니제르의 새로운 군사정권을 응원해주는 러시아와 프랑스, 그리고 니제르에서 프랑스와 협력했던 미국 사이의 관계를 떠나서 이해하기란 어려울 것입니다.

'강대국들은 왜 세계 곳곳에서 대리전들을 벌이고, 심지어 직접 전쟁을 하게 되는가?'라는 질문에 대한 가장 가시적인 답변은 당연히 '경제'일 것입니다. 이 책에서도 자세히 다루지만, 우크라이나 침공을 위시한 최근 벌어진 대부분의 각종 열강 사이의 대리전들은 "무력 수단에 의한 경제의 연장"으로서의 성격이 농후합니다. 본래 공황이나 경제 위기, 경기 침체 국면에서 전쟁에 의한 '특수'는 이윤율 저하 경향을 상쇄합니다. 지금이야말로 이와 같은 '특수'가, 무기의 주요 생산자인 강국의 자본가들에게 가장 절실히 필요한 불경기의 시기인 것이지요. 2023년 11월에는 미국 뉴욕 월가에서 '하마스 특수'라는 말이 인구에 회자될 정도로 미국의 군수업체나 그 업체에 투자하는 금융업계에 이스라엘이 벌이는 전쟁은 반가운 소식입니다. 이미 2022년 봄부터 미국산 무기의 우크라이나 지원으로 인해 군수 복합체 주요 업체들의 주가가 계속 오름세였습니다. 그런가 하면 전 세계적인 경기 침체와 대조적으로 우크라이나 침공으로 엄청난 규모의 '특수'를 창출해낸 러시아는 2023년 3.5퍼센트 정도의 경제성장률이 예상된답니다. 게다가 대부분의 남성들이 군대로 동원되는 '전쟁 특수'로 인해 러시아에서 완전 고용 상황까지 이루어져 임금 인상 효과까지 나타났습니다. '전쟁 특수'가 많은 민초들의 주머니 사정에까지 영향을 미쳐 푸틴에 대한 80~82퍼센트의 지지율로 이어진 것이지요. 앞으로 당분간 지속될 러시아의 전시 경제, 그리고 전쟁에 의거한 푸틴의 장기 집권과 정권 유지 전략은 바로 이 책에서 다루는 주요 주제 중 하나입니다. 그러나 과연 미국과 러시아와 같은 세계 강국들만이 살육을 이용해 돈을 벌까요? 그렇지 않습니다. 전 세계 무기 생산·판매의 큰손으로 떠오르고 있는 한국의 자본도 '죽음 장사'로 횡재하려는 중입니다. 2021년 72억 달러 정도였던 한국의 방위산업 수출 규모는 2023년 무려 200억 달러에 이를 것으로 예상됩니다. 한국의 일부 자본도 '전쟁의 해'로 짭짤한 재미를 보고 있는 것이지요.

자본의 이윤율을 높여주는 역할과 함께, 전쟁은 국가들 사이의 비공식적 서열을 매겨주는 계기로 작동하기도 합니다. 세계 근현대사를 전체로 놓고 보면, 기존의 패권 체계가 쇠락하는 국면에서 대개 약 30~50년에 한 번꼴로 주요 열강이 관여하는 전쟁 등 대규모의 지각 변동이 일어나고, 그 결과에 따라 열강 사이의 질서가 새롭게 짜여왔습니다. 예컨대 나폴레옹 전쟁1803~1815은 영국과 러시아 중심의 양강 구도를 낳았으나 크림 전쟁1853~1856의 결과로 러시아의 위상이 격하되어 영국의 독무대가 펼쳐졌습니다. 이후 프로이센-프랑스 전쟁1870~1871에서 승리한 통일 독일이 패권 국가 영국의 대항마로 부상했다가 제1차 세계대전1914~1918에서 완패를 당했고, 영국의 패권은 그 우방인 미국으로 승계됐습니다.

제2차 세계대전1939~1945의 결과로 미·소 양강 구도가 형성됐지만, 냉전 종식1989~1991은 크림 전쟁에서의 패배처럼 러시아의 격하와 미국의 독주를 의미했습니다. 2022년부터 시작된 일련의 새로운 전쟁들은 결국 미국의 독무대에 대한 중국과 러시아, 이란 등 여러 주요 비서구 열강의 '도전'을 의미합니다. 이 도전의 궁극적 결과에 따라 2020년대 중후반쯤에는 앞으로 또 30~50년 동안 지속될 주요 강대국 사이의 새로운 질서가 다시 만들어지고 한동안 이어질 것입니다.

이 책을 집필한 목적 중 하나는 지금 미국의 패권적 지위에 도전해 2020년대 이후 다시 한번 글로벌 강대국으로서 세계 패권의 일부라도 나누어 가지려는 푸틴의 러시아를 체계적으로 이해할 수 있는 기본 틀을 독자들에게 제공해주는 것입니다. 이를 위해 러시아의 '연성 권력'(소프트 파워)이 왜 이토록 약한지, 왜 연성 권력과 경제적 비중의 부족을 군사주의와 침략 정책으로 '벌충'하려 하는지, 이 군사주의와 침략 정책들이 왜 70퍼센트가 넘는 러시아인들의 지지를 얻게 된 것인지, 왜 러시아에서 반전 세력들이 이토록 반전운동의 대중화에 실패했는지 등을 러시아의 역사와 같은 배경을 염두에 두고 서술했습니다. 이러한 설명이 현재 벌어지고 있는 미국 패권에 대한 푸틴 정권의 도전, 그리고 앞으로 러시아가 나름의 역할을 맡게 될 새로운 세계 패권 질서의 파악에 도움이 됐으면 하는 것이 저의 목표입니다.

이 책의 대부분의 지면은 러시아 문제나 글로벌 문제에 할애돼 있지만, 저나 독자들의 궁극적 관심은 한반도에 쏠리지 않을 수 없습니다. 지금 러시아를 비롯해 미국에 도전하는 열강들의 주도로 세계적인 차원에서 이루어지는 국제 질서의 재편 과정은 한반도의 안위와 직결됩니다. 한반도의 지경학地經學, geo-economic적·지정학적 상황은 전 세계의 경향들을 압축해 보여줍니다. 소련이 냉전에서 미국에 패배를 당했듯이, 북한도 남한과의 경제 경쟁에서 완패를 당했습니다. 단, 그 패배의 폭이 훨씬 더 컸습니다. 현재 미국의 명목 기준 경제 규모는 러시아보다 14배 더 크지만, 남한의 경제 규모는 북한보다 55배나 더 큽니다. 한데 푸틴 시대에 군수공업 발달에 올인해온 러시아처럼 1990년대 이후 북한 역시 경제적 취약성을 군사 부문의 우선적 발달로 상쇄하려고 노력해왔습니다.

북한의 구매력 기준 1인당 국내총생산(약 1700달러)은 예컨대 짐바브웨나 토고, 말리 등과 같은 국가보다 더 적습니다. 하지만 북한은 미국이나 중국, 영국, 프랑스, 러시아, 그리고 인도나 이스라엘처럼 대륙간탄도미사일ICBM을 보유한 나라가 됐습니다. 최근 선보인 화성-18형 미사일로 이론상으로는 미국 뉴욕이나 워싱턴까지 타격할 수 있는 무력을 갖추게 된 것이지요. 결국 오늘날 한반도는 극도로 불균형한 지경학·지정학적 지형에 놓이게 됐습니다. 미국의 지배적인 영향 아래에서 그 주권을 온전하게 행사할 수 없는 남한이라는 '불완전한 주권의 부자 나라'는, 비무장지대를 사이에 두고 가난하지만 완전한 주권과 세계 최고급 전략 무기를 가진 "세계에서 가장 빈곤한 군사 대국" 북한과 대치하고 있습니다. 미군의 지휘와 '보호'를 받으면서 사는 데에 익숙해진 부자 나라와 생활수준이 세계 하위권임에도 불구하고 고도로 발달된 미사일 기술과 핵으로 무장한, 그리고 '자주'에 사활을 걸고 있는 가난한 나라가 인구밀도가 세계에서 가장 높은 축에 속하는 좁은 한반도에서 공존하고 있는 것입니다.

본질적으로 매우 불안정한 이 구조는 외부적 충격으로 인해 언제든지 더 불안해질 수 있습니다. 이때 외부 충격을 가할 확률이 가장 높은 것은 바로 한반도 주변에 포진한 소위 '4강', 즉 주변 강대국들입니다. 4강 중에서 미국과 중국, 그리고 러시아는 현재 국제 질서 재편과 관련된 직간접적 전쟁과 대립에 연루되어 있어, 잘못하면 그 영향을 한반도가 크게 받을 수 있습니다. 가령, 대만을 둘러싼 미·중 대립이 무장 대치 내지 무력 갈등의 성격을 띠게 되고 미국의 압력으로 그 상황에 남한까지 관여하게 되면, 남한에 대한 북한의 행동과 관련해 중국이 더는 그 어떤 견제도 하지 않겠다고 나설 수 있습니다. 반대로 지금 하마스의 이스라엘 공격이 미국의 관심을 분산시켜 러시아의 우크라이나 침공 수행을 훨씬 더 수월하게 해준 것처럼 대만을 둘러싼 미·중 대립의 경우 남한에 대한 북한의 적극적 행동이 미국의 역량을 분산시킴으로써 중국 쪽에 이롭게 작용할 수 있습니다. 한데 어느 쪽이든 우리 모두에게는 한반도에서의 그 어떤 군사적 행동도 최악의 시나리오에 속합니다. 국지전이라 해도, 몇 시간 동안만 지속될 초단기적 무력 갈등이라 해도, 그 갈등으로 인해 발생될 수밖에 없는 인명 손실부터 한국 사회가 수용할 수 없을 것입니다.

이 최악의 시나리오가 현실화하는 일을 막기 위해 우리는 무엇을, 어떻게 해야 할까요? 새로운 전쟁의 시대를 다루는 이 책의 가장 중요한 저술 의도는 전쟁의 시대를 전쟁 없이, 한반도 평화를 지켜가면서 헤쳐나갈 수 있는 방법에 대한 저자의 고민을 공유하는 데에 있습니다. 국가적 차원에서는 이 책에서 논의하는 것처럼 대한민국이 최대한 평화 지향적 균형 외교에 나서야만 한반도에서의 무력 갈등의 가능성을 미연에 방지할 수 있을 것입니다. 여기에서 균형이란 미국과 일본만이 아닌, 북한과 중국, 그리고 러시아와도 긍정적이고 평화적으로 협력하고, 미래 지향적인 관계를 적극적으로 건설하고 발전해나감을 의미합니다. 가장 중요한 것은 남북한 사이의 교류와 경제협력을 재개하는 것입니다. 무력 갈등으로 잃을 경제적 이익이 있다면 그 갈등이 일어날 확률은 줄어듭니다. 한데 무역이나 투자만으로는 전쟁을 예방할 수 없습니다. 따라서 경제협력을 넘어서 남북 사이의 인적 교류, 서로에 대한 바로 알기, 그리고 남북 군 사이의 신뢰 구축과 군비 축소 등으로의 움직임들이 중요합니다. 그리고 한·중, 한·러 관계에서 미국의 의향을 그대로 따르는 대미 맹종의 태도도 버려야 합니다. 이 책에서 논증하는 것처럼 그 어느 때보다도 오늘날과 같은 전쟁과 국제 질서 재편의 시대에 무조건적 대미 맹종은 바로 파멸의 길입니다. 한국이 미국 글로벌 전략의 '졸卒'이 아닌 한반도 주변 외교의 독립적 주체가 돼야 최악의 재앙을 피할 수 있을 것입니다.

동시에 이 책에서 거듭 이야기하는 것처럼 전쟁 시대에 평화 만들기란 국가에만 맡길 수 있는 과제가 아닙니다. 시민사회와 그 구성원 각자도 적극적으로 나서야 합니다. 우크라이나 침공의 피해자인 우크라이나 민중과 러시아 독재의 내부적 피해자인 러시아 양심수와 반전 운동가 돕기부터 시작해서 평화 지향적인 시민사회가 행할 수 있는 잠재적인 활동 분야들이 많습니다. 그리고 무엇보다 평화는 우리 안에서의 가치 재평가부터 시작됩니다. 예컨대 '죽음 장사'라고 할 만한 한국의 방위산업 수출 폭증에 과연 우리가 환호하고 기뻐해야 하는지, 우리가 스스로에게 한번 물어봐야 합니다. 남북한 사이의 평화 레짐 구축을 위한 그 어떤 움직임도 없이 오로지 "K-무기" 생산과 국제적 판매에 모든 힘을 경주하는 것이 과연 평화를 향하는 길일까요? 그리고 이 책에서 다루는 것처럼 한국 사회에 강력하게 남아 있는 군사주의적 규율, 병영과 같은 방식으로 작동하는 노무 관리 관습 등은 한국을 평화 지향적 사회로 만드는 데에 커다란 장애물은 아닐까요? 전쟁의 해가 된 지난 2023년을 돌아보면서 우리는 우리가 세계 평화와 한반도 평화 만들기에 얼마나 기여했는지 스스로에게 물어봐야 합니다. 전쟁의 시대를 전쟁 없이, 평화를 지켜가면서 헤쳐나가기 위한 이 질문에 더 많은 시민들이 동참하기를 바라는 마음을 담아 이 책을 혈전과 혼란이 곳곳에서 거듭되는 세상에 내보냅니다.

| 차례 |

1부

"혁명의 국가" 소련은
어떻게 침략 전쟁의 주역이 됐나

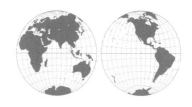

2부

러시아는 왜
우크라이나를 침공했는가

3부

한국과 러시아,
무엇이 같고 무엇이 다른가

4부

포스트 워, 세계는 어디로 가고 있는가

1부

"혁명의 국가" 소련은 어떻게 침략 전쟁의 주역이 됐나

소련의 폐허에서 러시아의 미래를 예측하다: 다시 보는 소련 망국 30년

　　제가 이 글을 쓰는 날인 2021년 12월 25일은 소련 망국 30주년입니다. 지금으로부터 딱 30년 전인 1991년 12월 25일 밤, 망치와 낫이 그려진 홍기는 크렘린 궁에서 내려지고 제국 시대의 해군기인 러시아 삼색기가 게양됐습니다. 혁명 이후 74년 영욕의 역사는 이렇게 그 막을 내렸습니다. 저는 솔직히 그때 소련의 해체가 "완료"됐다는 것에 대해 신경을 쓸 겨를이 거의 없었습니다. 이미 소련이라는 국가는 식물인간처럼 됐으며 거의 그 기능이 마비된 상태나 마찬가지였고, 인민들은 식량이나 구하느라 바쁜 날들을 보냈던 것입니다.

　　저는 고등학교 시절부터 제가 사는 사회가 "사회주의"와 거리가 멀다고, 즉 카를 마르크스의 "사회주의" 이상에 한참 미달이라고 생각하면서 살았습니다. 카를 마르크스와 블라디미르 레닌이 생각했던 "사회주의"는 직접 생산 담당자들의 자유 연합이 생산과 소비를 통제하는 무국가, 무권력 형태의 사회였는데, 그것은 소련의 강경 관료 권위주의와는 전혀 다른 사회적 모델이었지요. 그런데 생각해보면 그럴 수밖에 없었다는 생각도 종종 들었습니다. 혁명 이후 외부 강적에 맞서 국방 위주의 초고속 공업화를 진행해야 했던 가난하고 후진적인 "한 국가" 안에서, 인류의 오랜 꿈인 생산자들의 자유 연합의 사회를 건설할 수 있었을 리가 있었겠습니까? 사실 소련은 무엇인가를 "건설"했다기보다는 그저 국가적 "생존"의 보장을 받느라 정신없이 살아온 역사였습니다. 가령, 농민들의 잉여를 빼앗아 수입된 기술로 10년 내에 국방 공업화를 이루고, 세계사 최악의 전쟁을 수행하고, 생산력이 소련보다 훨씬 좋았던 미국에 맞서서 핵과 우주 기술로 국방 경쟁을 하고, 동유럽 등지에 영향권을 구축, 사수해왔지요.

사실 이런 일들은 그 본질상 마르크스의 "사회주의"와 아무 관계도 없었고, 혁명을 거친 국가의 "생존" 차원의 문제였습니다. 그러나 한편으로는 혁명을 거친 사회였던 만큼 잔혹한 추격형 초고속 국방 위주의 근대화 속에서 세계 최초의 완결형 복지국가를 만든 것도 사실입니다. 또한, 혁명을 거친 국가였던 만큼 옛 지배층을 거의 도태시키고 기층 민중 출신들로 새 지배층을 구축하고, 수천만 명의 노동자와 농민들에게 인텔리나 간부로 신분 상승을 할 수 있는 길을 "초고속"으로 열어준 것도 사실입니다. 사회주의가 아니었다 해도, 궁극적으로 러시아와 세계의 민중들에게는 대단히 귀중한 하나의 "사회적 실험"이었던 것이지요.

1991년 12월 25일에 그 영욕의 역사가 마감됐습니다. 일각의 트로츠키주의자들은 그때 소련의 망국을 "환호"한다고, 기관지의 기사 제목을 뽑기도 했습니다. 소련이 망한 뒤로 "계급투쟁"이 가속화되어 그 폐허에서 새로운 좌파적 실험들이 실시될 것이라는 기대에서 그런 제목을 뽑은 것인데, 이런 빗나간 예측은 소련 사회의 성격과 성질에 대한 실사구시實事求是적 연구의 부족에서 비롯됐습니다. 계급투쟁을 벌이자면 대타적인 집단의식을 지닌 "계급"부터 필요한데, 소련이 망할 무렵 그 수준까지 성숙된 계급은 딱 하나뿐이었습니다. 바로 간부, 즉 관료 계급이었습니다. 이미 계급으로 성숙된 관료층은 망국의 과정을 주도하기도 했지요. 자본가의 역할을 겸비하려는 본인들의 계급적 이해관계에 따라서 말입니다. 이들과 정반대로 소련 말기의 노동자들은—예컨대 폴란드 같은 동류의 동구 사회들과 또 다르게—아직도 충분히 대타적인 계급으로 성장하지 못했습니다. 대부분의 농민 출신 1세대 노동자인 그들의 상당수는 자신의 자녀들이 (무상) 고등교육을 받아 탈노동자화되어 지식인이나 간부가 될 것을 희망했습니다. 그들은 그들에게 평생 고용과 시골 별장 등을 보장했던 소련 국가와 갈등 관계에 있었다기보다 차라리 수혜受惠적인 관계, 즉 후견주의적 clientelist(정치인의 시혜와 유권자의 지지가 맞교환되는 정치 시스템) 관계에 있었다고 봐야 합니다. 망국 이후 노동자들의 계급투쟁은 망국 이전 페레스트로이카perestroika 시기보다 오히려 그 활기를 잃은 셈이었습니다. 탈공업화 속에서 노동자층이 분열, 원자화되고, 이 중 상당수가 자영업자 등으로 전업됐습니다. 대부분의 공장들이 어떤 방식으로든 방산 복합체와 연결된 만큼 공장에 남은 사람들은 국가의 무기 구

전쟁 이후의 세계

입 예산을 늘리고 있는 현 정권이나, 그것보다 더 강하게 서방과 대립해 보다 많은 무기를 사들일 것으로 보이는 연방 공산당에 투표하는 추세입니다. 계급투쟁이 아닌 국가적 후견주의clientelism 정치가 우세를 점하게 된 것이지요.

그렇다면 소련이 붕괴된 지 30년이 지난 지금, 우리들의 현주소는 어디쯤일까요? 구소련의 구성 공화국 중에서 발트삼국(에스토니아, 라트비아, 리투아니아)은 유럽연합에 흡수되어 그곳에서 주로 저임금 노동력 공급자이자 산업 및 금융 상품의 포획 시장captive market으로서의 역할을 합니다. 몰도바, 우크라이나, 그루지야(조지아의 이전 이름)에서는 대자본가로 성장한 소련 말기의 일부 간부들이나 지하 사업가 등이 비교적 취약한 국가기구들을 성공적으로 장악했는데, 이들은 이상적으로 발트삼국처럼 유럽연합에의 흡수를 지향하지만, 그 전망이 그리 순조로운 것처럼 보이지 않습니다. 유럽연합으로서는 그들에게 나누어줄 자원(각종 지원금 등)도 부족하지만, 특히 우크라이나의 경우에는 서방과 러시아 사이의 "전장"이 되어서 그 흡수에 따르는 부대비용들이 너무 많기 때문입니다. 러시아와 벨라루스, 아제르바이잔, 그리고 키르기스스탄을 제외한 중앙아시아 국가들은 초강경 관료 권위주의 정권으로 성장했습니다.

러시아의 경우, 와해된 공산당을 보안기관 출신들이 대체하여 권부의 상층을 이루고 재계까지 장악한 셈이나 마찬가지입니다. 당·국가 소련의 폐허에서 성장한 신생 러시아는 세계사 최초로 "보안기관원들의 국가"가 된 것입니다. 그들이 지향하는 사회경제 모델은 중국이나 베트남과 상당히 흡사한 국가 관료 자본주의입니다. 외부적으로 러시아는 같은 종류의 권위주의적인 국가 관료 자본주의 국가인 벨라루스나 중앙아시아 국가 등에 대해 그 패권을 확립했으며, 지금은 우크라이나를 놓고 서방과 패권 경쟁을 벌이는 과정 속에서 내부의 민족주의적 "국민 결속"을 다지는 셈입니다. 오늘날 러시아의 권위주의는 말기의 소련보다 비제도적인 탄압 방식(정적 제거, 암살 등)에 더 많이 의존하는 한편, 날이 갈수록 국가가 시민사회를 복속, 복종시키는 구조가 더 제도화되어가는 중이기도 합니다. 말기의 소련에 비해 오늘날 러시아는 훨씬 더 억압적인 사회임에 틀림없습니다.

이 억압을 뚫고 좌파가 소련의 폐허에서 다시 일어날 수 있을까요? 중장기적으로는 "그렇다"고 봐야 합니다. 불평등, 플랫폼 노동의 확산, 복지 삭감 등이 결국 사회적 불만을 축적시킬 것이며, 그 불만은 좌파의 대중화, 조직화로 이어지리라고 봐야지요. 그러나 단기적으로는, 좌파적 불만의 에너지가 국가와의 "공생"을 선택한 연방 공산당으로 흡입되는 만큼 좌파의 대부분은 국가에 위협되지 않는, 상당히 국가주의적 스탈린주의의 범위를 벗어나지 않으리라고 예상할 수 있습니다. 그 범위를 완전히 벗어난 새로운 좌파가 형성되려면 아마도 10~20년 정도는 소요되리라고 생각합니다. 그 사이에 국가의 통치술이 더 고도화될 가능성이 크고요. 다시 말해 소련의 망국이 궁극적으로 새로운 계급투쟁으로 이어진다는 이야기는 장기적으로 맞을 수도 있습니다. 하지만 그 시간적 프레임이 대단히 길다는 것을 우리는 염두에 두어야 합니다.

21세기의
러시아 혁명은 가능한가

이 세상에서 가장 철저한 권위주의 정권이라 할 수 있는 러시아의 긴 역사를 살펴보면, 참 재미있는 부분이 하나 확인됩니다. 제일 핍박받고 가장 어려운 사람들도 종종 '반란'에 나서곤 했지만, 1917년 혁명을 포함해서 러시아 역사상 성공적이었던 반란들은 대개 중간 계층들이 일으킨 것입니다.

러시아 역사상 가장 규모가 큰 민중 반란인 푸가초프 농민 전쟁 1773~1775(예멜리얀 푸가초프가 중심이 되어 농노 해방·인두세 폐지 등을 주창하며 일으킨 농민 전쟁)의 주체는 사실 '농민'이라기보다는 카자크 kazak였습니다. 카자크는 일종의 둔전병으로서 그 신분이 농민보다 훨씬 높았습니다. 이들 대부분은 경작지를 소유했으며, 상당수는 예멜리얀 푸가초프Yemelyan Pugachev, 1742~1775처럼 군 하급 장교로 약간의 '출세'도 하고 전시에는 외국에 나가 당시로서는 매우 드문

'외국 체험'을 할 수도 있었습니다. 무기를 다루는 데에 익숙한 카자크들에 비해 농노들은 '반란'을 일으키는 것이 훨씬 더 힘들었지요.

19세기 말의 인민주의자(주로 1870년경에서부터 20세기 초엽에 러시아 혁명 운동을 주도한 좌파 활동가)들은 이념적으로 '농민 혁명'을 지향했습니다. 하지만 지식인인 그들이 주도한 혁명에 가담한 이들은 거의 대부분 민중 출신의 숙련공들이었습니다. 여기에서 우리는 한 가지 사실을 바로 파악해야 합니다. 오늘날 한국에서라면 대기업 정규직이 아닌 이상 고졸 출신의 공장 숙련공은 아마도 '중산층'보다 '중하층'에 더 가깝겠지만, 말기의 러시아 제국은 아직도 공업화가 초보 단계인 빈농들의 나라였습니다. 다수 빈농들의 입장에서 당시 대도시 숙련공은 대단히 출세에 성공한 인간이었지요.

이쯤에서 소련 공산당의 총비서가 된 노동자 출신의 니키타 흐루쇼프Nikita Khrushchev, 1894~1971의 회고록을 한번 보겠습니다. 그는 1917년 이전에 도네츠크 지역(우크라이나 동부)의 젊은 선반공으로서 한 달에 40~45루블의 임금을 받았다고 합니다. 이는 대체로 제정 러시아 군대의 대위급 장교의 월급과 같은 수준으로 아파트 한 채를 월세로 빌릴 수 있는 수준의 '고임금'이었습니다. 흐루쇼프 본인의 말로는, 자신이 1932년에 모스크바 시당 책임비서가 되고 나서도 경제적으로 제정 러시아 말기의 노동자 시절만큼 잘살지 못했다고 회고했습니다. 요즘의 한국 같았으면 '노동 귀족' 소리를 들었을 것 같은 사람들이 볼셰비키당과 혁명에 가담한 이유는 간단했습니다. 이들은 보다 근대적이고 평등한 '새 사회'에서 옛 귀족이나 고학력 관료층을 대신

해서 새로운 기간基幹 요원층이 되어서 모두에게 '보다 나은 삶'을 선사하고 싶었던 것입니다. 사실 관료층이나 부유층 출신의 유명 지식인(가령, 레닌이나 트로츠키 등)이 이끄는 숙련공들의 정당인 볼셰비키당의 권력 장악은 전형적으로 귀족, 관료 엘리트층을 타도하여 준엘리트층이 그 위치를 빼앗은 경우였습니다. 물론 귀족들의 농지를 나누어 가질 농민들의 반란, 그리고 전쟁을 멈추고자 했던 병사들의 반란이라는 '상황' 속에서만 가능했던 권력 장악이었지요. 즉, 준엘리트(지식인과 숙련공)와 사회의 하층(농민, 병사)이 일시적으로 '동맹'을 맺어 혁명에 성공한 것입니다.

이제 시선을 오늘날로 돌려봅니다. 오늘날 러시아 사회는 제정 러시아 말기보다 차라리 동시대 한국 사회와 더 비슷합니다. 차이가 있다면 저임금 국가인 러시아에서는 대기업 정규직 숙련공도 결코 '중산층'이 될 수 없다는 것입니다. 수입은 안정적이지만, 전형적인 중하층일 것입니다. 이 계층에서 푸틴 정권에 대한 지지 수준이 사실상 가장 높습니다. 푸틴을 지지하지 않으면, 우크라이나 침략을 지지한 연방 공산당을 지지할 확률이 높을 것입니다. 러시아에서 푸틴 정권과 그 전쟁에 비판적일 가능성이 가장 높은 계층은 대도시에 사는 고학력의 20~30대 피고용자 정도입니다. 예컨대 모스크바의 20대 IT 기술자라면 전쟁 반대와 정권 퇴출을 염원할 가능성도, 나아가서 기후 정의나 사회 정의에 대한 강력한 열망을 품을 가능성도 높습니다. 러시아군의 하급 장교들과 거의 엇비슷한 수준의 보수(한화로 환산하면 한 달에 약 100~150만 원)를 받는 이들은, 1917년 이전의 러시아에서

흐루쇼프 같은 숙련공들이 차지했던, 바로 그 사회적 위치를 현재 차지하고 있습니다.

만약 대도시의 진보적인 청장년 고학력층을 중핵으로 한 당파가, 과거 빈농들에 해당하는 불안 노동자층(구소련 지역 출신의 외국인 노동자, 플랫폼 노동자 등)의 불만까지 함께 수용하여 이 다수의 불안과 영세 노동자층을 정권 타도 및 보다 평등한 사회 건설을 위한 투쟁의 길로 인도할 수 있게 된다면 어쩌면 우리는 새로운 러시아 혁명을 보게 될지도 모르겠습니다. 물론 그러려면 러시아 좌파가 먼저 환골탈태를 해야 할 것입니다. 지금은 스탈린주의적 연방 공산당은 물론이고, 비스탈린주의적 좌파 조직들마저도 (조건부이기는 하지만) '전쟁 지지' 입장을 표명하는 경우들이 많습니다. 그러나 일단 서방과의 총동원 대결 속에서 정치 탄압과 대중의 빈곤화가 본격화되면 정권을 바라보는 좌파의 태도도 달라질 것이라고 기대합니다. 그들이 지금과 같은 의회 활동 노선에서 대중적 '거리 동원', 가두 투쟁을 통한 정권 퇴출, 나아가서 사회의 전반적 혁명으로 그 활동 기저를 바꾸고 대중들의 조직에 들어간다면 이야기는 달라질 수 있습니다. 물론 그러기 위해서는 짧게는 몇 년에서 길게는 10~20년 정도의 시간이 필요할 것이라고 내다봅니다.

푸틴주의: 국가, 군대, 정교회의 삼위일체

현재의 러시아를 "지역 강국" 정도로 간주한 오바마 미국 전 대통령의 말은 그리 틀리지 않았을 것입니다. 한국 수준 정도 되는 경제력 규모도 그렇지만, 소비에트 시대와 달리 오늘날 러시아의 정치경제적 제도가 세계에 어떤 미래 지향적인 '대안'을 제시할 수 있는 것도 전혀 아닙니다. 제도의 매력 이외에 "연성 권력"(소프트 파워)에서 또 하나의 중요한 일부분은 바로 대중문화의 호소력인데, 러시아의 대중문화는 구소련 지역 이외에는 거의 소비되지 않습니다. 그런데 현재 푸틴 정권이 벌이는 우크라이나 침략은 장기적으로 세계의 헤게모니 지형에 상당한 영향을 미칠 수 있는 만큼 무엇보다 이 침략을 뒷받침하는 이데올로기를 제대로 파악하는 것이 한국을 포함한 외부자들에게 중요하다고 생각합니다. 그래서 여기에서는 대략적으로나마 그 이데올로기의 개요를 분석적 방식으로 적어보도록 하겠습니다.

우리는 근대의 주요 이념적 흐름들을 보통 (1) 우파 민족주의, (2) 우파 자유주의, (3) 좌파 사상 등으로 나눕니다. 예컨대 한국으로 치면 박정희의 1970년대 "조국 근대화"나 복고주의 이념은 '우파 민족주의'에 포함될 것이고, 김대중이나 노무현의 정치 노선은 '우파 자유주의'의 일부분일 것이며, 심상정의 정의당은 '좌파 사상' 중에서도 가장 온건한 우파 사민주의 정도일 것입니다. 그런 분류법으로 보면 제가 "푸틴주의"라고 명명하는 최근 러시아의 공식 이념들은 일단 '우파 민족주의'에 들어갑니다. 푸틴은 미래의 평등 세계나 기후 정의, 남녀평등 등의 좌파적 목표들을 지향하지 않으며, 그 사회정책의 일부(일률 과세, 가정 폭력의 비범죄화, 여호와의 증인 등 소수 종파 비법화 및 탄압 등)는 아예 "극우 반동"에 더 가까울 것입니다. 그는 "계급"에 대한 의식 자체가 거의 없으며, 정치의 주요 행위자 내지 단위로 오로지 "국가"와 "인민/민족narod"만을 언급합니다. 대한민국 내의 일부 좌파 민족주의자들이 푸틴을 마치 "탈식민 영웅"쯤으로 생각하는 것 같지만, 그는 엄연히 좌파와 아무 관계없는 보수적 민족주의자입니다.

그다음으로 민족주의자라고 하면 여러 가지 보다 세밀한 분류법들이 있습니다. 종족 위주의 민족주의(히틀러 사상이나 한국의 이범석 내지 안호상의 일민주의)가 있는가 하면, 종족이 아닌 국가 위주의 민족주의(예컨대 베니토 무솔리니의 파시즘)가 있지요. 푸틴주의는 대체로 후자에 속합니다. 지금 우크라이나 침략을 지휘하는 푸틴의 국방부 장관 세르게이 쇼이구Sergei Shoigu, 1955~ 만 해도 종족적으로는 러시아인이 아닌 투바인이지만, "국가에 충성하는" 이상 푸틴은 민족 성분에 신경 쓰지 않습니다. 단, "국가에 해가 될 수 있는" 일부의 민족 정체성에 대해 푸틴주의는 부정의 태도를 취합니다. 지금 침략을 진행하는 러시아군 장교 중에서는 사실 종족적으로 우크라이나인인 경우가 상당히 많습니다. 그들이 러시아어를 사용하며 러시아적 정체성만 과시하면 문제가 없지만, "동화"를 거부하며 우크라이나의 언어 내지 민족의 역사 등에 "지나친" 애착을 보이면 바로 "충성 부족"으로 걸릴 수 있습니다.

이외에 민족주의를 공격적 또는 방어적 변형으로 나누어 볼 수도 있습니다. 예컨대 앞에서 언급한 한국의 좌파 민족주의는 대체로 미국의 지배력에 대한 '방어' 차원이 더 강합니다. 푸틴의 민족주의는 "조건부 공격적"이라고 보면 됩니다. 러시아의 매우 약한 경제력으로는 당연히 세계 제패와 같은 목표를 내세울 수는 없지만, 적어도 구소련 권역 및 동유럽에서는 패권을 획득하려 하는 것이 푸틴 민족주의의 지정학적 본질이지요.

푸틴의 민족주의가 국가주의적 민족주의statist nationalism라면 그 주요 내용은 무엇일까요? 일단 푸틴의 민족주의는 역사적인 "국가권력"에 대한 무한한 긍정에서부터 시작됩니다. 가령, 푸틴은 잔혹성으로 악명 높았던 이반 뇌제雷帝, Ivan the Terrible, 1530~1584가 "자신의 아들까지 죽였다고 볼 근거가 없다"라고 변명해주기도 하고, 그 이념가들은 스탈린을 "효율적인 기업 지배인 같은 사람"이라고 치켜세우기도 하지요. 국가의 주요 구성 요소가 바로 '군사력'인 만큼 푸틴의 민족주의에는 군사주의적 요소들이 대단히 진합니다. 오늘날 러시아에서 역사 수업의 주요 내용은 "국난 극복사"와 "우리나라 전쟁사, 우리나라 명장"들이고, "전승의 날"(5월 9일)에는 유치원생까지 군복을 입고 장난감 무기를 들고 행진합니다.

군사력 외의 또 하나의 구성 요소는, 대한민국 국방부 군종軍宗(군대에서 성직자의 임무를 담당하고 수행하는 특수직 장교)과 관계된 분들의 언어를 빌리자면 소위 "신앙력"입니다. 이슬람이나 불교가 전통적으로 지배적 위치에 있는 지방에서는 그 종교들을 지원하지만, 종족적으로 러시아인들이 사는 지역의 경우에는 러시아 정교회가 사실상의 "국교"로서의 위치를 다시 획득했습니다. 정교회와 군대가 이념적으로 유착돼 정교회 신부들이 성수聖水를 핵미사일에 뿌려 대량 살상 무기를 하나님의 이름으로 축복하는 장면을 오늘날 러시아에서 볼 수 있지요. 러시아군의 주요 성당 벽화에는 군인들과 천사들이 함께 그려져 있는데 이는 아마도 "국가, 군대, 정교회"의 삼위일체(?)를 가장 압축적으로 나타내는 모습 같습니다.

푸틴의 민족주의가 군사주의와 교권주의clericalism가 강한 국가주의적 민족주의라면 그것이 외부적으로 지향하는 바는 무엇일까요? 러시아 군대의 전통적 적국은 거의 대부분 서쪽에 존재하고, 러시아 정교회가 가톨릭교회와 오랫동안 대립해온 만큼 대외적으로 푸틴주의는 "반서방적"인 태도를 기본으로 합니다. 러시아의 취약한 경제력으로 인해 스스로 세계 패권을 노릴 수 없지만, 이웃의 친미 국가들을 공격하는 등의 방식으로 미국의 세계 패권을 약화시키는 것은 푸틴주의의 공식적 목표입니다. 미국이 약해진 틈을 타서 잘만 하면, 새로운

"다극 세계 체제" 속에서 러시아의 발언권이 더 강화되리라고 예상합니다. 궁극적으로는 러시아 지도부가 구상하는 "신세계"의 큰 그림은 러시아의 손아래에 있는 구소련 권역과 동유럽, 중국 패권이 확실한 동아시아, 인도 패권이 지배하는 남아시아, 이란과 튀르키예, 사우디아라비아 본위의 중동, 독일-프랑스 지도하의 유럽 등 여러 강국들의 영향권으로 구성된 세계 체제입니다. 그렇게 되면 주요 결정들을 독일과 러시아, 중국, 인도, 이란, 튀르키예 등 주요 강국의 지배자들이 "협의"하고 "합의"해서 내려야 할 것입니다. 또한, 각각의 영향권 안에서는 해당 영향권의 패권 국가가 지닌 규정력이 절대적으로 작용할 것입니다. 러시아가 우크라이나를 침략한 것은 러시아의 영향권 구축에 우크라이나가 걸림돌이 됐기에 지금 그 걸림돌을 "제거"하는 셈입니다.

그렇다면 푸틴주의를 총체적으로 어떻게 평가해야 할까요? 사회주의의 반대편에 "야만"이 있다면, 푸틴주의는 바로 그 야만을 대표하는 이데올로기 중 하나라고 봅니다. 그러한 국가주의, 군사주의, 교권주의, 팽창주의 속에는 계급적 정의나 약자, 환경, 기후에 대한 배려란 추호도 없습니다. 푸틴주의가 지향하는 미래 세계는 강국들이 약소국을 지휘, 통제하는 서열적 세계이지, 평등의 세계는 절대 아닙니다. 그 세계에서는 예컨대 북한에 대한 중국의 우월적 위치도 당연시될 것입니다. 당위적 차원에서도 국가권력의 독재적 행태와 대량 살인, 폭력을 미화하는 군국주의적 이데올로기를 반대해야 하지만, 한반도 평화에 대해서도 푸틴의 행태들은 도움이 된다기보다는 차라리 잠재적 위험 요소에 해당합니다. 현재 푸틴이 북한산 무기를 대량으로 구매하여 우크라이나 전장에서 사용하는 것으로 추측되며, 이에 대한 대가 차원에서 북한에 첨단 군사기술을 이전할 가능성이 높은 것으로 이해됩니다. 그렇게 되면 안 그래도 깨지기 쉬운 한반도에서의 평화는 더더욱 도전을 받을 위험성이 큽니다.

‘러시아 혐오’의 실체는 무엇인가

　　지금 서방에 대한 혐오를 열심히 부추기는 러시아 국가 프로파간다는, 거의 지속적으로 러시아에 대한 (주로 서방인들의) 혐오증, 즉 소위 루소포비아Russophobia를 문제로 삼습니다. 굳이 프로파간다의 차원이 아니라 "사실"의 차원에서 본다면 특히 국가로서의 러시아에 대한 구미권의 태도는 그야말로 "최악"에 가깝긴 합니다. 국가별로 러시아에 대한 태도를 보면 러시아를 긍정적으로 보는 사람들은 예컨대 덴마크에서는 6퍼센트, 스웨덴에서는 9퍼센트, 미국이나 한국에서는 10퍼센트에 불과합니다. 반대로 러시아를 긍정적으로 보는 사람들의 비율이 인도에서는 56퍼센트, 중국에서는 59퍼센트로 나옵니다. 따라서 러시아에 대한 부정적 감정은 주로 "구미권 중심"이라고 봐도 큰 과장은 아닐 것입니다(러시아에 대한 부정적 감정이 지배적인 한국이나 일본도 광의의 "명예 구미권 국가"라고 보면 됩니다). "국가"에 대한 부정적 감정만 있다면 그나마 다행이겠지만, 그 감정이 그 "국가"와 연관돼 있는 "개인"들에게도 영향을 미친다는 것은, 특히 요즘 들어 부정하기 어려운 현실입니다. 핀란드에서 이루어진 한 조사에 의하면 러시아 계열의 핀란드 주민들의 경우 취직 활동할 때 "평균"에 비해 약 두 배 더 많은 이력서들을 제출해야 겨우 면접을 볼 기회를 얻을 수 있다고 합니다. 이런 상황은 그런 차별을 어떻게든 완화해보려고 러시아인 차별 반대 캠페인을 열심히 벌이는 여러 북유럽 정부들 입장에서도 사실 문제이긴 합니다.

그렇다면 러시아 쪽 프로파간다는 어떤 사실적 "근거"를 갖고 있다고 봐야 하는 걸까요? "부정적 감정"이나 간헐적 "차별"은 사실이지만, 이 부분들을 일단 맥락화할 필요가 있습니다. 대개 국가마다, 주민 집단마다 외부자들을 보는 시각에 있어서 어떤 비공식적 "서열" 같은 것이 있습니다. 가령, 한국에서도 분명히 영국인(영어를 모어로 하는 서구인)과 불가리아인(동구인), 그리고 가나인(아프리카인)에 대한 "대접"이 많이 다를 것입니다. 러시아라고 해서 절대 그런 "서열"이 없는 것은 아닙니다. 예컨대 대부분의 러시아인들이 우러러보고 흠모하는 한국인과 그다지 그렇지 않은 동남아시아 출신에 대한 "대우"는 러시아에서도 심히 다를 것입니다. 이런 비공식적 "서열"의 존재 자체는 다분히 인권침해이며 분명 근절시켜야 할 현상입니다. 하지만 현실적으로 러시아를 포함한 대부분의 세계가—계급사회의 단계에 머무르는 이상—그렇다는 말씀입니다. 그렇다면 구미권의 이런 "서열"에서 러시아(인)의 위치는 어땠을까요?

전통적으로는 "중간적"이라고 보는 편이 대체로 객관적일 것입니다. 러시아 국가 프로파간다는 마치 서방이 본래부터 "러시아 혐오증"으로 미쳐 있는 사회인 것처럼 종종 말합니다. 하지만 19세기 구미권에서 이루어진 타자에 대한 혐오와 멸시의 경우, 아마도 흑인에 대한 '고전적' 인종주의와 아시아인에 대한—"오리엔탈리즘"으로 두루 통용되는—각종의 차별들이 "러시아 혐오증"보다 훨씬 컸을 것입니다. 대체로 구미권의 식민지로 전락한 지역의 출신들이 가장 심한 차별을 받곤 했는데, 러시아는 구미권의 식민지가 되기는커녕 오히려 구미권 열강들을 상대로 해서 식민지 쟁탈전을 벌였던 국가였습니다. 미국에서의 경우, 러시아계 이민자들이 북유럽 내지 서구 출신("Great Nordic race"에 속하지 않는 유럽인들)으로서 "2등 백인" 대접을 받긴 했지만, 그렇다고 해서 흑인이나 아시아인들이 감당해야 했던 수준의 지독하고 끈질긴, 매우 폭력적인 차별을 받지는 않았습니다. 한편, 유럽 교양인 사이에서는 러시아를 "유럽적 외피를 쓴 아시아 국가"라고 보는 시각이 상당히 강했습니다. 즉, 러시아는 일종의 "타자"로 인식됐다고 볼 수 있습니다. 데 큐스틴 후작Astolphe de Custine, 1790~1857이 쓴 《1839년의 러시아La Russie en 1839》 같은 전형적인 "러시아 비판서"에서는 러시아 제정 정권의 전제를 중국이나 튀르키예와 비교하기도 했지만, 데 큐스틴 후작의 책은 한때 레닌의 애독서였으며 지금도 제 어머니의 애독서이기도 합니다. 즉, 러시아에서 태어나고 자란 사람의 입장에서도 그 책을 혐오나 차별의 표현으로 여긴다기보다는 "문명 비평" 같은 것으로 볼 여지가 있다는 것이지요.

20세기에 접어들어 러시아/소련에 대한 서방의 시각은 한마디로 "정치화"되었다고 봐야 합니다. 즉, 개개인의 정치 성향이나 그 응시의 대상이 된 러시아인의 정치색에 따라 태도가 '흑'도 '백'도 될 수 있었다는 것입니다. 예컨대 냉전 시기의 미국에서 '반공'은 거의 '시민 종교'처럼 됐지만, "소련 체제의 피해자"로 인식된 소련의 재야 시인 조지프 브로드스키Joseph Brodsky, 1940~1996는 1972년 소련에서 추방을 당해 도미하고 난 뒤 1973년부터 (비정규직이기는 했지만) 퀸스 칼리지 교수로 일했습니다. 여담이지만 그는 (훗날 노벨문학상을 탄) 천재 시인이었지만, 최종 학력은 고교 중퇴였습니다. 따라서 이 무렵에는 아무리 생각해도 "러시아 혐오증"이라기보다는 정치 이념으로서의 '반공'이 강했다고 봐야 적절하겠지요. 이후 "공산주의"가 스스로 무너지는 것을 보고, 상당수 미국인들이 소련/러시아에 급격하게 호감을 가지게 됐습니다. 1989년에는 62퍼센트의 미국인들이 러시아(소련)에 대한 '긍정적' 시각을 갖고 있었습니다. 오늘날 중국 이상의 "친러" 성향이었던 것이지요.

　러시아를 보는 시각은, 지금도 크게 봐서는 민족 차별이나 러시아 문화에 대한 멸시 내지 괄시의 차원이라기보다는 아무래도 '정치'를 위주로 해서 만들어지는 듯합니다. 서구의 경우 온건 우파나 온건 좌파는 푸틴의 "제국 재건 프로젝트"에 대해 대단히 부정적이지만, 예컨대 급진 우파는 그 프로젝트에 대해 상당한 친근감을 갖고 그 친근감을 종종 표현하곤 합니다. 그들은 글로벌 자본주의보다 "강성 민족국가"를 지향하고, 푸틴의 제국을 그런 국가의 한 모델로 보려고 하는 듯합니다. 급진 좌파는 당연히 푸틴주의 자체를 반대하지만, "푸틴과의 전쟁"을 이용해서 구미권의 군수 복합체 몫이 커지고 유럽에 대한 미국의 패권이 강해지는 현실에 대해 우려하기도 합니다. 그러므로 이는 "러시아 혐오증"이라기보다는 러시아 정치에 대한 입장이 극적으로 갈려 있다고 보는 편이 더 적절할 듯합니다. 유럽에 거주 중인 일반 러시아인에 대한 차별 사건들이 종종 발생하는 것이 현실이지만, 이러한 차별은 예컨대 이슬람권 출신에 대한 차별에 비해서는 훨씬—비교하기 어려울 만큼—강도가 낮은 차별이기는 합니다. 그렇다고 안심해서는 안 될 일이지만, 러시아 프로파간다가 그 차별의 강도를 여지없이 과장하는 것 또한 쉽게 볼 수 있는 사실입니다.

　소비에트 시대에 소비에트 매체들은 자본주의 세계에서의 흑인 차별을 비롯한 각종 비유럽인에 대한 차별의 현실을 폭넓게 조명하고는 했습니다. 이는 서방이라는 지정학적 적대 세력을 비판하는 방법이었지만, 동시에 모든 인종주의를 반대한 1917년 혁명의 유산이기도 했지요. 하지만 요즘 러시아 매체들은 이와 대조적으로 오로지 "러시아인", 즉 자국인에 대한 차별만을 문제로 삼습니다. "자국인"의 일이 아니라면 그들에게 진정한 관심사가 되지 못합니다. 한 사회가 30여 년 사이에 이처럼 정신적으로 후퇴하고 타락하는 모습은 세계사에서 자주 볼 수 있는 일이 아닌 것 같습니다.

러시아의 반전운동은
왜 미약한가

2022년 2월 24일, 우크라이나에 대한 러시아군의 공격 개시가 임박한 상태에서 우크라이나의 대통령 볼로디미르 젤렌스키가 러시아어로 연설한 바 있었습니다. 러시아어가 그의 모어인 만큼 그다지 어려운 일도 아니었겠지만, 그것은 러시아 국민을 대상으로 한 "호소"의 의미를 지닌 연설이었습니다. 그는 자신이 "나치"가 아니라는 점, 자신의 가정이 소비에트 시절의 붉은 군대 장교를 배출하고 홀로코스트로 인해 피해를 봤다는 점, 우크라이나가 러시아를 위협한 적도 없고 그럴 수도 없다는 점 등을 조목조목 설명하고 러시아 국민들에게 반전 저항을 당부했습니다. 처음에는 그의 당부가 헛되지 않은 것 같기도 했습니다. 러시아의 우크라이나 침략 초기 러시아 곳곳에서 반전 집회가 열렸는데, 그 규모가 상당했습니다. 집회 과정에서 약 1만 5000명이 경찰에 붙잡힌 것을 보면 적어도 수만 명이 집회에

전쟁 이후의 세계

참석한 것으로 봐야 합니다.

한데 집회는 열렸어도 반전을 외치는 파업 등 조직 노동의 반전 행동은 보이지 않았고, 그러한 반전 집회도 약 한 달 정도가 지나자 거의 그 흔적을 감추었습니다. 2022년 9월, 침략의 현장에 투입될 군인들을 강제 징집하기에 이르자 수십만 명의 남성들이 러시아 국경 밖으로 달아났지만, 역시 일부 지역(다게스탄 등 소수자들의 거주지) 이외에는 반대 집회가 없었습니다. "적극 저항"의 주된 형태는 산발적으로 이루어진 개인적 행동(병무청 방화 등)이었습니다. 그렇다면 도대체 왜 상당수의 러시아 국민들은 자신들의 친척과 친구가 살고 있는 이웃 나라를 향한 명백한 침략 행위에 대해 이토록 저항하지 못하는 것일까요?

외신을 보면 러시아인들의 저항 부족을 탄압과 국가적 프로파간다의 흡입력 등으로 설명하는 것이 보통입니다. 물론 이런 설명도 틀린 말이 아닙니다. 이미 전쟁에 대한 "허위 사실 유포", 즉 전쟁을 "특수 군사작전"이 아닌 "전쟁"이라고 불러서 징역 5~7년을 받은 수많은 탄압의 피해자들이 나타났습니다. 페이스북에 올라온, 전쟁을 비판하는 포스터에 "좋아요"를 눌러도 감옥에 갈 수 있는 곳이 요즘의 러시아입니다. 국가적 프로파간다가 그 프로파간다에 노출된 사람들의 머릿속에 일종의 "별도의 세계", 즉 푸틴의 국가에 유리한 상당히 일관된 "세계의 그림"을 만들고 있다고 이야기해도 과언은 아닐 것입니다. 프로파간다가 만들어놓은 그 세계 속에서는 "도덕적으로 타락해서 동성애 같은 죄악에 빠진 서방, 특히 앵글로색슨 국가"들이 "유일하게 전통 가치와 도덕규범이 남은 러시아"를 상대로 해서 그 "흉계"

를 벌이고 우크라이나를 "그 흉모의 도구"로 만든 것입니다. 이 프로파간다를 듣다 보면, 태평양전쟁 시절에 "이익 공동체"인 서구 국가와 "도덕 공동체, 가족 공동체"인 대일본 제국, 그리고 "흉측한 귀축영미鬼畜英米가 그 도구로 만든 중국의 장제스蔣介石, 1887~1975 정권"에 대한 일본 신문의 기사들이 연상될 정도입니다. 전시의 일제든 푸틴 정권이든 극우 민족주의 정권에는 늘 양날의 검처럼 억압과 선전이 필요한 것이지요.

한데 푸틴 정권의 억압과 선전 전략 자체가 정권, 그리고 정권이 벌이는 침략 전쟁에 대한 러시아인들의 저항 부족을 설명해주지는 않습니다. 근현대사에서 유사 파시즘이라고 부를 만한 극우 민족주의 정권들을 흔히 볼 수 있는데, 그들이—그들의 억압과 프로파간다에도 불구하고—강렬한 저항에 부딪치는 경우도 자주 목격됩니다. 예컨대 박정희-전두환 정권에 대한 대한민국 시민들의 저항을 우리는 기억합니다. 이번에 다시 브라질 대통령에 당선된 룰라만 해도, 1985년까지 지속된 브라질의 극우 (유사 파시스트적) 독재 정권과의 투쟁 속에서 그 정치적 기반을 처음으로 다진 사람입니다. 물론 경찰에 의한 체포, 고문, 징역 등이 인간으로서 두렵지 않을 수 없겠지요. 하지만 한 나라의 정권이 그 나라의 다수가 용납할 수 있는 어떤 '선'을 넘는다면 결국 그 다수가 정권에 대한 동의를 철회하는 분위기 속에서 체포, 고문, 징역을 각오하고도 투쟁에 나서는 이들이 속출합니다. 1917년에 무너진 러시아 제정 정권은 그 당시 유럽에서 가장 억압적인 정부였습니다. 그러한 정권을 급기야 무너뜨린 "민중의 힘"을 왜 오늘날 러시아에서는 볼 수 없게 된 것일까요?

결국 해답은 민중을 저항으로 이끌 만한 "정치 세력"의 유무에 찾아야 할 것입니다. 1987~1988년도의 한국이나 1985년의 브라질, 아니면 1917년 2월의 러시아에서 독재를 무너뜨린 "힘"은 계급적으로 노동계급과 중간/중산계급의 연합이었으며, 정치적으로는 국회 장내의 (중산계급을 그 기반으로 한) 자유주의 야당과 길거리와 공장에서 이루어진 좌파 운동의 연합이었습니다. 그런데 오늘날 러시아에서는 이러한 연합이 불가능하고 아마도 향후 10~20년 동안은 어려울 것으로 보입니다. 이것이 바로 지금의 러시아가 처한 '특수 사정'의 주된 특징입니다. 지금 당장 전쟁 중지를 위한 혁명적 움직임들이 나타나리라고 기대하기가 쉽지 않은 이유는 바로 여기에 있습니다.

한국의 노동계급은 1970~1980년대에 치열한 파업 등 계급적 전투를 치르는 와중에 그 투쟁 역량을 키워나갔습니다. 한데 2000~2010년대 러시아를 보면 파업이 일어나는 부문은 주로 외자 기업(특히 자동차 생산 부문)이었습니다. 외자 기업이 아닌 대부분의 국내 제조업이 군수공업이거나 군수업체의 유관 기업인 러시아에서는, 사실 많은 노동자가 2007년부터 현재까지 푸틴 정권에 의해 여섯 배나 증가한 군부 예산의 증액을 쌍수 들어 환영했습니다. 이는 곧 이들에게 당장의 일거리가 생김을, 그리고 임금 인상이 가능함을 의미했기 때문입니다. 특기할 만한 점은, 지난 9월에 징집을 피해 국외로 탈출한 사람들 중에서는 제조업 노동자들이 거의 없었다는 것입니다. 대기업과 그곳에서 일하는 노동자에 대한 국가의 관리가 촘촘하기도 하지만, 대기업 노동자들이 여전히 소련 시절 무상으로 제공받은 아파트에서 살고 무상 의료 혜택을 받고 그 자녀들은 무상 고등교육을 받을 수 있는 것으로 압니다. 즉, 대기업 노동자 등 "옛" 노동계급에 대한 국가의 포섭은, 아직도 그들의 조직 행동을 미연에 차단시킬 만큼 철저하다는 것이지요.

물론 서비스 부문 비정규직 등 "새" 노동계급의 사정은 전혀 다릅니다. 러시아의 주류 좌파 정당인 연방 공산당은 이들 비정규직의 이해관계를 표방하지 않고 있으며, 주로 대기업 노동자와 공무원 노동자, 즉 국가에 포섭돼 있는 노동자들을 그 기반으로 삼습니다. 연방 공산당의 일부 풀뿌리 일꾼들이 침략 전쟁을 반대해도, 당론 차원의 입장은 어쩌면 푸틴 정권 이상으로 더 호전적입니다. 중산계급의 일부와 그 일부를 기반으로 하는 자유주의 정치 세력 등이 반전 입장을 취하지만, 이 자유주의 정치인들은 다수의 러시아인들에게 1990년대의 신자유주의적 자본화의 "참극"부터 연상시킵니다. 그 자유주의 정치인들이 1990년대에 특히 민영화 프로젝트 등을 추진한 만큼, 그 과정에서 직장을 잃은 사람들이나 그 민영화에 의해서 러시아 국부가 극소수의 신흥 부자나 외국인에게 유출됐다고 생각하는 러시아 시민 다수는 '적'으로 기억합니다. 자유주의가 러시아인들에게 1990년대의 민영화나 그 민영화가 수반한 마이너스 성장, 양극화, 약육강식을 연상시키는 이상, 수많은 노동자가 자유주의보다 푸틴 정권의 국가주의적 프로파간다 세계를 더 지향할 수밖에 없는 것이지요.

푸틴 정권이 우크라이나 침략에서 참패를 당할 경우 이 패배는 어쩌면 국가주의 프로파간다의 아성을 흔들어 러시아 노동자들의 계급적 각성에 도움을 줄지도 모르겠습니다. 그런데 여태까지의 상황, 즉 푸틴 정권 자체에 대한 비교적 미약한 저항이나 이번 우크라이나 침략에 대한 반전 저항의 미약함으로 봐서는, 러시아의 다음 혁명은 아직 가깝지 않은 듯합니다. 노동자들의 자의식이 "국민"이 아닌 "계급"의 축으로 다시 이동하자면 더 긴 시간 동안 더 많은 투쟁의 경험을 쌓아야 할 것입니다.

각자도생 사회에서
반전운동은 가능한가

       제 생각에 유럽의 여러 지역 중에서도 한국과 생활 패턴이 가장 흡사한 곳은 아마도 러시아를 포함한 동유럽인 것 같습니다. 이들 지역은 과거의 한국처럼 (준)주변부 지역이다 보니 노르웨이 등 북유럽과 같은 "향락주의적" 생활 패턴보다는 매우 강한 "생존" 지향의 생활 패턴을 가진 것이 특징입니다. 특히 러시아에서는 IT 부문 임금이 평균보다 매우 높은 등 교육의 정도에 따라 향후 아이의 생활 궤도가 엄청나게 달라지기에 한국처럼 교육에 열성적인 부모들이 적지 않습니다. 가령, 공부하기가 싫고 학습 노동에 피로해진 아이의 성적을 열심히 확인하고, 온갖 과외 활동들을 시키고, 개인 선생도 붙여주는 식이지요. 러시아에도 한국처럼 투잡족 등 과로 인구가 많습니다. 또한, 파김치가 될 때까지 "열심히" 죽도록 "노오오력" 하는 모습을 자주 볼 수 있습니다. 한마디로 생존이 최우선이고 학력에 의해 사회적 신분이 좌우되는 (준)주변부의 전형적 모습이지요. 개인적인 차원에서 보면 러시아인은 한국인만큼 생활력과 의욕이 강한데, 이를 보여주는 통계가 하나 있습니다. 미국의 가구당 1년 평균 소득이 약 7만 달러라면 재미한인 가구는 약 8만 3000달러, 재미러인 가구는 약 9만 달러 정도랍니다(물론 "재미러인"의 상당수는 유대계이기도 합니다). 양쪽 모두 미국 평균보다 학력도 소득도 조금 더 높은 편입니다.

한데 유사성이 높은 만큼 러시아인과 한국인 사이에 한 가지 큰 차이도 있습니다. 개인 차원에서 보면 억척같이 일과 공부를 하고, 열심히 돈을 모으고, 학력이나 차세대 교육을 생명처럼 여기는 부분은 같지만, 집단행동의 양식은 사뭇 다릅니다. 1980년대 이후의 대한민국은 집단행동을 아주 잘하는 사회입니다. 민주화 투쟁은 물론이거니와 그와 동시에 진행됐거나 그 후에도 계속 이어진 각종 계층이나 그룹, 이해 공동체의 집단 권익 주장과 같은 집단행동이 대한민국에서는 무척 많이 이루어졌습니다. 서울은 각종 "대책위"나 "비대위"(비상대책위)가 거의 교회 숫자만큼이나 많은 도시입니다. 물론 그것을 모두 긍정적으로 볼 일만도 아닙니다. 이러한 집단행동의 상당수는 사회 공익과 무관하거나 반대될 수도 있는, 집단 사익의 문제를 다루는 행동일 수도 있습니다. 또한, 종종 반사회적일 수도 있고요. "땅값이 떨어질 것 같아서" 영구 임대주택의 건설을 반대하는 "주민들의 대책위" 따위가 대표적입니다. 즉, 모든 집단행동들이 다 선한 것은 아닙니다. 모든 것이 땅값과 개개인의 지갑 위주로 돌고 도는 신자유주의 사회에서는 "선"이라는 것을 찾는 일이 쉽지 않을 수도 있습니다. 그렇다 해도 무엇인가를 "같이", 함께 어울려서 하는 것은 한국인들의 부정할 수 없는 "특기"입니다.

러시아인들은 이와 달라도 아주 다릅니다. 지나온 근현대사가 판이하게 다른 만큼 집단행동에 단련된 정도도 다른 것이지요. 한국의 1980~1990년대가 민주화와 소득 향상이 일어나고 중산층/고학력층 주도로 사회가 형성되어가던 시기였다면, 러시아의 1980~1990년대는 소련의 쇠락과 몰락, 빈곤화, 원자화를 겪고 사회적 공동체가 해체되던 시기입니다. 소련 시기의 주된 공동체란 일차적으로 직장 공동체였습니다. 특히 광산이나 대공장에서는 노동자 사이의 연대가 아주 강했습니다. 오늘날 한국의 조선소나 자동차 공장 못지않았지요. 당시 미하일 고르바초프Mikhail Gorbachev, 1931~2022 지도부 몰락의 중요한 요인으로 작용한 것은 다름 아닌 1989년 쿠즈바스 광산 노동자의 대규모 파업과 같은 노동계급의 집단행동들이었습니다. 폴란드만큼은 아니지만, 소련 노동자들도 연대와 단결에 능한 전통적인 "프롤레타리아"들이었지요.

한데 1990년대에 들어 탈공업화, 공장 폐쇄, 정리 해고 등을 거치는 동안 이와 같은 과거의 직장 공동체는 상당 부분 해체됐으며 일부는 역학 관계가 많이 달라졌습니다. 소련에서는 현장 노조 위원장의 동의 없는 해고가 불가능했는데, 1991년 이후 러시아에서는 공장 지배인들에게 비교적 쉬운 해고라는 가공할 만한 무기가 생겼습니다. 지배인과의 갈등에 따르는 "대가"가 엄청 높아진 것이지요. 거기에다 1990년대에는 공장 임금이 무척 낮았기에 많은 노동자가 개인 텃밭

전쟁 이후의 세계

이나 장사 등에 의존하는 경향이 있어 직장 공동체를 이탈했습니다. 그와 같은 이유들로 러시아는 결국 각자도생各自圖生에 골몰하는 수많은 개인과 가족들의 모래더미 같은 집합체가 된 것입니다. 각자도생을 하느라 여력이 없는 대부분의 러시아인들은 누군가와 연대해서 공동의 목표를 지향할 만한 시간과 에너지가 부족합니다. 거기에다 러시아는 사회적 신뢰의 수준도 아주 낮은 편입니다. 상당수의 러시아인들은 가족이나 친척, 아니면 아주 오랜 친지 이외의 타자들을 불신부터 합니다. 사회 활동가를 보면 "모종의 개인적 목적을 달성하기 위해 우리를 이용하는 게 아니냐"라며 의심부터 하는 것이 러시아인입니다. 그런 사회에서는 그 어떤 집단 저항도 오랫동안 하기가 쉽지 않습니다. 러시아에서 침략 전쟁에 대한 저항이 비교적 강하지 못했던 것은 바로 그런 이유 때문입니다.

물론 전쟁에 대한 저항력의 저하에는 여러 가지 복잡한 다른 이유들도 있습니다. 이를테면 러시아 공업의 상당 부분이 군수공업이라는 점, 군수공장들의 노동자들은 전시 동원 면제라는 특권을 누린다는 점 등도 감안해야 합니다. 또한, 원자화되고 각종 실망과 환멸에 지친 신자유주의 시대의 러시아인들이 국가주의 담론에 어떤 식으로 포획되었는지도 자세히 들여다볼 필요가 있습니다. 한데 이런 기본적인 "집단행동에의 단련" 같은 사회적 습관의 중요성도 간과해서는 안 됩니다. 결국 그런 단련이 이루어지려면 현재 심화 중인 푸틴의 독재와 노동계급 사이의 충돌, 그리고 기층민들이 대중적으로 참가하는 민주화 운동이 필요할 것입니다. 계급적 모순의 경향이 심화되어가는 만큼, 아마도 가까운 10~20년 사이에 노동계급과 푸틴주의 정권이 분명 언젠가 한번 크게 부딪칠 것이라고 저는 예상합니다. 단, 지금 당장에는 그런 일이 쉽게 일어나지 않을 수도 있다는 것이지요.

러시아는 쉽게 무너지지 않는다: 1930년대가 주는 교훈

20세기의 끔찍한 역사를 연구하는 사람에게는 한 가지 유의미한 대조 비교의 가능성이 있습니다. 바로 제1차 세계대전과 제2차 세계대전 과정 속에서의 민중의 동향을 비교해보는 것입니다. 이 비교 연구는 대단히 재미있을 뿐만 아니라 요즘 국제 정세가 1930년대의 탈세계화와 국가 간의 각자도생을 방불케 하는 만큼 시의성이 있기도 합니다.

우선 1917~1918년 주요 교전국들 사이에서 일어난 일들을 생각해보겠습니다. 독일에서는 1917년 한 해에만 무려 26만 명이 영양실조로 죽었습니다. 해상 봉쇄로 인해 식량 부족이 심각했는데 국가는 이런 상황에 속수무책이었지요. 이듬해인 1918년 일어난 독일 혁명은 여기에서 기인했습니다. 1917년 2월, 러시아 수도 페트로그라드(상트페테르부르크의 옛 이름)에서의 빵 부족 사태는 여성 노동자들의 데모로, 봉기로, 황제의 양위로, 그리고 결국 혁명으로 번졌습니다. 프랑스의 경우 후방 상황은 그 정도로 열악하지는 않았지만, 이미 3년 동안이나 진행된, 끝도 보이지 않는 살육전에 대한 불만이 극에 달해 있었습니다. 그 결과, 1917년 봄여름 군 내부의 집단 항명 사태로 번졌습니다. 이 집단 항명은 3400명이 군사재판에 회부되어 554명은 사형선고를 받았을 정도로 반향이 큰 사건이었습니다. 프랑스의 에타플Étaples 시에서 훈련을 받았던 영국 군인들도 1917년 9월 집단 항의에 나섰습니다. 제1차 세계대전에 뒤늦게 참전한 미국에서는 사회당의 주도로 매우 강한 반전운동이 일어났습니다. 이 시기 일어난 혁명 중 가장 유명한 것은 1917년의 러시아 혁명이지만, 사실상 혁명적 기운은 전쟁 막바지에 모든 교전국을 뒤덮었습니다. 다만 그중에서 러시아의 경우 지배 체제의 힘이 가장 약했을 뿐입니다. 레닌의 말대로 "약한 고리"였던 것이지요.

이번에는 제2차 세계대전 막바지의 상황, 즉 1944~1945년 사이 주요 교전국들의 상황을 살펴보겠습니다. 전쟁으로 인한 민간인들의 고통은 극한의 총력전이었던 제2차 세계대전 때에 더 극심했습니다. 독일에서는 1942~1945년 사이에 연합국(주로 미국과 영국)의 폭격으로 거의 50만 명에 달하는 민간인이 숨졌습니다. 일본에서는 미 공군의 폭격으로 인해—원폭 피해자들까지 포함하면—약 33만 7000명의 민간인(상당수의 조선인 노동자 등을 포함하여)이 목숨을 잃었습니다. 1917년 2월 페트로그라드에서는 빵이 부족했을 뿐이었지만, 1941~1943년 레닌그라드로 개명된 같은 도시에서 이루어진 독일군의 봉쇄 조치로 100만 명 넘는 시민들이 아사했습니다. 말 그대로 "심판의 날"을 방불케 하는 전례 없는 참경이었습니다.

하지만 그 어떤 교전국에서도 혁명은커녕 시민들의 대중적인 집단 항의 사태도 벌어지지 않았습니다. 미국과 영국에서는 임금 인상을 요구하는 파업 정도가 일어나기는 했지만, "거기까지"였습니다. 노동자들을 포함한 절대다수의 독일인들은 독일 패망의 마지막 날까지 사력을 다해서 전쟁에 임했던 것입니다. 심지어 민병대Volkssturm의 경우 12~13세의 아이들도 참가했을 정도입니다. 소련의 경우 스탈린 정권이 곧 무너질 것 같았던 전쟁 초기에는 수많은 군인이 자진 항복하고, 스탈린 정책에 불만이 많았던 수십만 명의 피점령 지역 주민들의 적극적인 친독 협력(부역) 행위들이 있었습니다. 하지만 극소수의 사건을 제외하고는 정권에 대한 집단 항의 움직임이 국내에서는 없었습니다. 1945년 봄, 천황제와 전쟁에 대해 도쿄 주민들이 보인 저항의 움직임은 기껏해야 "천황을 쫓아내 미국처럼 대통령제로 바꾸자!" 하는 식의 공중화장실에서의 불온한 낙서 정도였습니다. 그렇다면 세계사에서 가장 끔찍했던 전쟁이 일어나던 시기에 왜 모든 교전국의 대중들은 이토록 순종적이었을까요?

해답은 사실 간단합니다. 1930년대부터 1940년대 초반 사이에 이루어졌던 탈세계화와 각자도생의 흐름이 세계 자본주의 체제의 "체질"을 바꾼 것입니다. 그중에서 "혁명의 예방"에 핵심적이었던 요소는 다음의 세 가지였습니다.

첫 번째로 가장 중요한 요소는 배급제입니다. 모든 교전국에서 중앙 권력이 재분배를 통해 민생, 즉 "모두들의 생존"에 대한 책임을 지게 된 것이지요. 일본의 경우 1945년 4월부터 배급제가 거의 "붕괴" 지경에 이르렀지만, 그렇다 해도 "민생에 대한 국가의 책임" 원리는 마찬가지였습니다. 다른 교전국들도 그랬듯이 전시는 일본에서도 국가화된 복지제도의 "요람"이었습니다. 1938년 후생성이 창립되고, 1944년에 이르러 5000만 명의 일본인들이 국민건강보험 조합에 가입되어 보다 손쉽게 의료에 접근하게 됐습니다. 1944년에는 후생연금법이 통과되어 공공 부문의 사무원과 노동자들에게 "노후연금"을 받을 수 있는 가능성이 열렸으며, 1941년에 창립된 "주택영단"(국민주택공사)이 "국민 보급용" 저가 주택의 건설을 시작했습니다. 전형적으로 전쟁warfare과 복지welfare가 손을 잡고 같이 무대에 나타나게 된 것입니다. "전쟁하는 국민"을 대상으로 한 적당한 수준의 "복지 혜택"이 필수적이었던 것인데, 그렇게 해서 "국민의 사기"를 유지해 "소요 사태" 등을 예방할 수 있었습니다.

두 번째 요소는 민족주의입니다. 민족주의는 최강의 내부 결속 도구였습니다. 이는 모든 교전국에 해당했습니다. 1917~1918년 호엔촐레른 왕조나 로마노프 왕조에 대한 "신민들의 충성"은 이 정도로 강력한 내부 결속을 보장할 수 없었습니다. 하지만 "독일 민족을 위한 생존 공간"이나 "소비에트 조국"과 같은, 보다 대중적이고 수평적인 구심점들은 국민/인민들의 "심장"을 장악하기에 훨씬 더 적절했습니다. 독일, 일본, 소련의 병사들은 전부 다 의무교육을 받은, 즉 "국민/인민화"된 주체들이었으며, 1917~1918년에 비해 국가의 이데올로기를 훨씬 더 철저히 내면화했습니다.

마지막 요소는 비밀경찰과 대국민 감시입니다. 이는 1940년대 초반에 이르러 엄청나게 발전했습니다. 제정 러시아의 비밀경찰 Okhrana은 그 숫자가 1000여 명에 불과했으며, 프락치/정보원들은 많아야 수백 명, 즉 "소수"에 불과했습니다. 이와 대조적으로 1940년, 즉 소·독전쟁 개전 직전에 소련 내무인민위원회NKVD 간부들의 수는 3만 2163명이었으며, 비밀 정보원들은 무려 30만 명 이상이었습니다. 모든 주요 작업장에는 적어도 한 명의 기관 정보원이 배치되어서 "불온 행동"이 개시될 것 같은 기미가 보이자마자 바로 신고를 해야 했습니다. 이런 완벽한 경찰국가를 제정 러시아의 지배자들은 꿈조차 꿀 수 없었던 것이지요.

제2차 세계대전의 역사가 우리에게 주는 교훈은 과연 무엇일까요? 배급제/기초적 복지제도와 초강력 민족주의 이데올로기, 그리고 비밀경찰의 전국적 감시와 통제망으로 무장한 국가는 아무리 최악의 상황에 내몰려도 그리 쉽게 내파되지 않습니다. 탈세계화 추세와 함께 앞으로는 오늘날 러시아의 우크라이나 침공과 같은 전쟁들이 더 빈번해질 것입니다.

하지만 그렇다고 해서 "혁명적 상황"들이 저절로 만들어지지 않을 것입니다. 정말 혁명을 원한다면 탈세계화 시대의 통치자들이 전형적으로 제시하는 초강력 민족주의보다 더 호소력이 강한 이념을 제시할 수 있어야 합니다. 또한, 비밀경찰의 감시망을 상대해서 이길 수 있는 조직도 필요할 것입니다. 그리고 지금의 러시아에서는 이러한 이

넘과 조직이 좌파의 손에 언제쯤 주어질는지 아직까지 전혀 예견하기 어렵습니다. 이런 조직의 골간을 이룰 수 있는 것은 민주노조인데, 러시아에서는 민주노조의 조직화 과정이 매우 느리게 진행됩니다.

"현실 사회주의" 실험은 무엇을 남겼는가: 소련 출범 100주년

　　제가 이 글을 쓰고 있는 2022년 12월 31일은 소비에트 사회주의 공화국 연방(이하 '소연방')이 공식 출범한 지 딱 100주년 되는 날입니다. 소연방이 형식적으로 동등한 국가체들의 '연방soyuz, union' 형식으로 이루어진 것은 아마도 정치인 레닌의 마지막 승리가 아니었을까 싶습니다. 스탈린을 비롯한 볼셰비키당 내부의 "현실주의적" 보수파들은 동등한 국가체의 결합이 아닌, 여타의 군소 공화국들이 소비에트 러시아에 편입되어 실질적으로 '합방'되는 방식을 선호했습니다. 하지만 레닌은 끝내 어떤 새로운 민족국가가 가입할 수도, 기존의 연방 공화국이—적어도 이론적으로—탈퇴할 수도 있는 '연방'의 형식을 고집했습니다. 그리하여 우크라이나와 그루지야(조지아) 등지의 "민족 볼셰비키"들의 힘을 빌려 간신히 스탈린을 이길 수 있었습니다. 그렇게 해서 우크라이나인들은 이론적으로 독립을 선언

할 수 있는 국가체인 "우크라이나 소비에트 사회주의 공화국"을 갖게 된 것입니다.

물론 소비에트 시대에 "우크라이나 소비에트 사회주의 공화국"은 결코 '독립국가'가 아니었습니다. 레닌의 편에 서서 '연방'의 형식을 끝까지 고집한 흐리스티안 라코브스키Christian Rakovsky, 1873~1941 등 우크라이나의 볼셰비키들은 거의 전부 다 "트로츠키주의"나 "민족주의" 혐의를 받아 훗날 대숙청으로 희생됐습니다. 그렇다 하더라도 우크라이나 소비에트 사회주의 공화국의 정부 구조나 행정구역 구획 등은 오늘날 우크라이나라는 국가의 골격이 되었습니다. 우크라이나 민족의 존재를 부인하고 우크라이나라는 국가를 러시아에 합병시키거나 그 속지로 만들려는 푸틴이 레닌의 민족자결주의 원칙 고수나 소연방 구성 방식에 대해 그토록 많은 비난을 퍼붓는 이유가 바로 여기에 있습니다. 푸틴은 스스로를 레닌이 아닌 스탈린의 계승자로 인식하고 있는 것입니다.

소련의 형식인 "동등한 공화국들의 결합체"는 레닌의 사상에서 나온 것이지만, 전체적으로 소련이란 존재는 "이상/이념"과 "현실"의 어떤 타협에 가까웠습니다. 국가의 형식은 '연방'이었지만, 스탈린 이후로 모든 공화국의 영구적인 집권 정당인 공산당 조직은 결코 '연방'의 원칙에 기반하지 않았습니다. 여타 공화국들의 공산당들은 사실 소련 공산당의 "지부"였으며, 모스크바 중앙위원회 정치국과는 상명하달 관계에 있었습니다. 공산당의 "민주적 집권주의"를 군대식 상명하달 조직으로 바꾼 것은 스탈린 시절입니다. 하지만 이미 레닌 시절에 이론적으로 몇 개 사회주의 정파의 선거를 통한 경쟁과 상호 견제를 허용할 수도 있는 "사회주의적 민주주의"를 유일당의 영구 집권으로 해석했습니다. 비非볼셰비키 사회주의 정당들의 일부(멘셰비키 등)는 약 1921~1922년까지 활동할 수 있었지만, 그다음 정치 시장은—레닌의 동의하에—완벽한 독점 체제로 들어가고 말았습니다.

큰 틀에서 봤을 때 내전의 종식1920~1921 이후 소련의 역사는 "현실"의 이름으로 "이념"이 점차 뒤로 물러나는 과정이자 "혁명적 국가"에서 "혁명적" 부분이 퇴색하고 "국가"에 보다 더 강하게 방점이 찍히는 과정이었습니다. 사회학적으로 새로운 지배층인 당·국가 간부층이 형성되어가고 대타적 계층으로서의 정체성을 갖게 되는 과정이기도 했지요. 간부층의 수령이라고 할 수 있는 스탈린이 절대적 권력을 장악했던 시절에 간부층의 전반적인 보수적 성향으로 인해 소련 장교들이 다시 제정 러시아 시절처럼 "계급장"을 달게 되었고, "애국적" 내용의 "국사" 수업들이 부활했으며, 동성애가 불법화되었고, 여성들은 낙태권까지 빼앗긴 상태였습니다. 스탈린 시대의 엄청난 사회적 퇴보 중 일부는 나중에 다시 수정됐지만(낙태권의 경우 스탈린 사망 이후에 다시 돌아왔습니다), 거시적 관점에서 봤을 때 당시 소련 사회는 점진적으로 "보수화"되는 역사를 밟고 있었던 만큼 그 궁극적 몰락이 결코 우연은 아니었습니다. 혁명의 이념을 계속 등지다 보면 결국 혁명 이후의 "실험적 국가" 체제도 굳이 고집할 필요가 자연스레 없어지는 것이 아니겠습니까?

그렇다면 이 "실험적 국가"가 남긴 것은 오로지 간부층에 따른 사회의 점진적인 보수화뿐이었을까요? 저는 결코 그렇지 않다고 생각합니다. 간부층은 이미 1920년대 초반부터 대중들을 "대표"한다기보다 대중 위에 "군림"하기 시작했지만, 혁명으로 바꾼 사회였던 만큼 간부층이 대중들의 정치경제적 "요구"에 응할 수밖에 없는 부분도 있었습니다. 1937년은 끔찍한 대숙청의 해이기도 했지만, 소련에서 의료가 완전히 "무상"이 된 해이기도 했지요. 유럽 국가치고 근대적 의료 접근성이 애당초 최악이었던 러시아 민중들은 "무료로 의사를 볼 수 있는 기회"를 갈망하고 요구했으며, 공산당은 그 요구를 수용하지 않을 수 없었습니다. 그러한 배경에서 지구상의 최초의 "무상 의료 체제"가 태어난 것이지요.

1950년대 이후에는 국가에 어느 정도의 '여력'이 생겨 소련의 인민들은 비록 다당제 선거에서 원하는 정당의 후보를 찍을 권리는 없어도 아파트를 무료로 배정받는 것은 물론이고 별장을 지을 땅과 텃밭까지 무료로 제공받을 권리를 가지게 된 것입니다. 쉽게 말해 정치적 권리의 결핍이 사회적 권리의 풍요로 "보상"되는 식이었습니다. 이와 같은 무언의 "사회적 계약"에는 물론 대중들의 탈정치화 등과 같은 많은 문제도 내포되어 있습니다. 하지만 오늘날 러시아 등지에서 "소련 시절에 대한 향수"가 지속되는 현상은 그와 같은 "보상"의 매력을 증명해줍니다.

소련의 간부층은 군이 냉전을 그렇게까지 원하지 않았으며, 보다 부유하고 발달된 서방으로부터의 기술 이전 등을 필요로 했습니다. 하지만 서방 지배층의 입장에서는 "개인 자본가가 없는 산업국가"인

소련이 늘 "위협"적인 존재였습니다. 그래서 소련도—스탈린의 코민
테른 숙청 등 외국 혁명자들에 대한 배신의 역사도 만만치 않게 존재
하지만—소련대로 서방 지배층에 반기를 드는 전 세계의 혁명-해방
세력들을 지원해야 하는 입장에 처해 있었습니다. 이를테면 당시 북·
소 관계는 결코 평등하지 않았는데, 지정학적으로 우위에 있는 소련
의 의도가 관철될 때가 많았지요. 1950년대 말에 이르러 북한이 약소
국임에도 불구하고 제3세계 국가 중에서 최초로 무상 의료·교육·보
육 체계를 구축할 수 있었던 것도 소련으로부터의 지원에 힘입은 바
가 컸습니다. 북한뿐만 아니라 베트남부터 남아프리카공화국의 투쟁
조직ANC이나 팔레스타인 투사까지 들어갔던 소련의 지원은—그 의
도가 비록 단순히 "연대"에만 기반하지 않았다 해도—결국 세계의 지
도를 바뀌게 만들었습니다. 만약 그와 같은 소련의 지원이 없었다면
베트남의 항미抗美 전쟁에서의 승리나 쿠바 혁명 정권의 지속은 결코
쉽지 않았을 것입니다.

지금 우크라이나를 짓밟고 있는 푸틴에게는 "스탈린 제국"의 영토
를 "수복"하는 것이 주요 과제입니다. 하지만 세계의 진보 세력들에
게 필요한 것은 소련 시절 경험의 명암들을 균형적으로 파악하여, 그
긍정적 측면들은 어떻게 살릴 것이고 그 과오들을 앞으로 어떻게 피
할 것인지 고민하는 일입니다. 전 세계적 연대나 사회적 임금(복지비용
등)의 최대화, 완전한 사회적 보장 등은 우리가 나아가야 할 길이지만,
상명하달식의 집권 정당 영구 독재는 미래 지향적인 정치적 시스템은
아니라는 것이 분명합니다. 민주성이 있는 사회주의 혁명, 민주성이

최대화된 비자본주의적 사회 건설이라는 화두는 앞으로도 계속 전 세계의 혁명가들이 고심해야 할 문제입니다. 기후 문제 해결의 차원에서는 아마도 소련을 방불케 하는 계획 경제 역시 필요하겠지만, 이는 철저하게 민주적으로 운영돼야 할 것입니다.

러시아는 왜 성공한 개발 국가가 되지 못하는가

12년 전의 일입니다. 2011년, 유럽한국학회AKSE 역사상 최초로 격년으로 이루어지는 학술 대회를 모스크바에서 진행하게 됐습니다. 학술 대회 장소는 제가 한때 박사 학위를 받기도 했던 모스크바 국립대학교의 아시아 및 아프리카 연구부 건물이었습니다. 그곳은 19세기에 세워진 건물로 이제는 많이 허름해진 곳이었지요. 겉에서 봐도 허름하지만, 내부에 공간이 태부족했습니다. 한국이나 중국의 대학 캠퍼스에서 늘 보이는, 번쩍번쩍한 신축 건물을 교정 어디에서도 찾아볼 수 없었습니다. 아니, 있는 것보다 없는 것이 차라리 더 많았습니다. 월급이 하도 박봉인지라 외국인 교원도 그다지 만날 수 없었고, 한국에서는 이미 흔해진 영문 학술지 같은 것도 발행되지 않고 있었습니다.

학회에 참석하기 위해 온 한국의 한 유명한 중진 연구자는 모스크바의 유서 깊은 학교의 이런 안타까운 사정을 목격하고서 제게 질문을 던졌습니다. 이미 중국을 따라잡을 수 없을 만큼 후진화한 러시아에서 1989~1991년에 중국과 달리 당·국가를 그대로 보존하지 못해 초고속 개발의 기회를 놓친 것을 두고 지식인들이 아쉬워하지 않느냐고 말이지요. 아마도 중국의 발전상을 본 뒤에 모스크바의 대학 세계를 본다면 누구나 이런 질문이 절로 나오기 마련일 것입니다.

물론 중국이 러시아의 시니어(상위) 파트너가 된 지금, 1989~1991년 선택의 기로에서 러시아가 당·국가 모델을 과감히 버린 것을 두고 안타까워하는 사람들이 러시아 내부에도 많습니다. 이미 학술 대회가 열렸던 2011년에도 그 수가 적지 않았지요. 그런데 만일 러시아에 공산당 체제가 남았다고 해서 과연 러시아는 중국이나 그전의 한국 내지 대만과 같은 "성공의 궤도"를 밟을 수 있었을까요? 저는 어려웠으리라고 봅니다. 동아시아 발전 국가들의 초고속 발전은 공산당 체제(중국)나 국가고시(한국) 등으로 걸러지고 단련된, 사회로부터의 자율성이 강한 관료 시스템의 덕을 많이 본 부분이 있습니다. 이에 비해 시험이 아닌 정실이나 인맥으로 선발되고 승진하는 러시아 관료들의 질은 형편없는 것이 사실입니다. 그런 차원에서는 차라리 소련 공산당의 집권 지속이 관료 체제의 건전성을 더 잘 보장해주었을지도 모릅니다. 하지만 관료들만이 동아시아의 초고속 발전을 가져다준 것은 아니었습니다. 이외에도 세 가지 다른 요인이 있는데, 그중 어느 하나도 러시아는 해당 사항이 없었습니다.

첫째, 외자(외국 자본)입니다. 1978년 개혁·개방 이후 중국에 투자

된 외자의 누적 총액은 무려 1400억 달러 정도였습니다. 그사이에 전 세계 해외 투자 총액의 약 10퍼센트에 달하는 금액이 중국을 향해 간 것이지요. 반면, 1991년 이후 러시아로 흘러들어온 외자는 중국의 그 것에 3분의 1에 불과합니다. 게다가 대부분은 매장 자원, 특히 석유와 천연가스 채굴 등에 들어갔습니다. 제조업이 러시아 국내총생산GDP 의 26퍼센트나 차지하고 전체 종사자 수도 약 1100만 명에 달하지 만, 제조업 분야의 가장 큰 기업들은 여전히 소련 시대 때부터 존재해 온 아브토바즈AvtoVAZ(자가용), 카마스KAMAZ(트럭), 수호이Sukhoi(전 투기), 러시안 헬리콥터스Russian Helicopters(헬기) 등입니다. 일부 신 기술도 도입됐지만, 절반 이상의 생산 기계, 라인들은 소련 시대 때에 만들어진 것이지요. 제조업 분야의 생산 총액 역시 여전히 소련의 마 지막 해인 1991년의 수준을 넘지 못하고 있습니다. 외부 시장을 위한 수출용 생산을 목적으로 대대적인 외자 유치가 이뤄진다거나 한국의 1960~1980년대처럼 외국 경화hard currency(외국 통화와 자유롭게 무제 한 교환 가능한 화폐) 차관 등을 관치 금융 시스템을 통해 재벌들에게 나 눠주지 않는다면, 한국이나 중국과 같은 발전 궤도를 따라가기가 힘 든 상황이지요. 그러한 이유로 공산당이 그 자리에 남았다고 해도 러 시아의 개발 속도는 중국을 따라가기 힘들었을 것입니다.

둘째, 임금입니다. 초고속 개발이 한참이던 1980년 당시, 한국 노 동자의 평균임금은 미국 달러화로 환산했을 때 약 120달러 정도였습 니다. 한편, 초고속 개발이 한참이던 2000년 당시, 중국 노동자의 전 국 평균 노임 역시 미국 달러화로 환산했을 때 약 120달러 정도로 집계됐습니다. 한데 같은 해 러시아에서는 숙련공의 평균임금이 그것 보다 약 40~50퍼센트 높았습니다. 저임금 노동이라는 점은 마찬가 지였지만, 중국만큼의 저임금은 아니었습니다. 거기에다 러시아에서 외국 기업인을 포함한 고용주는 각종 사회보험(노후연금 등)에 해당하는 세금을 부담해야 했지만, 중국에서나 한국에서는 초고속 개발이 이뤄지던 당시 전 국민/인민적 사회보험 시스템은 존재하지 않았습니다. 즉, 러시아에 유입된 외자는 제조업보다 마진이 컸던 석유나 천연가스 등과 같은 자원 채굴, 소매업 등으로 주로 들어간 것이지요.

셋째, 시장입니다. 한국이나 중국은 애당초 수출 주도 개발을 지향했습니다. 하지만 러시아 제조업자들에게는 수요의 수준이 비교적 높은 내수 시장이 있었습니다. 자가용이나 트럭, 철도 차량, 헬기, 여객기 등 러시아의 전통적 제조업은, 일차적으로 러시아나 구소련의 시장 수요에 맞춰져 있으며, 무기 생산 이외에는 구소련 국경 밖에서의 경쟁 경험 자체가 그리 많지 않았습니다. 이와 같은 공업의 내수 지향적 구조는 19세기 이후부터 굳어져 온 것입니다. 따라서 러시아의 공업 구조를 단기간 내에 중국이나 한국과 같은 수출 지향적 구조로 바꾸기는 힘들었을 것입니다.

즉, 1989~1991년의 선택과 무관하게, 앞에서 열거한 이유들로 인해 러시아는 중국의 초고속 개발을 따라잡지 못했을 것입니다. 더군다나 2022년 우크라이나 침공 이후로 러시아의 차후 개발 방향은 수출 주도와 정반대로 정해졌습니다. 즉, 국가의 투자, 국영기업 주도, 무기 생산과 내수 주도, 수입 대체 위주로 개발 방향이 정해진 것입니다. 앞으로 러시아 개발의 목표는 한국이나 중국과 같은 "세계의 공장"이 아니라고 여겨집니다. 그보다는 가급적 기계 등의 자급자족을 달성하는 것, 그리고 일차적으로 무기 산업을 선진화하는 것 등이겠지요. 이와 같은 제조업의 발전 궤도는, 국내에서 생산된 무기를 사용하기 위한 전쟁의 가능성을 보다 많이 열어줄 것입니다. 유감스럽게도 앞으로 수십 년간 러시아는 그다지 평화로운 상태가 아닐 것이라고 전망하지 않을 수 없습니다.

푸틴 독재를 옹호하는 지식인은 누구인가

한국의 1970~1980년대 지식인 사회를 보면, "냉전 시대의 원로"와 "진보적 신진파" 사이의 대결 구도 같은 것을 볼 수 있었습니다. 유신 정권과 신군부의 독재는 지식인들 사이에 공포 분위기를 조장하기도 하고 강한 거부감도 불러일으켰지만, 분단과 6·25 전쟁을 거치며 보수 진영에서 주도적 위치를 확보해, 1970년대에 이르러 "원로"가 된 일부 지식인 사회 거두들은 박정희와 전두환의 편에 서기도 했습니다. 이승만 시절부터 "문단 권력"을 손에 쥐기 시작한 소설가 김동리金東里, 1913~1995나 문학평론가 조연현趙演鉉, 1920~1981 같은 사람들이 가장 대표적인 경우입니다. 1970년대에 이 둘은 서로 대립하기도 했지만, "친정부"라는 차원에서는 하등의 차이를 보이지 않았습니다. 소설가 박종화朴鍾和, 1901~1981나 수필가 전숙희田淑禧, 1919~2010 등 일부 보수적인 원로 작가들이 1970년

대에 통일주체국민회의로 진출하기도 하고, 1980년대에 서정주徐廷
柱, 1915~2000는 다음의 시로 영원히 그 이름을 더럽혀버리고 말았습
니다.

(상략)

잘사는 이 나라를 만들기 위해서는
모든 물가부터 바로 잡으시어
1986년을 흑자 원년으로 만드셨나니

안으로는 한결 더 국방을 튼튼히 하시고
밖으로는 외교와 교역의 순치를 온 세계에 넓히어
이 나라의 국위를 모든 나라에 드날리셨나니

이 나라 젊은이들의 체력을 길러서는
86아세안 게임을 열어 일본도 이기게 하고
또 88서울올림픽을 향해 늘 꾸준히 달리게 하시고

(하략)

_〈처음으로-전두환 대통령 각하 56회 탄신일에 드리는 송시〉 중

1987년 1월, 그러니까 6월 항쟁이 일어나기 몇 개월 전에 "한국을

대표하는 시인"이 독재자에게 "모든 물가부터 바로 잡으시어"와 같은 찬사를 바친 일은 지금의 우리 상식으로 이해하기가 힘든데, 이는 엄연히 사실입니다. 반면, 동시에 이런 문단 권력자나 친권력 "협력"에 공들여온 "원로"와 달리 자유실천문인협의회 등 새로운 저항문학 주체들이 탄압과 시련 속에서도 "탈냉전·반독재 문학"의 길을 개척하고 있었습니다. 물론 그들 중에서 시인 고은이나 소설가 황석영 등은 1990년대 이후에 또 다른 새로운 문단 권력으로 떠올랐다고 할 수도 있을 것입니다. 좌우간, 박정희·전두환 시절의 한국 문단은 친독재 냉전 문학과 반독재 탈냉전 문학으로 양분돼 있었고, 이 두 성향을 나누는 요인들은 "나이"나 역사적 체험, 권력에 대한 태도 등 다양했습니다.

그렇다면 푸틴 시대 말기, 우크라이나 침공 시대의 러시아 문단은 과연 어떤 상태일까요? 저는 문단을 포함해 러시아 지식인 사회 전체에서 친독재와 반독재, 그리고 주전主戰과 반전의 의견이 갈리는 중요한 지점이 신체적 "나이"나 어떤 정치적 "성향"보다도 차라리 "국가에의 의존" 여부가 아닌가 싶습니다. 오늘날 러시아의 경우 냉전 시대 한국과 중요한 차이점이 보입니다. 월탄 박종화나 황순원 선생 같은 분들은 비록 매우 혹은 다소 보수적인 성향이었습니다만, 사실 이분들은 정권의 도움 없이도 충분히 문학 시장에서 살아남을 수 있었으리라 여겨집니다. 그럴 만큼의 독자층을 가지고 있었기에 스스로의 기반이 탄탄했지요. 즉, 그들의 반공 성향은 단순한 민족주의적 보수성에서 시작돼 분단과 6·25 전쟁으로 인한 남북의 대립 속에 굳어진 것입니다.

　이와 달리 푸틴 정권과 그 전쟁을 순수하게 "이념" 차원에서 지지하는 러시아의 "시장 경쟁력이 있는 작가"는 극소수입니다. 가령, 최근 친우크라이나 세력들에게 폭탄 테러를 당할 만큼 열광적인 전쟁 옹호론으로 악명을 떨친 자하르 프릴레핀Zakhar Prilepin, 1975~ 이나 체첸 출신의 게르만 사둘라예프German Sadulaev, 1973~ 등이 대표적입니다. 예브게니 보돌라즈킨Evgeny Vodolazkin, 1964~ 처럼 "민족 보수적" 성향의 진영을 대표하는 작가들은 대체로 아예 전쟁에 대한 의견을 발표하지 않고 침묵으로 일관합니다. 그리고 류드밀라 울리츠카야Lyudmila Ulitskaya, 1943~ 나 보리스 아쿠닌Boris Akunin, 1956~ , 그리고 드미트리 글루코브스키Dmitry Glukhovsky, 1979~ 같은 자유주의 진영의 주요 작가들은 외국에 망명하는 등 "전쟁·독재 반대"를 행동으로 보여주고 있습니다.

　이를 다르게 표현하자면, 한국의 극우 정권들에게는 적어도 "반공주의" 코드를 공유해 친정권이나 중립의 자세를 취할 만한 문단 권력 내지 지식계가 있었던 것에 반해 우크라이나에 대한 침략으로 푸틴 정권은 지식인 사회의 "민심 이반"을 초래했습니다. 이로 인해 이념적으로 보수적인 작가 등 지식인 사이에서조차 어떤 헤게모니적 권위를 잃고 말았습니다. 그렇다면 푸틴에게 남은, 즉 전쟁을 지지하는 작가들은 과연 어떤 사람들일까요? 개전 초기 러시아의《문학신문Literaturnaya Gazeta》은 '작가 500인 선언'을 발표했는데 여기에 서명한 이들 중에서 독자들 사이에 이름이 알려진 작가는 한 명도 없었습니다. 이들은 대체로 각종 작가 협회들을 통해 국가로부터 나오는 "지원금"을 수급하며 생계를 의존해야 하는 문인들이었습니다. 이처럼 국고 보조금 없이 문단 생활을 할 수 없는 이들은 국가가 벌이는 전쟁에 대해− 싫든 좋든─"박수"를 쳐줘야 하지만, 최소한의 시장력이 있는, 즉 국가로부터 독립이 가능한 작가들은 전쟁 옹호 발언으로 자신을 더럽히는 일을─자신의 정치 성향과 무관하게─적극적으로 피하는 추세입니다. 즉, 좌파든 자유주의 신념을 가졌든 혹은 (온건) 민족 우파든 간에 전쟁을 벌이는 독재자에게 찬사를 보내는 것은 이제 러시아에서 작가로서 차마 할 수 없는, 최악의 부끄러운 일이 된 것이지요.

물론 작가들의 민심이 떠났다고 해서 러시아라는 관료 국가가 전쟁을 당장에 그만둘 일은 없을 것입니다. 한데 문단의 이런 반응은 분명 의미심장합니다. 현재 군국주의 국가인 러시아는 정치사상가 안토니오 그람시Antonio Gramsci, 1891~1937가 이야기한 "헤게모니", 즉 지식인 등에 대한 설득력과 호소력을 상당히 결여하고 있다는 점에서 그렇습니다. 이와 같은 헤게모니 결여를 공포 정책이나 물질적 시혜 등으로 만회하려고 할 수도 있을 터인데, 러시아 권력층이 앞으로 어떤 길을 택할는지를 두고 볼 일입니다.

중·러의 헤게모니 전략은 성공할까

친일파로 유명한 윤치호尹致昊, 1865~1945는 영어를 정말 사랑했던 것 같습니다. 그는 20대 초반에 영어 공부를 시작하고 거의 60년 가까이 영어로 일기를 썼는데, 그가 영어를 사용하게 된 첫 동기가 재미있습니다. 조선말로 주변 사물과 본인의 생각을 표현하는 데에 한계가 있어 영어를 선택했다는 것이지요. 윤치호에게 영어란 언어 그 이상이었습니다. 영어는 (기독교적) 하나님과 대화할 수 있는 기호 체계였으며, 성경의 "말씀"을 읽을 수 있는 "글"이었으며, 우월한 문명의 표징이었습니다. 미국으로부터 특별한 혜택을 받은 것도 아니고 그저 몇 년간 그곳에서 공부하고 감리교를 받아들였을 뿐이지만, 윤치호에게 미국은 어떤 현실적 관계를 떠나 "이상" 그 자체였습니다.

비단 윤치호뿐 아니라 서재필이나 이승만, 혹은 식민지 시기의 안

창호—흥사단—같은 수양동우회 계열 인사들의 미국관도 이와 별반 다르지 않았습니다. 오늘날 한국의 뉴라이트는 이런 미국관의 말류쯤에 해당될 것입니다. 이처럼 자발성이 강한 흠모와 선망, 우러러봄과 자기 동일시의 열망 등을 가리켜 우리는 앞에서 말한 그람시적 의미의 "헤게모니"라고 칭하곤 합니다. 미국이라는 완숙한 자본주의 문명의 헤게모니란 자본 축적이 아직 덜된 후발 국가들의 지식인과 대중들까지 자발적으로 따르게끔 만들 수 있는 사상, 이념, 문화적 저력을 이야기합니다. 요즘 말로는 "연성 권력"이라고도 하는 것이지요.

　물론 미국의 헤게모니는 미국의 지정학적인 영향권 안에 있는 한반도 남반부에서마저도 상당한 부침이 있어왔습니다. 지금 다시 그 절정에 달하고 있는 중이지만, 1980~2000년대의 경우 "한국의 반미 현상"에 대해 상당수의 논저가 나오기까지 했습니다. 한데 반미가 가장 유행했던 1980년대만 해도, 학창 시절에 "양키 고 홈"을 외치곤 했던 대학생들이 석·박사를 하러 그 뒤에 종종 그 "양키"의 나라로 가는 모습을 볼 수 있었습니다. NL('National Liberation'의 약자. 한국 사회의 핵심 모순이 미국 제국주의 지배와 남북 분단에 있다고 보는 사회운동의 한 정파) 계열을 제외하면 운동권도 밥 제솝Bob Jessop, 1946~ 의 마르크스주의적 자본주의 국가론이나 브루스 커밍스Bruce Cumings, 1943~ 의 사학 등 영미권의 진보 사상을 학습하지 않을 수 없었습니다. 그것에 필적할 만한 이론적 자산을 동구권과 일본을 포함해 그 어디에서도 찾아낼 수 없었기 때문입니다. 보수든 진보든 그 성향을 떠나서 궁극적으로 한국의 지식인이라면 미국에서 생산된 학지學知(교육·지식 체계)를 조우하여 학습하지 않을 수 없는 객관적인 상황에 놓여 있는 것입니다.

대중문화의 경우는 또 어떠한가요? 우리는 지금 K-팝의 세계적 성공에 열광하지만, 서태지와 김건모 이후로 한국 가수들이 미국산 랩과 레게 등을 익히지 않았다면 과연 K-팝이라는 혼종적인 현상이 일어날 수 있었겠습니까? 유튜브와 넷플릭스라는 미국산 플랫폼이 없었다면 과연 K-팝과 K-드라마는 지금처럼 전 세계에 퍼질 수 있었을까요? 지식인 사회는 지식인 사회대로, 대중문화는 대중문화대로 미국의 지적·문화적인 헤게모니를 떠나서 존재하기가 힘든 것이 사실입니다.

미국이 완숙하고 오래된, 정교한 자본주의 문화라면, 미국의 경쟁국가인 중국이나 러시아 등에서의 자본주의란 최근 들어 초고속 축적에 의해 만들어진 현상입니다. 그것도 자유주의적 레짐이 아닌, 독재국가 주도로 축적이 급격하게 이루어진 경우들이지요. 문화나 학지 생산의 영역을 보면, 중·러 근현대 문화의 상당 부분은 스탈린주의나 마오주의 등 "대안적 근대"의 (결국 실패한) 모색과 직결돼, 이와 같은 역사적 경험이 없는 한국 같은 나라에서는 비전문가들에게 쉽게 수용되지 못할 것입니다. 중·러의 사회과학은 스탈린주의적·마오주의적 도그마의 완전한 지배를 벗어난 지 불과 30~40년밖에 지나지 않았습니다. 게다가 여전히 독재국가의 사상적 억압까지 받아야 하는 상황이기 때문에 사실 지금 한국과 크게 다르지 않게 미국산 이론들을 수입해 토착화를 시도하는 중입니다. 엄청난 내수 시장을 보유 중인 중·러의 대중문화 같은 경우, 애당초에는 수출을 목적으로 해서 만들어지지 않습니다. 예컨대 중·러 영화 생산의 상당 부분은 전쟁과 "애국"을 테마로 하는 국책 영화들이므로 한국 관람객들에게는 거부감 이외에 어떠한 감흥도 주지 못할 것입니다. 그러한 이유로 미국 문화가 녹아 있는 한류는 중·러에서 엄청난 인기를 얻어도, 한국에서는 중·러 대중문화를 추종하는 팬들을 거의 찾을 수 없는 것이지요.

그렇다면 지금 미국과 전면적인 대립 국면에 돌입한 중·러는 미국의 사상, 이념, 문화적 헤게모니("연성 권력")에는 도전하지 못한 채 그저 경제와 군사 영역에서의 힘겨루기만 할까요? 그렇게 되지는 않을 것입니다. 대립하는 쌍방은 보통 서로를 미러링mirroring하는 법이지요. 결국 자유주의와 민주주의 등을 내세우는 미국에 맞서려는 나라들의 경우 대미 대립의 이념적 기반을 다진 뒤 그 이념을 학술적으로 정교화하려는 시도를 하지 않을 수 없을 것입니다. 대략적인 예상입니다만, 중·러의 대미 대립 이념으로 현재에도 이미 "탈식민화" "구미권의 세계 지배 타파" 등이 제시되는 것으로 봐서는 아마도 "탈식민" 등을 출발점으로 해서 중·러가 과거의 "제3세계주의"를 계승하는 모종의 대항 헤게모니 건설을 시도할 것 같습니다. 다만 스스로를 이미 제1세계로 인식하는 한국인에게는 이런 대항 헤게모니의 이데올로기가 아마도 설득력을 갖지 않을 것 같지만요.

대중문화 영역에서는 아마도 틱톡의 경우처럼 중·러가 미국발 전자, 영상 자본주의 모델을 출발점으로 해서 대미 경쟁을 시도할 것 같기도 합니다. 한국에서는 중국 영화 〈장진호〉가 6·25 전쟁을 바라보는 "시각" 차원의 문제를 일으켰지만, 사실 이 영화는 중국 국가주의적 시각만 벗어나면 할리우드 액션물의 중국식 복제판에 가깝습니다. 이러한 복제는 시작에 불과하지요. 그다음에는 아마도 할리우드의 생산 방식을 혼종화하여 중국식으로 토착화하려고 할 것 같습니다. 좌우간 경제와 군사에 이어 중·러는 이데올로기와 문화의 생산 영역에서도 나름의 "대항 헤게모니" 구축을 시도할 것 같지만, 한국에서는 그 시도들이 당분간 성공하기가 쉽지 않으리라고 예상합니다. 이미 스스로의 자본주의적 정교함의 수준을 미국과 동일한 수준으로 보는 한국인들의 관점에서 중국과 러시아는 너무 지나치게 박정희·전두환 시절의 "막 치고 올라가는" 조야한 졸부 국가를 연상하게 만들 테니까요.

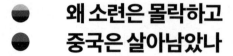

왜 소련은 몰락하고
중국은 살아남았나

　　한국에서는 구소련에 대한 관심이 거의 없다시피 하지만, 중국의 경우 "소련 몰락의 원인들"이 지금도 가장 유망한 사회과학 연구의 테마입니다. 사실 이는 당연한 경향입니다. 소련의 몰락을 타산지석他山之石과 반면교사反面教師로 삼아, 중국 공산당은 이와 같은 일을 스스로 미연에 예방하려고 하는 것이지요. 중국에서 진행되는 각종의 이데올로기적 캠페인을 제작한 이들 스스로가 "소련 말기와 같은 자유주의 분위기 조성을 방지하기 위함"이라고 이야기하곤 합니다. 한데 중국 공산당이 그렇게까지 걱정할 필요가 없는 것 같기도 합니다. 소련 혁명과 중국 혁명, 그리고 소련과 중국이라는 나라의 국제적 위치 등은 상당히 다르기 때문에 중국이 "소련의 전철을 밟는다"는 것은 상상하기 어렵습니다.

　　소련은 꼭 (마르크스가 생각했던 대로의) "사회주의" 국가는 아니었지만, 1917년 10월 혁명은 애당초 분명하게 사회주의, 즉 탈자본주의를 지향했습니다. 적어도 당내 좌파가 몰락한 1927년까지 소련이라는 국가의 일차적인 존재의 의미는 바로 "세계 혁명"이었습니다. 이세계 혁명 사업이 유럽과 아시아의 핵심 국가(독일과 중국)에서 좌절된 것은 당내 좌파 몰락의 중요한 배경이기도 했지요. 스탈린이 집권한 뒤로 세계 혁명은 사실상 일국적인 국가 주도 개발주의로 대체되었지만, 소련의 국가 구조는 기본적으로 여전히 레닌 시대의 유산을 고스란히 담고 있었습니다. 15개의 구성 공화국들은 명색상 독립국가들이었고 "민족자결권"(소 연방 탈퇴권)을 갖고 있었습니다. 우크라이나와 벨라루스는 유엔 회원국이기도 했지요. (군과 비밀경찰 이외에) 이 15개의 구성 공화국들을 하나로 묶는 것은 바로 공산당과 15개 공화국 "민족 간부"들이 원칙상 공유해야 할 "마르크스·레닌주의"였습니다. 이는 대단히 통속화, 도그마화되었지만 원칙상 좌파적인 이데올로기였습니다.

중국 혁명은—비록 공산당에 의해 진행되었지만—일차적으로 계급 혁명이라기보다는 민족 혁명이었습니다. 즉, 애당초 혁명의 주된 목적은 민족국가의 재통일, 외세 배제, 완전한 영토 확보, 그리고 그 뒤에 이루어질 민족국가의 개발이었습니다. 단, 공산당 시스템을 통한 민초들의 동원, 아래로부터의 수백만 명 간부들의 신분 상승, 그리고 국가 주도의 경제 개발이 이 민족 혁명의 주요 수단이었던 것입니다. 사실 국가 주도의 경제 개발은 이미 국민당 집권기에 하고 있었고 만주국에서도 했기 때문에 이것이 꼭 사회주의적인 것도 아니었고 그렇게까지 핵심적으로 중요한 것도 아니었습니다. 즉, 1978년 개혁·개방을 통해 외자 유치, 외국 기술 이전, 해외 시장 중심의 수출 주도 개발 프로젝트를 가동했다고 해도 공산당의 명분에 아무 손상이 가지 않았습니다. 애초에 공산당의 통치 명분은 "사회주의"보다 "조국 광복, 국력 배양"이었고, 이 수출 주도 개발주의는 "국력 배양"에 가시적으로 도움이 되었기 때문입니다.

또한, 중국의 소수민족 자치구들은 소련의 15개 구성 공화국들처럼 명색상 독립국가인 적이 없었습니다. 중국 공산당은 1949년 이후 소수민족들의 자결권을 인정하지 않고 있습니다. 자치구들을 포함해 중국의 전 국토를 하나로 묶는 것은 당과 그 이데올로기(그리고 군과 비밀경찰)뿐만이 아니라 하나의 행정망과 하나의 언어 등입니다(소련은 에스토니아나 투르크메니스탄의 민족 간부들에게 구성 공화국 안에서의 러시아어 사용을 강요하지 않았지만, 중국에서는 중국 표준어 사용이 무조건 요구됩니다). 그렇기 때문에 공산당 이데올로기 등이 말기의 소련처럼 그 호소력을 상실했다고 한들 국가 붕괴의 가능성은 말기의 소련보다 훨씬 적은 것이지요.

소련은 1980년대 말에 이르러 이미 완결된 과학연구 및 공업 시스템을 갖고 있었습니다. 이 시스템은 러시아어로 "GOST", 즉 "국가 표준"이라고 불리는 자기 나름의 표준 체계였습니다. 문제는 이 표준 체계가 동유럽과 북한, 베트남 등 극히 일부의 국가 이외에는 그 어디에서도 통하지 않아 소련산 기기 등의 수출이 대단히 어려웠다는 점입니다. 이 표준 체계는 그 후진성 등의 여부를 떠나서 서방 시스템들과의 기본적인 호환성부터 현저히 떨어졌기 때문입니다. 이러한 완결된 시스템을 가지고 중국처럼 수출 주도의 개발 전략을 키우는 일은 지극히 어려웠을 것입니다. 또한, 소련 노동자들은 이미 제반의 사회적 권리(휴가, 연금, 잔업에 대한 제한 등)들을 제법 가지고 있었습니다. 따라서 중국처럼 외자를 도입해 저임금 노동력을 "활용"하는 수출 산업 분야를 새로 만드는 것이 아마도 불가능에 가까웠을 것입니다.

결국 소련과 같은 완결된 국가 단위의 산업 시스템은 1980~1990년대에 일었던 세계화 바람에 속수무책으로 완전히 무너지고 해체되고 말았습니다. 오늘날 소련의 거의 모든 후계 국가들은 한때 15개의 구성 공화국들을 하나로 묶었던 공산당의 통속화되고 도그마화된 (유사) 좌파 이데올로기를 대체한 "민족 우파" 이데올로기의 자장으로 넘어가고 말았습니다. 그중에서도 푸틴 치하의 러시아는 공격적인 군사주의적 민족주의를 사실상 국시로 삼았습니다. 이와 반대로 중국 공산당은 1978년부터 서방의 표준 체계를 일시적으로 받아들여 세계화된 시스템에 편입되는 듯한 인상을 주었지요. 하지만 "국력 배양"이 어느 정도의 수준에 이른 지금에 와서는 (서방 중심의) 국제 시스템을 부분적으로 떠나 이제 스스로를 표준으로 삼으려 하는 움직임을 보이는 중입니다. 현재 러시아는 중국에 비해 국력이 현저히 약하지만, 부분적으로나마 수입 대체 프로그램을 실시해 "완결된 자기중심의 시스템"을—극히 부분적이지만— 나름 복원해보려는 것이고요. 두 국가가 놓인 상황은 다르지만, 큰 틀에서 탈세계화의 대열에 합류했다는 점은 같은 셈이지요.

이처럼 중국과 러시아는 물론이고 미국도 이제는 사실상 보호주의로 갈아타서 탈세계화의 대열에 합류하고 있습니다. 반면에 수출 본위의 대한민국 경제는 여전히 세계화 시대의 상황에 맞춰져 있습니다. 이런 경제 시스템의 전망이 앞으로 어떨지, 국민국가나 지역 블록 중심의 탈세계화 시대에 대한민국이 앞으로 무엇을 어떻게 해야 할지 등은 정치인들이 심각하게 토론해야 할 주제입니다. 한데 주류 정치인들로부터 이런 이야기를 거의 들을 수 없는 실정이라 안타까울 뿐입니다.

2부

러시아는 왜
우크라이나를
침공했는가

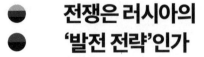

전쟁은 러시아의 '발전 전략'인가

'침략'의 의도는 시대마다 나라마다 조금씩 다릅니다. 가장 단순하고 분석하기 쉬운 것은 자원 확보나 전략적 요충지 확보형 침략입니다. 예컨대 2003년 미국의 이라크 침략은 전자, 2001~2021년 이루어진 아프가니스탄 점령 시도는 후자에 속합니다. 이러한 침략들은 그 의도가 바로 파악됩니다. 반면, 1931년 일제의 만주 침략은 그보다 훨씬 복잡한 그림을 보여줍니다. 이 침략을 단행한 주체는 군부였고 상당수 관벌이나 민간 정치인 등은 이 침략에 다소 회의적이었지만 군부를 만류할 수 없었습니다. 당시 군부나 침략에 적극적이었던 "혁신 관료"들은 만주를 이용해서 일본 중심의 자급자족형 경제 블록을 만들고자 했습니다. 또한, 그 자원을 이용해서 일본의 (군사용) 중화학 공업의 발전을 촉진시키려고도 했습니다. 즉, 군부 중심의 자본주의형 계획경제를 만주에서부터 시작해 실험하려

전쟁 이후의 세계

했지요. 또한, 훗날 이 경제 모델을 이용해 세계 전체의 "나눠 먹기" 과정에서 일제의 몫을 최대화하려 했습니다.

하필이면 일제의 만주 침략이 지금, 이 순간 제 기억 속에 떠오르는 이유는 여러 가지입니다. 가장 단순하게는 그 침략에 동원된 군사력이 현재 러시아 군사력과 비교가 가능한 규모이기 때문입니다. 1931년 9월 만주 침략에 동원된 일제의 군사력 규모는 약 16만 명 정도인데, 이는 우크라이나에서 개전 초기의 "작전"에 참여한 러시아군의 규모와 대체로 엇비슷합니다. 현재 작전의 무대가 된 동부 및 중부 우크라이나의 영토 면적도 대체로 중국 동북 삼성(길림성·요령성·흑룡성)과 비교가 가능합니다. 우크라이나의 동부도 중국의 동북도 고도의 공업화가 이루어진 지역들입니다. 일제의 만주 침략이 1933년 일본의 국제연맹 탈퇴로 이어진 것처럼 현재 러시아의 행보는 기존의 국제 질서로부터 본질적으로 '이탈'하는 행위입니다. 이런 지점들로 인해 일제의 만주 침략과 러시아의 우크라이나 침공은 표피적으로 '유사'하다고 여겨집니다.

한데 그것보다 더 깊이 파고들면 두 침략 사이에서 더 많은 구조적 유사성을 발견하게 됩니다. 1930년대 만주는 석탄 채광 지대이자 랴오닝성 안산鞍山의 유명한 제철소로 대표되는 철강 산업 지대였습니다. 일제는 만주의 석탄, 철석, 비철 등 자원을 손에 넣음으로써 일본-조선-만주로 이어지는 자급자족형 경제 블록을 만들려 했습니다. 한편, 오늘날 우크라이나는 중화학 공업에 필요한 '자원'들의 보고이자 이미 고도로 발달된 중공업을 보유한 나라입니다. 우크라이나의 강철

steel 생산량은 세계 10위 수준으로 이는 러시아의 약 40퍼센트 정도 규모입니다. 우크라이나에서 철강 산업에 종사하는 전문 인력(속령공 등)만 해도 40만 명 정도 되는 것이지요. 이외에도 우크라이나는 망가니즈, 알루미늄, 심지어 우라늄 등도 생산하는데, 이는 군수공업을 포함한 러시아의 중공업에서 상당히 필요로 하는 자원들입니다.

또한, 우크라이나 중남부 도시인 드니프로 시 같은 경우에는 미사일 생산까지 가능한 첨단 중공업 기업인 유즈마쉬Yuzhmash의 공장 등이 있습니다. 이 공장들이 위치한 우크라이나 동부 및 중부 지역은 사실상 러시아군의 작전 무대인데 이곳에서 일하는 숙련된 인력들 대부분은 구소련(식) 교육을 받았기 때문에 러시아어를 (거의) 모어 수준으로 구사할 줄 아는 사람들입니다. 그렇다면 아마도 푸틴의 속셈은 우크라이나의 자원과 공업 시설, 그리고 인력을 손에 넣은 후 우크라이나의 숙련공과 엔지니어들을 러시아인으로 "국민화"하여, 즉 (강압적으로) "재교육"시킨 뒤 우크라이나까지 포함한 소련식 중공업 복합체를 복원하는 것이라고 여겨집니다.

그런데 이번의 침략을 '이윤' 차원에서만 설명하기는 힘듭니다. 아무리 우크라이나의 자원, 공업 시설, 인력 등을 모두 손에 넣는다 해도, 러시아 외환 보유고의 상당 부분을 차지하는 구미권 중앙은행의 러시아 자산 동결 조치, 외자 기업 철수, 구미권의 투자 중단, 그리고 전쟁에 들어가는 직접적 비용 등을 상쇄할 수는 없을 것입니다. 사실 '비즈니스 플랜' 차원에서 침략은 일단 도박에 가깝기도 하고, 부대비용이 많이 들기 때문에 제정신을 가진 '사업가'라면 피하는 선택을 하는 것이 자연스럽습니다. 그렇다면 러시아의 우크라이나 침략에는 단기적 '비즈니스' 이상의 부분들이 있다고 봐야 할 것입니다. 저는 이번 침략을—1931년 일제의 만주 침략과 마찬가지로—'발전 궤도' 선택의 차원에서 연구해봐야 한다고 봅니다.

대공황 시절의 일본처럼, 오늘날 러시아도 '열강'의 축에 들기는 하지만, 상대적으로 '후진적' 열강입니다. 러시아는 미국이나 중국과 달리 애플이나 구글, 마이크로소프트, 아니면 화웨이华为나 샤오미小米 같은 최첨단 IT 기업 하나 키우지 못하고 있는 나라입니다. 세계 최대 은행 랭킹에서 러시아 최대 국유 은행인 스베르방크Sberbank는 60위 밖에 차지하지 못했습니다. 이는 스칸디나비아의 노르데아Nordea보다 더 작은 규모입니다. 글로벌 경제 속에서 오늘날 러시아는 미국이나 중국 내지 유럽연합을 상대하지 못합니다. 그래서 우선은 군사력을 이용해 완결된 영토적 제국을 건설한 뒤에 서방과의 경쟁으로부터 차단된, 즉 보호받는 경제 영토 안에서 은행 자본과 IT 자본 등을 키우려는 것이 러시아의 장기적인 계획이 아닌가 싶습니다.

이러한 "블록 경제" 건설 계획은 "완전한 국유"가 아닌 "국가 주도의 시장 경제"이기는 하지만, 스탈린의 "일국사회주의"(서유럽 혁명 운동의 지원 없이 소련만으로도 혁명 정권을 유지하고 사회주의를 건설할 수 있다는 주장)와 많은 면에서 비슷하다는 것을 누구나 쉽게 눈치챌 수 있습니다. 총동원 전쟁 시절의 일본이 그랬고 스탈린 시대의 러시아도 그랬지만, 이러한 지급자족형 블록 경제 건설은 대체로 엄청난 대민 탄압과 국가적 폭압을 수반했습니다. 푸틴의 새로운 "완결된 제국" 안

에서 힘없는 피착취 대중과 재야 인사, 정권의 반대자, 비판적 지식인
들이 맞이할 운명이 어떨지 쉽게 예상됩니다.

러시아·우크라이나 전쟁이 드러낸 것들

진부한 말이지만, 전쟁은 악 그 자체입니다. 특히 침략 전쟁을 그 어떤 명분으로도 합리화할 수 없습니다. 침략의 주체가 미국이든 러시아든 같은 태도로 침략에 대한 반대를 외치는 것이 타당합니다. 한데 전쟁은 범죄인 동시에 '진실의 순간'이기도 합니다. 여태까지 각종 선전 등으로 가려진 부분들이 전쟁의 순간에 그 진면목을 드러내기 때문입니다.

가령, 미국의 이라크·아프가니스탄 침공은, 미국의 상대적인 군사적 우위와 함께 총체적 헤게모니의 쇠락도 동시에 여실히 보여주었습니다. 미군은 정규군의 저항을 격퇴하고 이라크·아프가니스탄 거점들의 점령에 성공했지만, 두 국가에서 안정적인 친미 정권을 수립하는 데에는 실패하여 결국 점령을 종식할 수밖에 없었습니다. 이 두 전쟁으로 인해 우리는 미국이 여전히 세계 최강의 군사 대국이지만, 북미와 유럽, 그리고 일본과 한국 등 기존의 핵심 영향권 이외의 지역, 이를테면 중동 같은 주요 지역에서 더 이상 과거와 같은 헤게모니를 행사하지 못한다는 사실을 알게 됐습니다. 그렇다면 이 글을 쓰는 오늘(2022년 3월 22일), 이미 3주 이상 지속된 우크라이나 침략 전쟁은 우리에게 무엇을 말해줄 수 있을까요?

첫째, 러시아군은 생각보다 강하지 않았다는 점입니다. 총동원이 이뤄지는 경우에는 다르겠지만, 징병제와 모병제의 혼합으로 운영되는 러시아 상비군은 우크라이나와 같은 세계 22위의 중간 규모 군대도 속전속결로 이기지 못하고 불가피하게 소모전에 들어가야 할 정도로 그다지 우수하지 못한 병력을 보여줬습니다. 가령, 정확한 숫자가 집계되지는 않았지만, 서방 각국 군사 전문가들의 추측을 종합해보면 지금(2022년 3월 22일)까지 러시아군 인명 손실의 규모는 5000명 정도에 이른다고 합니다. 이는 8년간의 이라크 침공이 초래한 미군의 인명 손실 규모와 비슷한 숫자입니다. 즉, 러시아군은 여전히 기술보다 병사들의 희생에 더 기대는, 20세기 중반과 같은 구식 군대입니다. 침략 전쟁의 명분도 매우 약해 병사들의 사기가 크게 저하됐다는 이야기도 많이 전해집니다.

우리가 중요하게 봐야 할 포인트는, 이와 같은 역량을 가진 군대로 러시아가 크림반도와 일부의 우크라이나 동남부 지역 이외의 추가적 영토 팽창을 도모하는 일이 아마도 극히 어려울 것이라는 점입니다. 지금 이 전쟁을 간접적으로 체험하는 러시아의 주요 동반자인 중국 역시, 우크라이나 침략 전쟁에서 고전을 면치 못하는 러시아를 관찰하고 나서는 대만 침공 등 군사 모험주의 노선을 좀처럼 쉽게 선택하지 못할 것입니다. 러시아와 중국이 최근 미국의 경쟁국으로 부상했다고는 하지만, 군사력은 여전히 미국에 크게 밀리는 편입니다.

둘째, 군사력 차원에서 많은 약점을 드러낸 러시아가 외교전에서는 과연 어느 정도의 성과를 거두었는지 살펴봐야 합니다. 러시아의 군사력은 생각보다 우수하지 못한 상태로 일관한 반면, 침략에 대한 외교적 반응은 생각보다 획일적이지 않았습니다. 이러한 차원에서 2022년 3월 2일, 러시아의 우크라이나 침략 규탄 결의를 둘러싼 유엔 총회의 투표 결과를 음미해볼 필요가 있습니다. 당시 미국과 그 동맹국들을 비롯한 대부분의 국가가 그 결의를 지지했지만, 중국과 인도, 이란, 남아프리카공화국 등 주요 비서구권 대국 내지 중진국들은 기권을 했습니다. 즉, 러시아와 서방 사이의 힘겨루기에서 한국과 일본, 싱가포르를 제외한 아시아와 아프리카, 중남미의 주요 국가들은 차라리 '중립'에 더 가까운 입장을 취한 셈입니다.

러시아가 역사상 최고 수위의 서방 제재에도 불구하고 계속해서 대서방 대결을 지속할 수 있는 이유는 중국이나 인도 내지 튀르키예나 아랍에미리트, 이스라엘, 남미 등을 통해서 제재를 '우회'할 수 있을 것으로 여전히 기대하고 있기 때문입니다. 특히 이스라엘과 같은 미국의 동맹국마저도 대러시아 제재에 불참했다는 것은 꽤 의미심장하다고 할 수 있습니다. 즉, 군사적으로는 밀리지만, 다극화돼가는 세계 자본주의 체제 속에서 러시아나 중국과 같은 미국의 경쟁국들이 상당히 높은 수위의 대미 도전을 해볼 수 있다는 것을 우리는 이 전쟁에서

눈으로 확인했습니다.

셋째, 정보전이나 적어도 서방세계를 상대로 한 여론전에서 러시아는 완벽하게 여지없이 완패했습니다. 독재국가에서 권력에 대한 '아부'나 '비위 맞추기' 효과라고나 할까요? 지도부와 국가의 '수령'이 기다리고 기대했던 이야기, 즉 우크라이나 군대와 민간인들이 친서방 정책에 염증을 느껴 러시아군을 '해방군 대접'할 것이라는 이야기를 아마도 정보요원들이 아낌없이 상부에 제출했던 모양인데, 알고 보니 저들이 작성한 '분석'이나 '보고서'들은 그저 '소설' 수준이었던 것이지요. 차라리 러시아 침공을 예고한 서방 정보기관들이 훨씬 더 높은 전문성을 드러냈습니다. 또한, 러시아의 전쟁 프로파간다는 그들의 정보력만큼이나 믿지 못할 정도로 초라했습니다. 홀로코스트 피해자를 가족으로 둔 유대인을 대통령으로 뽑은 나라를 "탈나치화"하겠다든가, 우크라이나 민족의 독자적 존재를 부정하는 발언을 한다든가, 아니면 "미국 전문가들이 우크라이나에 실험실을 차려 오로지 러시아 민족만을 겨냥한 특수 생물학 무기를 개발하고 있었다"라는, 공상과학소설 같은 이야기는 애당초 서방이나 한국처럼 개방된 여론 시장에서 먹혔을 리가 만무했습니다.

이렇게 러시아의 국가 선전기관들이 주로 유치한 소설 쓰기나 하는 이유는 그들의 국내 여론 시장이 준폐쇄 시장이기 때문입니다. 러시아의 일부 고학력 중산층은 서방 등 외국 매체를 종종 인터넷으로 접하지만, 푸틴의 우크라이나 침공을 지지한다는 60~65퍼센트의 러시아인들은 주로 러시아 매체에만 노출되어 있는 실정입니다. 마찬가지로 국내에서 정보의 거대한 캡티브 마켓captive market, 즉 경쟁자들의 접근이 불가능한 독점 시장을 가진 중국의 국가 프로파간다도 서방이나 한국에서는 거의 설득력을 발휘하지 못합니다. 이는 권위주의 국가들의 주요 약점 중 하나이지요.

앞에서 말씀드린 내용을 종합해보면, 러시아의 우크라이나 침략은 미국 패권 쇠락 시대의 한 단면을 보여준다고 할 수 있습니다. 비록 군사적으로는 미국보다 열세이지만, 미국의 주요 경쟁국인 중국과 러시아 가운데 비교적 약세인 러시아는 이제 미국과 유럽의 하위 파트너를 직접 군사적으로 침략할 정도로 미국 패권의 상대적 약화에 고무된 상태입니다. 전 세계의 부정적 여론, 그리고 서방의 제재에도 불구하고 이 침략이 경제적으로 가능해진 이유는 다극화된 세계에서 서방을 대체할 만한 파트너들을 구할 수 있다는 러시아 쪽의 기대 때문입니다.

이러한 국면에서 세계 시민사회에 절실한 것은 헤게모니 다툼의 어느 한 '편'을 드는 것보다 자기 조국을 용감히 지키는 우크라이나 사람들, 그리고 반전과 독재 타도를 위해 목숨을 내놓고 투쟁하는 러시아 활동가들을 지원하고 지지해주는 것입니다. 궁극적으로 푸틴의 침략을 격퇴하고 독재를 끝장낼 힘은, 우크라이나와 러시아 양국의 민중에게만 있습니다.

러시아는 왜
전시 동원 모델을 선택했나

　　러시아의 우크라이나 침공은 많은 분석가들에게 충격으로 다가왔습니다. 그들이 푸틴을 "평화 지향적 인물"로 오해하거나, 그 정권의 성격을 몰라서 그런 것은 절대 아닙니다. 그들이 푸틴 정권의 성격을 뻔히 잘 알았음에도 불구하고 그 정권이 사실상 대리전 형태를 띤 세계대전의 "관문"을 열 수 없으리라고 생각했던 이유는 간단했습니다. 명목 국내총생산으로 치면 세계 총생산의 3퍼센트도 되지 않는, 독일 같은 유럽 주요 국가보다 작은 경제 규모를 가진 러시아가 "범서방 진영"과의 전면 대결을 어떻게 할 수 있을 것인지에 대해 분석가들로서는 도저히 상상이 가지 않았기 때문입니다. 그런 대결은 그들에게 상식에 대한 도전으로 보였습니다.

　　한데 푸틴과 그 정권은 그런 도전을 감행하고서도 계속 범서방 진영과의 대결을 더 전면화해나가는 중입니다. 이것은 어떻게 가능한 일일까요? 사실 이 부분을 이해하려면 "역으로" 생각해볼 필요가 있습니다. 러시아는 세계 주요 열강 중에서는 비교적 경제적으로 약자인데, 어쩌면 푸틴 정권이 전쟁이라는 무리수를 먼저 꺼낸 것은 아닌가 하고 생각해볼 수 있습니다. 저는 이와 같은 접근법이 현실에 더 가까우리라고 생각합니다.

푸틴 정권의 경제 운영 방식이나 부정부패의 정도, 혹은 관제 민족주의 등은 한국의 제4공화국이나 제5공화국과 상당히 비슷합니다. 하지만 푸틴이나 그 주변 인물들의 성장 배경이나 세계 인식은 박정희 내지 전두환과 상당히 다릅니다. 푸틴과 그의 주요 "중신"들은 적어도 소련의 어용 "마르크스레닌주의"를 철저히 학습한 만큼 자본주의 세계 체제가 정기적으로 "과잉생산의 위기"를 맞이하고, 그런 위기 국면에 "세계 재분할"을 위한 열강들 사이의 각축 사태가 벌어질 수 있다는 것을 잘 압니다. 이들은 레닌의《자본주의 최고의 단계로서의 제국주의》같은 책을 필독서로 읽은 사람들입니다.

한국에서는 덜 알려진 사실이지만, 푸틴 곁에서 외교 정책 조언자의 역할을 하는 지식인들, 예컨대 '러시아 외교·국방정책협의회' 상임 간부회의 명예 의장인 세르게이 카라가노프Sergey Karaganov, 1952~ 나 푸틴의 자문 기구 격인 발다이 국제토론클럽의 연구 책임자 표도르 루캬노프Fyodor Lukyanov, 1967~ 등은 세계 체제론, 그리고 세계 체제론적 패권론의 영향을 다분히 받은 사상가들입니다. 사미르 아민Samir Amin, 1931~2018 등 세계 체제론의 거두들은 한때 발다이 국제토론클럽 학술 대회에 초청돼 모스크바를 종종 왕래하곤 했습니다. 무지막지한 보위부 계열의 독재자 푸틴이 네오마르크시스트들을 "모셔서" 그 이야기를 들으려 한 이유는 간단합니다. 그는 그렇게 해서 미래 예측을 하고자 했던 것으로 보입니다. 그리고 그 예측을 바탕으로 경제적 약자이자 군사적으로는 (상대적) 강자인 러시아의 대전략을 짜려고 한 것으로 보입니다.

네오마르크시스트들은 발다이 국제토론클럽 등의 모임에서 1945년 이후에 시작된 경제 주기(콘드라티예프 주기)가 2008년 세계공황으로 최후의 말기적 단계를 맞이함에 따라 전 세계가 불가피하게 미국 패권의 위기를 곁들인 전반적으로 복합적인 위기 국면을 맞이할 것이라고 종종 발표하곤 했습니다. 그리고 그 위기와 때를 같이하여 열강 사이의 세계 재분할 사투도 일어날 수밖에 없다고 못을 박곤 했습니다. 세계 체제의 종합적 위기론, 그리고 패권 투쟁 격화론 등은 루캬노프가 편집장으로 있는 《세계 정치에 있어서의 러시아》 같은 러시아 외교가의 전문 저널에서 계속해서 다뤄진 주제입니다. 푸틴 정권의 주요 정책 결정권자들이 이와 같은 세계정세에 대한 이해를 그 전략 채택의 배경으로 삼았다는 이야기를 저는 러시아 외교와 유관한 복수의 관계자들로부터 들은 바 있습니다. 그다음으로 이어진 그들의 판단은 단순했습니다. 그들에게 세계적인 위기 국면은 러시아 제국의 영토를 "수복"(재점령)할 수 있는 좋은 기회로 인식됐습니다. 한데 러시아가 경제적 약자인 만큼, 세계 재분할 전쟁 과정에서 경쟁 열강으로부터의 공격을 기다리기보다 먼저 선수를 치는 것이 낫다는 판단도 아울러 있었던 듯합니다. 즉, 선수를 침으로써 우크라이나 침공 과정에서 경제와 전 사회를 먼저 군사주의적 동원 모델로 재편하면 어차피 벌어지게 돼 있는 세계적 "사투" 국면에서 비교적 유리한 위치가 될 수 있다고 인식해 우크라이나 전쟁을 먼저 시작한 것입니다.

러시아는 이제 확실히 군사 총동원 사회 모델로 신속히 재편돼가는 중입니다. 또한, 다수의 러시아인들에게 "전쟁하는 국가"와 극도로 군사화된 민족·국민주의는 이제 "상식"으로 각인됐습니다. 그런데 가령, 차후 러시아의 공격을 두려워할 이유가 충분한 폴란드 같은 나라에서도 군사력 증강 프로그램이 가동됐고, 민족·국민주의 열풍이 날로 강해지는 중입니다. 중국과 미국은 이제 거의 노골적으로—대리전의 형태든 직접적 충돌의 형태든—차후 중·미 전쟁을 준비하고 있습니다. 양쪽 모두에서 진행 중인 군사력에 대한 집착과 배타적인 국가주의는—비록 각각 다른 모양이지만—갈수록 힘을 얻어가는 상황입니다.

푸틴의 도박은
성공할까

열강 각축의 새로운 "시즌"을 연 러시아·우크라이나 전쟁
은, 제가 이 글을 쓰는 2022년 9월에 심화 국면을 맞이했습니다. 우크
라이나에 이어 침략자인 러시아 쪽에서도 "동원령"을 내린 것입니다.
말로는 "부분 동원"이지만, 사실 그 "부분"의 한계선이 어디인지는 명
령을 내린 자만이 알 일입니다. "부분"은 어디까지나 기만적인 수식
어이며 동원은 동원입니다. 2022년 9월 현재 우크라이나의 병력 규
모는 전투 중인 병력만 볼 경우 약 70만 명이며, 전체 동원된 병력으로
따지면 거의 100만 명에 가깝다고 합니다. 일단 영토 "잠식"을 계속
하자면 러시아의 전투 병력은 우크라이나의 전투 병력보다 이상적으
로 3배, 적어도 2배 정도 많아야 합니다. 그러하니 러시아 국방부 장
관의 말대로 러시아의 "잠재적 동원 자원"(동원 가능한 예비역 병력 숫자)
이 2500만 명이라면, 궁극적으로 그들 중에서 적어도 5~10퍼센트는

전장으로 끌려가지 않을까 싶습니다. 이와 같은 규모의 병력을 훈련시키고 장비 등을 갖추는 데에는 적어도 3~6개월이 소요됩니다. 즉, 지금 예상할 수 있는 전쟁 기간은 그보다 훨씬 더 길어지리라고 봐야 할 듯합니다. 해가 바뀌어도 전투의 끝이 보이지 않을 것이라는 심각한 우려를 하게 되는 상황인 것이지요. 두 개의 "동원 국가" 사이에 벌어진 전쟁은 이제 총동원 상태가 된 징병제 국가인 남북한이 싸웠던 6·25 전쟁을 더욱 강하게 연상시킵니다.

(총)동원, 즉 국가의 "비상상태"는 근대국가로서 크게 두 가지 의미를 지닙니다. (총)동원을 가동시킨 국가는 수년간 소모적인 전쟁 끝에 전통적인 의미의 군사적 "패배"를 맞이할 수 있습니다. 가장 전형적인 사례는 바로 1945년의 일본 제국인데, 당시 패배의 한 가지 배경은 바로 독일과 일본이 아닌 미국이 핵무기를 "먼저" 개발했다는 사실이었습니다. 이와 같은 전례가 아마도 주요 핵보유국인 러시아에는 해당되지 않을 것입니다. 또 한 가지 가능한 결과는 전형적인 총동원 국가인 독일제국이 1918년에 맞이한 패배입니다. 당시 독일은 군사적으로 오히려 비교적 선전을 해서, 독일군은 프랑스 및 러시아, 그리고 우크라이나 영토의 상당 부분을 점령하고 있었습니다. 한데 소모전 끝에 불만이 쌓이고 쌓였던 사회는 드디어 "내파"되었지요. 이와 같은 독일 혁명의 매개체가 된 것은 바로 전쟁 기간에도 계속 그 존재를 유지했던, 그리고 상당한 내부적 독립성과 동원 능력이 있었던 사민당이었습니다. 그런 정당이 오늘날 러시아에는 없습니다(연방 공산당은 푸틴 체제로부터 전혀 독립적이지 않습니다). 그 전해인 1917년 2월 러시

아 제국도 내파했는데, 당시 수도에 있던 무산계급의 반란을 제도화 시킨 것은 역시 상대적 독립성을 유지했던 국회(두마)였습니다. 이런 국회 역시 오늘날 러시아에는 없습니다(러시아 국회는 정부가 내리는 지령대로 법률을 찍어주는 "거수기"에 가깝습니다).

총동원으로 승리하고 그 생명력을 증강한 국가의 대표적 사례는 스탈린의 소련입니다. 소련은 (우크라이나 침공과 여러모로 매우 흡사한) 핀란드 침공이 개시된 1939년부터 1945년까지 사실상 동원 상태였는데, 결국 2800만 명이라는 상상을 초월하는 인적 손실을 감수했지만 "국가 생존"과 "영토 확장" 등에 성공했습니다. 그 성공은 종전 이후 40여 년간 소비에트 체제의 "연장"을 가능케 하고, 그 체제에 전반적인 정당성을 부여했습니다. 적어도 소련의 공민 입장에서는 말입니다. 물론 히틀러와 함께 폴란드 등을 분해시킨 뒤에 히틀러로부터 침략을 당한 스탈린의 입장과 오늘날 우크라이나를 침략하고 있는 푸틴의 입장을 단순 비교하기란 불가능합니다. "상황"은 여러모로 너무나 판이하게 다르지요. 다만 흡사한 것이 하나 있습니다. 바로 전쟁 동원의 내재적인 "논리"입니다. 동원은 모든 자원에 대한 국가 장악력의 극대화, 군수공업에의 중점, 외부 정보로부터의 차단, 주민 이동의 제한 등을 의미하는데, 세계에서 "국가"가 가장 절대화된 소련 체제만큼은 아니더라도 지금의 푸틴 체제 역시 대체로 이 길로 가고 있는 중입니다. 생산수단에 대한 사적 소유는 아직까지 법적으로 인정되지만, 군수물자 조달 실패에 대한 형법상의 책임 등과 같은 법적 조항이 신설돼 사실상 전시 동원 경제로의 이행이 지금 진행되고 있는 것입

전쟁 이후의 세계

니다. 군수공장들이 3교대 체제로 운영되는 것은 1939~1945년 때와 똑같고요.

푸틴의 동원은 "도박"입니다. 수년간 다수의 피동원자들을 납득시킬 만한 모종의 "성공"이 없다면, 아마도 정권 차원에서 독재자의 인적 교체가 불가피할 것입니다. 이 정도의 치명타를 입을 경우 푸틴은 계속 정치적으로 생존하기가 힘들 것입니다. 이와 반대로 납득할 만한 "성과"가 입증된다면 (예컨대 우크라이나 영토의 상당 부분을 강탈한다면) 푸틴이 후임자를 임명해 그 정권을 계속 연장시킬 수 있을 것이고, 정권의 생명력 역시 아마도 수십 년으로 연장될 테지요. 이외에는 정권의 성격에 중요한 변화가 일어날 것으로 예상됩니다. 여태까지 푸틴 정권은 대중을 원자화시켜 "탈동원demobilized"된 상태로 두고 있었지만, 동원 전쟁 이후에는 대중을 계속 이념적·정치적으로 동원해야 할 것입니다. 아마도 그 동원에 사용될 이념은 극우적인 국가주의적 색채를 띤 민족주의일 것입니다. 한국사로 치면 일제 말기의 총동원 이데올로기가 "영구화"되는 셈인 것이지요. 그리고 동원 전쟁 과정에서 정권과 대중이 "공범" 관계에 들어간 이상, 정권이 대중들과 사회적 잉여를 나누는 것이 불가피해져 아마도 국가적인 재분배 시스템이 대대적으로 보강될 것으로 예상됩니다. 한마디로 분배 메커니즘까지 갖춘 동원형 극우 국가가 새로운 생명력을 얻어 오랫동안 지속하게 되는 것입니다.

현재로서는 푸틴이 패배를 맞이해 혁명에 의해서 제거되는 것이 가장 바람직한 이상적 시나리오입니다. 문제는 패배의 여부를 차치하더라도 그런 혁명을 일으킬 만한 조직력을 지금 러시아의 좌파가 전혀 갖고 있지 않다는 점입니다. 산발적인 반란들이 일어날 가능성은 크지만, 아쉽게도 당분간 혁명을 기대하기란 쉽지 않을 것 같습니다. 결국 극단적인 극우 정권 치하에서 러시아 좌파가 앞으로 그 조직의 힘을 얼마나 키울 수 있을 것인지, 그리고 극우적 국가주의에 맞설 수 있는 좌파적인 "대안적 미래"에 대한 담론을 얼마나 제대로 구축하고 유포할 것인지가 관건입니다. 지난 22년간 푸틴 정권 아래에서 러시아 좌파의 활동은 매우 미약했습니다. 과연 우크라이나 침략 현장에서 참혹한 시체더미를 본 러시아인들이 궁극적으로 다시 왼쪽으로 갈 수 있을까요?

문화는 어떻게 침공을 가능케 했는가: '제국'과 '전쟁'으로 구성된 문학

우크라이나 전쟁이 개전된 지도 벌써 거의 2년 가까이 되어 갑니다. 종전이 되지 않은 이 시점에서 전체 피해 규모를 당연히 정확하게 알 수 없지만, 2022년 11월 당시 미국 합동참모의장이던 마크 밀리Mark Milley, 1958~ 는 "우크라이나도 러시아도 약 10만 명씩 사망자와 부상자를 냈다"라고 발언했었는데, 개전 후 약 9개월 정도 지난 당시 상황을 고려했을 때 충분히 믿을 만한 추정이었다고 생각합니다. 한 마을을 가지고 벌이는 공방전에서 하루에 400~500명이 양쪽에서 전사하거나 중상을 당하는 판에 충분히 생각할 수 있는 피해 규모이지요. 여기에 우크라이나 민간인 피해(적어도 3~4만 명 이상 사망 및 부상)까지 합하면 이미 약 25만 명이나 사망했거나 부상을 당했는데, 이는 1990년대 유고슬라비아 전쟁 당시의 손실(약 14만 명의 사망자)을 상회하는 수준입니다. 쉽게 이야기해서 우크라이나 전쟁은 1945년 이후 유럽에서 벌어지고 있는 최악의 대량 살육입니다. 이 상황을 매일매일 뉴스를 통해 접할 때마다 저는 저와 러시아 사이의 '관계'를 심각하게 고심하게 됩니다.

저는 한국 여권을 소지한 사람으로 제가 러시아 국적을 포기한 지도 이미 21년이나 지났습니다. 하지만 대부분의 노르웨이 사람들은 저를 여전히 "러시아인"으로 보는 듯합니다. 한데 '러시아인'이라는 것이 과연 무슨 뜻인지를 묻는 질문을 저는 스스로에게 가끔씩 던지곤 합니다. 아마도 가장 큰 부분을 차지하는 것은 모어가 러시아어라는 것이겠지요. 하지만 이제는 일상에서 러시아어를 쓰지 않고 있기 때문에 많은 경우 자연스럽게 노르웨이어나 한국어 표현들이 더 먼저 떠오릅니다(특히 아이들이나 동료들과 대화를 할 때는 노르웨이어를 사용하다 보니 노르웨이어 표현들이 더 친숙할 때가 많습니다). 정치적으로는 저는 지금도 구소련을 모국이자 고국으로 생각합니다. 하지만 러시아에서 다시 한번 좌파적 지향의 혁명에 기반을 둔 정권이 생기려면 아마도 수십 년의 시간이 흘러야 가능하리라는 것을 현실적으로 잘 알고 있습니다. 저는 1917년 혁명의 유산에 대해 충성 같은 감정을 느끼지만, 현실적으로 현재 러시아 정권은 세계적 기준으로 봤을 때 "중도 우파"도 아닌 한참 "극우"입니다. 결국 제게 남는 것은 문화, 즉 어렸을 때부터 읽어온 러시아 고전문학 작품 같은 부분이지요. 그런데 '문화'와 같은 러시아적 정체성의 부분도 현재 우크라이나에서 벌어지는 살육을 보면서 더 이상 무비판적으로 받아들이기가 어려운 지경이 됐습니다.

문화란 다양합니다. 따라서 특정 문화를 일반화해서 가령, 러시아 문화는 '이렇다' 내지 한국 문화는 '저렇다'라고 말하기란 아주 힘듭니다. 예컨대 베트남에 파병된 한국인들을 현지인의 "구원자"처럼 재현시켜 사실상 베트남 파병이라는 제국주의에의 부역 행위를 미화하는 〈국제시장〉(2014) 같은 보수적 색깔의 영화도 한국의 (대중)문화이지만, 베트남 전쟁을 예리하게 분석하고 비판한 황석영의《무기의 그늘》(1988)도 엄연히 한국 문화입니다. "님을 향한 일편단심", 충효 등 사림 사회의 도덕률을 찬미하는 시조들도 많지만, 다음 무명씨의 글도 시조 중 하나입니다.

사랑이 어떻더니 둥글더냐 모나더냐
길더냐 자르더냐 밟고 남아 자힐러냐
하 그리 긴 줄은 모르되 끝간 데를 몰라라.

저는 '사랑'에 대해 고민할 때 학생 시절 배운 이 시조를 속으로 종종 읊곤 했습니다. 왕조, 사림 사회의 도덕률 따위와 전혀 관계없는, 너무나 인간적인 문학 아닙니까? 따라서 "문화" 내지 "문학"에 대해서 단순화해 이야기하는 것은 절대 쉬운 일이 아닙니다.

이는 제가 어렸을 때 의무적으로 배워야 했던, 그러다가 결국 제 정체성의 일부가 된 러시아 고전문학에도 그대로 해당됩니다. 러시아 고전문학 속에서도 반전, 평화, 반제국주의를 지향하는 요소들이 심심치 않게 발견됩니다. 레프 톨스토이의《하지 무라트》(1904) 같은 작품은 코카서스 전쟁 현장에서 벌어진 러시아 군대의 살인, 약탈 행각을 본격적으로 고발하고, 러시아 제국의 "원주민"에 대한 차별, 멸시, 폭력을 그대로 보여준, 피해자 입장에서 쓰인 "반제국주의 문학"의 세계적 걸작입니다. 톨스토이 서거 100주년이었던 2010년, 러시아 정부가 이를 기념하는 그 어떠한 행사도 개최하지 않은 것은 아마도 우연만은 아니었을 것입니다. 국가, 교회, 군대, 전쟁의 반대편에 섰던 톨스토이야말로 푸틴에게는 가장 껄끄러운 존재이지요. 그런 자랑스러운 면들이 러시아 고전문학에 존재하지만, 아쉽게도 톨스토이 같은 작가들은 "예외"에 가까웠다는 점도 인정해야 합니다.

푸시킨이나 도스토옙스키부터 노벨상 수상자인 요시프 브로드스키나 러시아 원로 시인인 알렉산드르 고로드니츠키Alexander Gorodnitsky, 1933~ 에 이르기까지 러시아 문학의 "당연한 배경"은 바로 '제국'이었습니다. 대부분의 보수적인 문학가들은 '제국'을 '문명화'를 추진하는 긍정적 행위자로 의식적 또는 무의식적으로 간주하고, '현지인'이나 '적국'의 저항에 부딪치는 경우 '제국'의 군사력을 옹호하곤 했습니다. 이를테면 푸시킨은 〈러시아의 비방자들에게〉 등의 시를 통해 1830년 폴란드 독립운동에 대한 러시아군의 진압 작전을 적극 지지했습니다. 또한, 도스토옙스키는 중앙아시아에 대한 러시아군의 점령이나 튀르키예와의 전쟁을 열성적으로 옹호하면서 튀르키예의 수도인 이스탄불까지 러시아가 "탈환"해 다시 비잔틴 시대와 같이 "기독교 도시"로 "복원"해야 한다는 제국주의적 "꿈"을 드러내곤 했습니다. 브로드스키의 〈우크라이나 독립에 관해서〉(1992)

는 "땅이 낮은", 그리고 이제는 (돈이 많은) "독일인들과 폴란드인들에게 나에게 항문 성교를 하라고 무조건 대주어야 할"(Пусть теперь в мазанке хором Гансы с ляхами ставят вас на четыре кости, поганцы) "우크라이나 놈"들에 대한 각종 인종주의적 욕설과 클리셰로 가득합니다. 러시아의 우크라이나 침략을 비판한 고로드니츠키마저도 2007년에 "(크림반도의) 세바스토폴이 러시아 도시로 남을 것이다" (Севастополь останется русским)와 같은 노래를 지을 정도였습니다. 즉, 톨스토이와 같은 "예외"들을 제하면 러시아의 주류 문학은 "제국"과 "전쟁" 없이는 그 구성이 불가능할 정도입니다.

물론 문학가들이 침략을 직접 감행하는 것은 아닙니다. 한데 제국주의를 내면화한 문화는 분명히 침략주의를 쉽게 키울 수 있는 "토양"이 됩니다. 제 정체성의 구성 요소로서 '러시아 문화'를 다시 생각하는 과정에서 저는 문화에도 분명히 죄가 있다는 결론을 저 스스로를 위해 도출하고 말았습니다. 제가 어렸을 때 읽은 책들도, 결국 침략이라는 범죄가 벌어질 수 있는 하나의 "배경"으로 작용했다는 깨달음입니다.

러시아·우크라이나 전쟁은
세계 패권 지형을 어떻게 재편할까

여태까지 '세계 질서'는 주로 '전쟁', 그것도 많은 국가가 동시에 참전했던 대규모의 '세계대전'에 의해 결정지어지곤 했습니다. 동아시아의 경우 신라와 백제, 고구려 등과 함께 당나라와 일본까지 참전했던 660~676년 사이의 전쟁이 바로 지역 규모에서 벌어진 '세계대전'의 첫 사례일 것입니다. 나당 연합군의 백제와 고구려 섬멸, 일본의 실패한 백제 구원 시도, 나당 전쟁 등의 결과는 당나라와 일본, 그리고 통일신라(를 비롯해 이후 발해까지)를 포함한 새로운 장기적 동아시아 질서였습니다. 그 질서는 당나라와 신라가 망국하기까지, 즉 10세기 초중반까지 그대로 이어졌지요. 13세기 몽골(원나라)이 중심이 된 국제전도 그런 사례에 해당합니다. 하지만 세계대전이 그야말로 "글로벌화"한 것은 근세가 본격화된 17세기 동서양의 동시 전란기입니다.

전쟁 이후의 세계

당시 동아시아에서 임진왜란이 발발해 명나라의 힘을 빼앗은 것을 서곡으로 이후 명·청 교체기를 거쳐 청나라 중심의 새로운 지역 질서가 재편됐습니다. 그 과정에서 조선은 두 차례의 "호란"까지 겪었지요. 그런가 하면 청나라가 장악한 중원 왕조의 '중앙'은 외몽고와 신강新疆 등 그때까지 통제하지 못했던 지역들마저 드디어 손아귀에 넣음으로써 역사상 최강의 "중화 제국"을 건설합니다. 참고로 그 무렵 "최강의 중화 제국 건설"을 완성시킨 건륭제乾隆帝, 1711~1799야말로 오늘날 중국 시진핑 주석의 가장 중요한 롤모델입니다. 동아시아에서 청나라의 "중화"가 새로운 헤게모니적 질서를 확립했을 때, 30년 전쟁1618~1648을 겪었던 유럽에서도 헤게모니 교체가 진행됐습니다. 중앙집권화와 경제를 부흥하는 데에 실패함으로써 힘이 빠진 합스부르크 왕가를 대신해 관료 독재와 국가 중심의 식산흥업에 상대적으로 성공한 프랑스와 덴마크, 스웨덴, 그리고 상인 세력이 정치 참여권까지 얻은 네덜란드와 영국 등이 새로운 열강으로 부상한 것은 장기전이었던 30년 전쟁의 주된 결과였습니다. 재미있게도 전쟁 시기에 가톨릭 국가였던 폴란드는 합스부르크 왕가의 편에 선 반면, 영국에 자원 수출을 해 돈벌이를 했던 러시아는 신흥 헤게모니 세력인 개신교 국가들 편에 붙었습니다.

30년 전쟁 이후 새로운 패권 세력들끼리 각축한 결과는 그로부터 150년 후 나폴레옹 전쟁으로 정리됐습니다. 프랑스는 전쟁에서 패배해 "2등 열강"이 됐고, 전승국 중 영국은 세계적 패권 국가가 됐던 한편, 프로이센(훗날 독일)과 러시아는 그 도전 세력이 됐지요. 아편 전쟁으로 중국을 누르고 1902년 영일동맹으로 일본을 하위 파트너로 만든 (그리고 그 과정에서 조선의 식민화를 허용한) 세계적 패권 국가 영국은 제1·2차 세계대전에서 독일과 그 부속 세력들의 도전을 물리쳤지만 결국 그 힘이 빠져 미국에 패권을 넘겨주고 말았습니다. 독일과 일본 등을 하위 파트너로 둔 미국의 세계적 패권의 향방이야말로 지금 우크라이나 전쟁을 포함한 세계적 대립 내지 각축 정국의 핵심이라면 핵심입니다.

여기서 다시 한번, 근세·근대·현대 세계대전의 '원조'라고 할 만한 30년 전쟁을 생각해봅시다. 이 전쟁은 크게 봐서는 해외(미주 등) 식민화를 먼저 시작함으로써 해외 무역으로 막대한 이윤을 챙긴 스페인 등의 합스부르크 왕가 같은 "옛" 헤게모니 세력과 북미 식민화를 꿈꾸던 영국과 프랑스, 인도네시아 열도의 식민화를 도모하는 네덜란드, 그리고 발트해 무역의 독점화를 기획하던 스웨덴 등 "새로운" 열강 후보생 사이의 싸움이었습니다. 그리고 그 싸움의 주된 무대는 바로 강력한 중앙집권 국가가 존재하지 않았던 독일이었습니다. 스웨덴이나 프랑스 등은 인적 손실보다 주로 막대한 군비 지출로 고역을 치렀지만, 전장이 된 독일의 경우 총인구가 약 두 배나 줄어들 정도로 큰 타격을 입었습니다. 오늘날 우크라이나인들이 겪는 고통을 보고 있노라면 400년 전의 그와 같은 전례를 떠올리지 않을 수 없습니다.

그렇다면 기존의 헤게모니 세력인 미국의 "패권 모델"은 대체로 무엇일까요? 그 패권의 근원은 세계적 군사기지 네트워크와 그 군사력을 뒷받침해주는 군수산업, 인터넷이나 이동통신 분야에서 준독점의 위치를 얻은 대기업(구글, 마이크로소프트, 애플 등), 그리고 세계 최고의 최첨단 연구 개발이 가능한 대학들의 네트워크입니다. 그러면 그 패권에 도전하려 하는 "새로운" 열강 후보생들이 꿈꾸는 모델은 무엇일까요? 이들이 꿈꾸는 모델은 그 규모가 미국의 그것보다 더 작긴 하지만, 대체로 같은 모델입니다. 가령, 러시아의 와그너 그룹Wagner Group 같은 "군사 재벌"이 아프리카에서 사실상의 기지를 건설해 러시아 재벌들의 매장 자원 채굴을 위한 조건을 만들어주었고, 중국의 알리바바阿里巴巴는 미국 아마존의 비즈니스 모델을 차용하고, 중국의 베이징대학은 여태까지 미국 대학들이 독점했던 세계 랭킹에서 이제 17위까지 올랐습니다. 단, 차이가 있다면 이들 "도전 국가"들이 자본 축적 과정에서 보여준 정치적 측면입니다. 자본이 어느 정도 국가 관료를 통제하는 미국 모델과 달리, 중·러의 모델은 차라리 제2차 세계대전 시절의 일본이나 만주국, 그리고 박정희 시절의 한국 등 "통제 자본주의"를 방불케 합니다. 즉, 관치 금융의 덕을 보는 재벌들이 국가로부터 "위탁"을 받아 특정 분야에 진출하고, 국영기업들이 시장에서 지배적 위치를 점하는 것이지요. 무엇보다 이 모델의 가장 눈에 띄는 특징은 자본이 통제할 수 없는 우월적 위치를 가진 폐쇄적 집단(당·정·군·재계 고위층 인사들의 자녀들로 이뤄진 중국의 "태자당"이나 러시아의 안보 관료 서클)이 정치 지배권을 절대 독점하는 것입니다. 이 모델은 정치적으로 대단히 억압적인 모델임에 틀림없지만, 극한 대립 상황이나 초고속 추격형 개발 등에 최적화된 것도 사실입니다.

러시아의 현재 진행 중인 우크라이나 영토 침략과 장악 시도로는

"옛" 헤게모니와 "새로운" 열강들 사이의 갈등이 절대 끝나지 않을 듯합니다. 중국은 우크라이나를 둘러싼 상황들을 보면서 차후 "대만 수복"을 시도할 때에 벌어질 상황(국제 제재, 미국의 개입과 그 한계 등)을 모델링하고 있으며, 사우디아라비아와 미국 사이의 점차적인 "결별"은 앞으로 걸프 지역에서 벌어질 새로운 파장들을 예고합니다. 30년 전쟁 이후의 세계사처럼 기존의 헤게모니에 같이 도전하는 신흥 세력들은 차후 그들끼리 얼마든지 피비린내가 나는 싸움을 또다시 벌일 수 있습니다. 예컨대 현재 러시아에 친화적인 중립을 지키는 인도와 러시아의 준동맹국인 중국 사이에서는 앞으로 다시 언젠가 전쟁이 벌어질 가능성이 크다고 여겨집니다. 한편, 중국과 러시아 편에 서려는 사우디아라비아와 이미 중국과 러시아와 보조를 맞추는 이란의 관계도 어디까지 평화적 조절이 가능할 것인지 미지수입니다. 그 명분이 "자유민주주의"든 "중화 부흥"이든 혹은 "힌두트바"(힌두교 중심의 생활양식, 힌두교 영향권 구축)나 "러시아적 세계"(푸틴주의의 이데올로기)든, 속내는 똑같습니다. 바로 자국의 자본을 축적하기 위한 최적의 국내외적 조건 조성과 중심을 위한 주변부의 종속화입니다.

‘힘의 공백’ 이후,
세계는 어디로 가는가

저는 "рэкет"라는 러시아어 단어를 1989년경에 처음 들어봤습니다. 'protection racket'에서 파생된 차용어인데, 쉽게 말해 '조폭'들에게 내는 '보호세'를 가리킵니다. 페레스트로이카 시절, 소련에서는 처음으로 사기업이 허용됨에 따라 길거리에 각종 작은 가게들이 즐비하게 됐는데, 이와 동시에 국가의 통치력이 현저히 쇠퇴했습니다. 소련이 몰락을 향해가고 있었던 것이지요. 그렇다면 사기업의 부흥과 국가 통치력의 쇠락이 만나면 일어나는 현상은 무엇일까요? 네, 바로 조폭들부터 바빠지는 것입니다. 사실 '조폭' 현상은, 지하에서 불법적이고 편법적으로 각종 사기업 활동이 이뤄졌던 소련 후기부터 감지되곤 했습니다. 소련 말기에는 불법 영업을 하는 사기업가들이 조폭들에게 영업이익의 10분의 1 정도를 상납하곤 했지요. 국가 통치력이 쇠락해 힘의 공백이 나타나자 지하 세계의 사업가들뿐만 아니라 합법적으로 영업을 하던 중소기업인들도—국가에 세금을 납부하는 것은 이런저런 편법으로 기피하면서 그 대신—어쩔 수 없이 해당 구역을 관리하는 조폭들에게 '보호세'를 내기 시작했습니다. 그로 인해 "사설 세무서"의 비공식적 세율이 영업이익의 20~30퍼센트까지 오르기도 했지요. 대기업의 경우에는 대개 "안전 부처" 내지 "경비 부처"를 설립해 거기에다 옛 국가보안위원회KGB나 경찰 출신들을 "모시곤" 했습니다. 그런 직원들은 화기까지 휴대할 수 있었기 때문에 사실상 일종의 '사병'에 해당되는 경우가 많았습니다. 쉽게 이야기하면 공권력의 공백이 생기자 조폭부터 대기업의 '사병'에 이르기까지 각종 사적 권력들이 그 공백을 메우기 시작한 것이지요. 푸틴이 집권을 시작한 2000년 이후 공권력이 다시 강화되자 한때 조폭들에게 갔던 기업 상납금은 이제 극도로 부패한 경찰들에게 고스란히 가게 됩니다.

한 나라가 몰락한 폐허에서 조폭이나 부패 경찰들이 설쳐대는, 우울한 이야기를 지금 꺼내는 이유는 간단합니다. 우리가 흔히 '국제법'이라고 부르는 법은 사실 엄격한 의미에서 '법'이 아닙니다. '법'이 그 효력을 발휘하려면 그 법을 집행하는 '법치국가'가 필요합니다. 한데 흔히 이야기하는 '국제사회'는 국가와 달리 법을 중심으로 해서 움직이는 조직이 아니고 실질적으로 일종의 힘의 서열에 불과합니다. 그 서열의 위쪽에 있는 세계 내지 지역 패권 국가들이 설령 '국제법'을 위반해도 그 위반을 중지시키고 위반한 국가를 '처벌'할 법적 메커니즘은 없는 것이지요. 예컨대 유엔총회는 거의 매년 약소국 쿠바에 대한 초강대국 미국의 금수 조치를 해제하라는 내용의 결의안을 대다수의 표로 채택합니다. 하지만 이는 미국의 국내법인 금수 조치에 하등 영향을 미치지 않습니다. 물론 뉘른베르크 재판 내지 도쿄 재판의 경우 전쟁에서 완패하고 무조건 항복한 독일과 일본의 고위급 전범들 일부에게 사형까지 내리기도 했습니다. 하지만 이번에 우크라이나를 침공한 러시아는 완패해서 항복하지 않는 이상, 푸틴 등을—아쉽게도—감옥으로 보내지 않을 것입니다. 한때 유길준과 만해 한용운은 "만국공법의 천 마디가 대포의 한 문에 진다"라며 한탄했지만, 오늘날 '국제사회'의 실질적인 조직과 질서의 원리는 혼란스러웠던 소련 말기의 러시아 사회와 그다지 다를 것이 없습니다. 즉, 힘이 다스리는 '정글'에 가깝지요.

정글에서 밀림의 왕인 사자의 힘이 빠지면 어떻게 되던가요? 네, 맞습니다. 다음 서열의 야수들인 늑대 등이 크게 설치게 되는 것이 자연스러운 수순입니다. '국제사회'에서 일어나는 일들을 보면 약육강식의 정글과 별다른 차이를 발견하기가 힘듭니다. 최상위 포식자였던 미국은 2003~2011년에 이라크를 침략했다가 실패하고, 2001~2021년 사이에는 최장 기간 동안 아프가니스탄 점령을 시도했으나 실패했습니다. 게다가 2008년 경제공황으로 미국식 경제 모델인 신자유주의가 무너짐에 따라 급하게 수정을 받게 됐으며, 이동통신 등 최첨단 기술 분야에서는 중국의 추격을 받게 됐습니다. 이런 상황은 최상위 포식자보다 한 서열 아래인 2등 포식자들에게 이제는 좀 더 대담하게 사냥을 벌여도 된다는 신호로 작용했습니다. 러시아의 우크라이나 침략은 바로 이와 같은 "2등 포식자들의 대담해진 사냥 행각"의 한 사례입니다. 우크라이나가 나토NATO, 즉 미국과 군사협력을 시작한 것은 2014년부터의 일입니다. 즉, 푸틴처럼 소련 몰락 이후 조폭의 세계와 오랫동안 상호작용해온 사람의 견지에서 보면 우크라이나는 미국의 "보호"를 받고 있는 비공식적 "피보호국"이었습니다. 피후견국에 대한 보호 의무를 다하겠다는 의미에서 미국은 2021년 여름부터 여러 비공식적 채널을 통해 푸틴에게 우크라이나를 침략하지 말 것을 수차례 설득하고 당부했지만 소용이 없었던 것이지요. 미국의 당부를 무시해도 될 만큼 미국의 상대적 쇠락에 대한 확신이 이미 러시아와 중국, 이란 등 '2등 포식자'들의 세계에 퍼진 것입니다. 약간의 힘의 공백이 보이자마자 그들이 바로 그 공백을 메우려고 앞을 향해 달려가기 시작한 것이지요.

우크라이나에서 벌어지고 있는 참극에서 국제적 힘의 정치의 무서운 얼굴을 직시한 많은 한국인들은 이제 한국의 핵무장을 주장하는 등 '힘에는 힘으로 대응하자'는 논리에 동조하기 시작했습니다. 그런데 한번 생각해봅시다. 재래식 무기의 경쟁도 모자라 북한과 핵 경쟁까지 벌이게 되면 과연 그 터널의 끝은 어디일까요? 얼마나 많은 남북한의 국부가 쓸모없는 흉기인 무기의 제조에 또 들어가야 할까요? 만일 이처럼 적대 관계와 무기 경쟁으로 일관하다가 혹시나 잘못되어 국지전이라도 벌어지면 어떻게 될까요? 가령, 2000만 명이 빽빽이 모여 살아가는 중인 수도권에서 하루라도 전투 행위가 벌어질 경우 그 인명 손실은 어느 정도 될까요? 힘의 논리가 지배하는 세계라고

전쟁 이후의 세계

해서 오로지 그 힘의 논리에만 의존하는 정책을 펼친다면 이는 궁극적으로 참혹한 폭력의 폭발로 이어지고 맙니다. 적당한 수준의 억제력이 필요하다고는 해도 우리에게 더욱 필요한 것은 평화를 향한 정책적 노선입니다. 국제적 전란기일수록 더욱더 이러한 정책적 노선이 필요합니다.

자본주의적 세계의 국민국가 본위의 세계 질서란 그 어떤 '국제사회'도 아니고 그저 소련 말기의 조폭 세계와 다를 바가 없는 '힘의 서열'입니다. 이런 패권 질서를 초월하자면 결국 글로벌 자본주의의 철폐를 향한 국제 운동 이외에는 대안이 없습니다. 즉, 일종의 "21세기 코민테른"이 필요한데, 이 새로운 코민테른은 결국 스탈린의 외교 정책의 도구로 전락한 과거의 코민테른과 달리 반자본주의 운동가들을 동등하게 수평적으로 엮는, 철저하게 민주적인 기구여야 할 것입니다. 이 말이 혹자들에게는 기상천외하고 현실을 모르는 소리처럼 들릴 수도 있겠지만, 사실 이처럼 어느 정도의 조직성을 지닌 세계적인 반자본주의 운동이 대항 패권을 갖게 되지 않는 이상, 저는 이 세계의 미래에 대해 그다지 낙관적으로 생각할 수 없습니다. 그런 운동이 어느 정도의 비중을 갖지 않는 이상, 지금 우리가 보고 있는 국가 간에 난무하는 폭력은 계속될 것입니다. 또한, 궁극적으로는 부당하고 억압적인 열강 사이의 새로운 균세의 "질서"가 또다시 잡힐 것입니다.

국가의 귀환은 세계 질서를 어떻게 바꿀까: 우크라이나 침략 1주년을 돌아보다

이 글을 쓰고 있는 2023년 2월 24일은 우크라이나 침공 1주년이었습니다. 우크라이나 주민들에게 지옥과 같았던 이 시기는 구소련과 동유럽, 그리고 세계의 상황을 대단히 크게 변화시켰습니다. 단순화해서 이야기하면, 구소련에서는 피해국 우크라이나가 "초토화"를 당하는 사이에 가해국 러시아는 초강경 보안기관이 독재하는 최악의 안보·경찰국가로 전락했습니다. 동유럽에서는 민족주의와 신권위주의로의 경향이 보다 강화됐고, 전 세계는 탈세계화와 군사화된 국가 자본주의로의 부분적 이행을 경험하는 중입니다. 이쯤에서 현 상황을 하나하나 한번 점검해보고, 현재 일어나고 있는 세계 체제의 변화들이 무엇을 지향하고 있는지도 생각해보겠습니다.

침략의 피해국인 우크라이나는 전쟁 기간 동안 국가로서 놀라운 생명력을 과시했지만, 1년 동안 침략으로 인해 상상을 초월하는 피해를 당했습니다. 2022년 우크라이나의 국민총생산은 이전 대비 30퍼센트 이상 줄어들었습니다. 산업에 결정적인 전기 발전 시설은 절반 정도가 파괴됐고, 국토의 30~40퍼센트가 지뢰 등 폭발물 피해를 당해 앞으로 농업에서도 엄청난 지장을 받게 생겼습니다. 러시아는 우크라이나 국토의 대부분을 점령하지 못했지만, 우크라이나의 경제에 치명상에 가까운 피해를 입히는 데에 "성공"(?)했습니다. 우크라이나 내부에서는 생산량이 크게 줄어든 대기업 소유주에 비해 서방의 원조를 받아 나눠주는 행정부의 영향력이 크게 강화됐습니다. 앞으로도 우크라이나에서는 "원조 경제" 체제가 당분간 유지될 것으로 보이며, 그만큼 서방에 대한 종속이 심화될 전망입니다.

침략의 가해국인 러시아는 전쟁 기간 중 초강경 독재로의 이행과 국가 자본주의적 요소의 대폭적인 강화, 그리고 서방 대신 중국으로의 종속 심화를 경험해왔습니다. 서방의 제재들이 가동된 2022년의 수치를 살펴보면 2021년에 비해서 러시아와 중국 사이의 무역은 30퍼센트나 늘어났습니다. 우크라이나 침공 이전에는 러시아가 수출을 해서 위안화로 결제를 받는 경우가 전체 수출의 0.4퍼센트에 불과했지만, 이제는 무려 14퍼센트나 됩니다. 서방으로부터 고립된 러시아는 날이 갈수록 중국 경제권에 흡수되어가는 추세입니다. 러시아 국내에서는 독재 정권의 강화와 더불어 전쟁 비판자와 재야 인사에 대한 매우 잔혹한 탄압이 이뤄졌습니다. 이와 동시에 경제의 주된 주체로서 국가의 부상을 목도할 수 있었습니다. 서방의 투자가 중단되거나 회수되고 민간 기업들이 신규 투자를 주춤하는 상황에서는 국가가 나서서 수입 대체 산업 발전(특히 항공업, 자동차, 정밀기계, IT 등)에 투자하는 수밖에 없습니다. 이와 같은 국가 자본주의적 경제 전환의 궁극적인 목적은 자급자족형 군사주의 대국, 즉 "군국"을 건설하는 것입니다. 물론 완벽한 자급자족은 불가능할 테고 이에 따라 대중국 종속이 심해질 수밖에 없겠지만, "최대한의 자급자족"을 지향하는 것이 군국주의 시대의 "국책"입니다.

세계는 전반적으로 군사화와 경제에 있어서 국가 역할의 강화 등을 경험하는 중입니다. 세계 전체의 군비는 2022년 역사상 최초로 2조 달러(약 2500조 원)를 돌파했습니다. 냉전의 마지막 해인 1989년에 비해 무려 25퍼센트나 늘어난 수치입니다. 이미 전쟁에 휘말렸거나 휘말릴 가능성이 높은 일부 국가들은 국민총생산의 4퍼센트 이상을 군비로 쓰는 고강도의 군사화 경향을 보입니다. 러시아 이외에 사우디아라비아와 이스라엘, 아랍에미리트, 카타르, 아제르바이잔 등이 이런 범주에 속합니다. 당·국가(중국, 베트남, 북한 등)나 안보·경찰 체제의 국가(러시아), 신권위주의 국가(튀르키예, 인도, 이스라엘 등) 이외에도 전란기에는 국가의 주도적인 경제적 역할이 날이 갈수록 더욱 돋보입니다. 미국의 반도체 정책이나 자동차 산업 등에 대한 사실상의 보호주의 정책 도입은 이런 경향의 좋은 본보기입니다. 안보 능력이 약한 피후견 국가들의 후견 국가에 대한 종속성은 영구화된 안보 위기 속에서 계속 강화되어갑니다. 예컨대 동유럽이나 독일의 미국에 대한 안보 차원의 종속성은 확실히 2022년 전보다 이젠 훨씬 강합니다. 반대로 군사적 강국들이 자국의 실리를 추구하면서 각자도생, 자국 본위의 정책을 펼치고 있지요. 나토 가입국이면서도 동시에 러시아산 가스의 주된 공급 허브가 되어준 "양다리 정책"의 대명사인 튀르키예나 러시아와의 관계를 계속 유지, 강화 중인 친미 국가 이스라엘은 아주 좋은 사례들입니다.

우크라이나 침략은 거시적으로 신자유주의적 세계화의 종말을 의미했습니다. 군사화되고 민족주의 이데올로기로 무장한 경제활동의 주체로서의 "국가"가 다시 돌아온 것입니다. 앞으로 아마도 약 5~10년 동안 미·중·러·인도 등 여러 열강 사이에서는 전쟁과 갈등, 대립을 통한 "서열 정리", 그리고 종속 지대(자원 지대 등)의 재분할 등이 대단히 폭력적인 방법으로 이뤄질 것입니다. 그 뒤에는 재분할된 세계에서의 새로운 규칙들이 어느 정도 정리되고 분명해질 것이고요. 이 전란기에 평화와 국제 연대, 기후 정의를 추구하는 각국 좌파들이 군국주의와 국가주의, 민족주의의 반대자로서의 역할을 얼마나 잘 하는지 여부는 결국 2030년대 이후 새로운 세계 질서 속에서 좌파의 비중이 얼마나 될지를 결정할 것입니다. 한데 자국의 우크라이나 침략을 막는 데에 완벽하게 실패하고 만 러시아 좌파부터 시작해서 아직도 국가주의, 군사주의에 반대하는 좌파 대열들이 전혀 제대로 조직되지 않고 있는 실정입니다. 1930년대와 비교한다면 좌파의 약함이야말로 오늘날 세계의 두드러진 특징입니다.

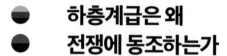

하층계급은 왜
전쟁에 동조하는가

태초에 용병이 있었습니다. 중세 후기나 절대왕권 시대, 유럽에서 발발한 대부분의 전쟁들을 수행한 이들은 대체로 용병과 강제로 차출돼 징집된 일부 농민 등이었습니다. 한데 농민 출신의 징집병에 비해 직업적 용병들은 훨씬 더 "양질의 군인"으로 알려졌습니다. 이들은 양질의 전사인 만큼 고액의 보수를 요구하기도 했지요. 또 보수가 좋은 만큼 스위스 같은 일부 지역에서 "용병"은 남성들 사이에서 가장 인기 있는 직종이었습니다. 30년 전쟁을 예로 들자면 합스부르크 제국의 군대에 용병으로 고용된 졸병의 월급은 4굴덴 정도였는데, 이는 대체로 고용된 농민의 한 달 벌이보다 약 두 배 정도 높은 금액이었습니다. 전리품 취득, 즉 약탈이 사실상 합법이었던 시대에 빈농 출신 용병은 전투에서 전몰하지 않고 불구자가 되지 않는 이상, 전후 작은 가게를 열 수 있을 정도라고도 "치부"됐습니다. 그가 몇 차례 정도 부유한 대도시 함락과 약탈에 참여하고 꼬박꼬박 월급을 모았다면 말입니다. 전쟁은 처음부터 "무력을 사용한 비즈니스"의 일종이었던 것이지요.

사실 영국 같은 패권 대국은 1914년까지 주로 용병에 의존했기 때문에 징집을 실시하지 않았습니다. 19세기 영국군의 졸병 월급은 낮은 것으로 악명 높았습니다. 1870~1880년대의 경우 이들의 월급은 1년에 30파운드밖에 되지 않았는데, 이는 숙련공의 평균임금보다 두 배나 낮은 금액이었습니다. 하지만 빈촌의 고용된 농민의 벌이에 비해서는 약간 높은 금액이었기에 영국군은 주로 아일랜드 농촌 등 가난한 주변부 지역의 빈촌 출신으로 충원됐습니다. 그런 군인들이 중국이나 인도, 아프가니스탄, 남아프리카 같은 곳에서 벌어지던 식민지 전쟁에서 많이 전몰된다고 한들 영국의 주류 중산층 사회에서는 별다른 반응이 없었지요. 제국주의 대국의 전쟁 불감증은 이렇게 탄생했습니다.

한데 프랑스 혁명과 나폴레옹 전쟁 이후의 유럽은 점차 용병 전쟁에서 징병제 전쟁 시대로 이동하기 시작했습니다. 제1·2차 세계대전처럼 엄청난 인적 규모의 전쟁을 소수의 용병으로 수행하기란 불가능했을 것입니다. 세계대전에 징집된 졸병들은 아주 소액의 보수만 받았습니다. 가령, 제1차 세계대전 당시 영국군 졸병의 보수는 오늘날의 화폐가치로 환산했을 때 한 달에 300파운드, 즉 50만 원도 채 안 되는 금액이었습니다. 이렇게 돈도 별로 안 주면서 총력전이라는 최악의 고위험 노동을 주로 노동자 또는 농민 출신의 병사들에게 강요할 수 있었던 비결은 "국토 수호" 등과 같은 애국주의적 프로파간다가 먹힐 수 있었던 "총동원" 상황이었기 때문입니다. 여담이지만 제2차 세계대전 당시 소비에트군 졸병의 한 달 보수는 17루블(평균 노동자 임금의 약 10퍼센트)이었던 데 반해, 장교의 보수는 600루블부터 시작됐습니다. "사회주의"를 내건 국가였음에도 불구하고 졸병과 장교의 임금 격차가 미군보다 더 심했던 것이지요. 북조선을 포함한 여러 점령 지역에서 일어난 소련군의 극심한 약탈 행위도 이와 같이 비참한 "저임금" 처우와 무관하지 않았습니다.

자국 영토나 그와 인접한 곳에서 수행되는 "대전"의 상황에서 징집제 군대는 대체로 쓸 만했습니다. 특히 프로파간다의 힘이 커진 제2차 세계대전에서는 독일의 패전이 확실시됐던 1945년에도 나치 독일군이 끝까지 "사수전"을 펼치고, 집단 항명 등의 상황을 그다지 보여주지 않았습니다. 한데 20세기 인류가 겪은 전쟁 경험은 타국에서 벌어지는 제국주의적 전쟁의 경우 징집병을 사용하기가 힘들다는 점을 여실히 보여줬습니다. 일단, 징집병이 수행하는 해외 전쟁은 대개 "저임금 전쟁"이 되기가 쉬웠습니다. 6·25 전쟁이나 베트남 전쟁에서 미군 졸병의 한 달 벌이는 당시 돈으로 약 70~80달러, 요즘 화폐가치로 환산하면 대체로 80~90만 원 정도에 불과했습니다. 특히 명분이 취약하거나 거의 없는 전쟁을, 이와 같은 방식으로 3~4년 이상 끌고 갈 경우 자국 내에서 매우 강력한 반전운동을 직면할 가능성이 컸습니다. 특히 중산층 구성원까지 징집돼 강제적으로 "저임금 고위험 전쟁 노동"에 노출되는 상황에서는 미국 등 사회의 중산층 주류까지 동요하여 "반전"으로 돌아서기가 쉬웠습니다.

징집병들의 이런 한계를 깨달은 세계 체제 핵심부 주요 국가들은 1970년대 중반부터 징집제를 이탈하기 시작했습니다. 미국부터가 1973년에 선구적으로 징집제를 폐지했으며, 구미권의 주요 국가들이 1990~2000년대에 그 전례를 따라갔습니다. 구미권은 어떻게 보면 다시 18세기 말 이전의 "용병의 시대"로 되돌아간 셈입니다. 이라크, 아프가니스탄, 리비아 등 1990~2010년대 구미권 국가들의 주변부에서 벌어진 주요 침공 전쟁에 징집병들은 일절 참전하지 않았습니다. 그리고 이로 인해 참으로 재미있는 현상이 벌어집니다. 이라크 침공의 경우, 미국에서 개전 초기에 다수(약 70퍼센트)가 전쟁을 지지했습니다. 잔혹 행위가 알려지고 전쟁의 무망함이 노골화되자 지지보다 반대 의견이 더 크게 나오기 시작했지만, 베트남 전쟁이 벌어지던 때와 같은 엄청난 규모의 격렬하고 줄기차며 지속적인 가두 반전운동이 개전 이후에 별로 없었던 것입니다. 하층민들에게는 이 전쟁이 "아주 궁벽한 상황에 직면한 사람들에게 주어지는, 몸을 일으킬 최후의 기회", 즉 "고위험 고임금 노동의 기회" 정도로 인식됐습니다. 그런가 하면 중산층의 경우 관념적으로는 반전의 입장에 선다고 해도 본인들이 징집될 전쟁이 아닌 만큼 대체로 방관적인 태도를 보였습니다. 미국의 이라크 침략은 결국 사실상 미국의 패배로 끝났지만, 베트남 전쟁과 같은 사회적 상흔을 미국 사회에 그다지 남기지 않았으며 지금은 거의 잊혀져가고 있는 느낌입니다. "용병 시대로의 귀환"이 가져온 효과란 바로 이런 것입니다.

러시아의 우크라이나 침략은 이 "용병 시대로의 귀환"이라는 흐름 속에서 이해돼야 할 듯합니다. 물론 이 전쟁에 내몰린 '모든' 러시아 병사들이 '다' 용병은 아닙니다. 약 30~50만 명 정도는 징집병으로 추산됩니다. 한데 징집병이라 해도, 푸틴 정권은 한 가지 불문율을 철저히 지키고 있습니다. 러시아 군인이 우크라이나에 가서 받는 최저 전장 보수는 한국 돈으로 350만 원 정도인데, 그 금액 이상으로 이미 벌고 있거나 벌 가능성이 있는 대도시 중산층들을 대개 징집하려 하지 않는 것입니다. 그들에게는 침략 참여가 경제적으로도 "이득"이 아닌 "손해"인 만큼 도주 우려가 크고 사기가 절대 높을 리가 없다는 점을 잘 알기 때문입니다. 같은 이유로 평균 벌이가 350만 원보다 훨씬 낮은 소도시나 공장 지대, 농촌, 그리고 주변부의 소수자 지역(부랴트 자치 공화국, 투바 자치 공화국, 다게스탄 자치 공화국 등) 등에서는 대규모로 징집이 진행되고 있습니다. 물론 그곳에서도 징집에 대한 저항이 전혀 없는 것은 아닙니다. 하지만 군인들에게 제시되는 비교적 고액의 보수가 그 저항을 미연에 방지하거나 누그러뜨리는 효과가 있는 것도 사실입니다.

새로운 "용병 시대"의 흐름 속에서 감행된 침략 전쟁인 만큼, 우크라이나 전쟁은 분명히 장기화될 가능성이 있습니다. 우크라이나 내부에서는 침략에 대한 총국민적·시민적 저항의 분위기가 여전히 강한 반면, 러시아의 경우에는 전쟁에 가장 많이 노출된 주변부 지역의 빈민들 사이에서 참전을 주로 개개인의 "경제적 차원"에서 보려 하는 경향이 여전히 강합니다. 신자유주의적 격차 사회에서 빈민으로 전락한 옛 소련 공민들과 그 자녀들이 이제 "고액의 보수"를 보고 우크라이나에 가서 같은 소련 유민과 그 자녀들을 죽인다는 사실은 엄청난 역사적 비극이 아닐 수 없습니다. 이와 같은 비극이 벌어질 수 있었던 배경에는 전쟁의 주력 부대가 된 러시아 노동자와 농민들에게 계급의식이나 계급 조직이 거의 없다는 점이 매우 크게 작용했습니다. 그들은 우크라이나의 전장에 갔을 때에 자신의 반대편에 서 있는 우크라이나 병사들을 "같은 계급에 속하는 형제"가 아닌, 러시아 프로파간다의 가르침대로 "서방이 유혹하고 매수한 배신자"로 보는 것입니다. 그리고 이런 인식은 쉽게 바뀌지 않을 것으로 예상됩니다. 계급의식 형성의 주체가 되어야 할 반전 좌파 자체가 러시아에서는 극소수에 불과한 것이 지금의 현실이기 때문입니다.

'친척 민족' 우크라이나와 러시아는 왜 싸우는가

이 세상에서 제일 위험한 곳은 어디일까요? 정답은 "가정집"입니다. 특히 살인, 강간, 성폭력 등 여러 중범죄가 저질러지는 상황의 대다수가 "이미 아는 사이", 많은 경우 "집"에서 일어납니다. "가족"은 아주 단란하게 들리는 말이지만, 실상 폭력이 가장 일어나기 쉬운 집단이기도 하지요. 그리고 소송을 많이 맡아본 변호사 분들이 자주 이야기하는 바대로, 가장 치열한 소송전은 대개 "친척" 사이에서 일어납니다. 피는 물보다 진하다고 하지만, 또 그만큼 이해관계를 달리하는 피붙이 사이의 싸움은 그 어떤 다툼보다 치열합니다. 6·25 전쟁을 비롯해 지금까지 이어져온 남북한의 대립을 보면 아마도 이 부분을 누구나 쉽게 이해할 것입니다. 남북한만 그럴까요? 저는 대만사람들 중에서 중국 치하에 사느니 이민을 떠나거나 극단적인 경우에는 죽음을 택하겠다는 사람도 적지 않게 봤습니다. "중국인"이라는 동일

전쟁 이후의 세계

한 범주에 귀속되지만, 실제로는 이미 너무나 이질화된 집단인 만큼 그에 대한 거부도 굉장하지요.

우크라이나인과 러시아인들은 종종 서로를 "형제 민족"이라고 지칭합니다. 우크라이나인들의 약 80퍼센트가 러시아어 구사자들인데, 이들 대부분은 원어민과 구분이 불가능할 정도로 원어민급으로 러시아어를 구사합니다. 물론 그렇다고 해서 우크라이나인과 러시아인들이 (푸틴의 말과 달리) "같은 민족"인 것은 절대 아닙니다. 서로 역사적 기원을 달리하기 때문입니다. 현재 우크라이나의 중핵은 12~13세기부터 1569년까지 존재했던 리투아니아 대공국입니다. 이후 폴란드와 리투아니아의 경계선 안에서 14~17세기에 현재 우크라이나의 바탕이 형성됐으며, 그 구성원 중에는 일정한 자치권 등 "권리"를 보유하고 있었던 도시민과 전투 능력이 구비된 무장 소농인 카자크 등이 있었습니다.

이런 사회 구성은 일군만민一君萬民 체제를 지닌 모스크바의 관료주의적 중앙집권 왕권과 완전히 다릅니다. 단, 17세기 중후반부터 우크라이나가 러시아 제국에 편입되기 시작하면서 사실상 1991년까지 거의 300년 가까이 (서부 지역을 제외한) 다수의 우크라이나인과 러시아인들이 같은 정치적 공간에서 함께 살아온 것입니다. 그사이에 특히 서부의 르비우 등 일부 도시를 제외한 대부분의 우크라이나 도심 지역에서 제국의 언어인 러시아어가 우크라이나어를 제치고 일상 언어의 위치를 차지하게 됐습니다. 그렇게 1991년 이전 기간 동안 언어적·문화적으로 상당한 동화가 이뤄졌지요. 하지만 세계관이나 정치

의식 차원에서는 우크라이나인과 러시아인 사이의 "차이"가 계속 확인돼왔습니다. 즉, 아무리 러시아어를 원어민 수준으로 구사한다고 해도 대다수의 우크라이나인들로서는 러시아라는 국가의 "신민"으로 산다는 것이 부자연스럽고 억압적으로 여겨질 따름입니다.

한국인들이 학교에서 배우는 역사가 경주(서라벌)와 개성, 한양 본위의 "중심의 역사", 즉 중앙집권적 국가의 제도사와 정치사 위주의 역사인 것처럼, 러시아인들이 외우고 당연시하고 자신들의 정체성으로 삼는 역사란 모스크바와 페테르부르크 중심의 "국가사"입니다. 러시아인들에게 "가장 위대한 역사 인물"을 물으면 틀림없이 "국가 지도자"(스탈린, 표트르 1세, 알렉산드르 네프스키 대공 등)나 국가가 인정한 "문호"(푸시킨)를 들 것입니다. 80~82퍼센트 정도 되는 현재 푸틴의 지지율 역시, 그가 중앙집권적인 전지전능한 "대국"을 "재건"한 것과 직결돼 있습니다. 반대로 우크라이나인들은—아무리 러시아어를 잘해도—이와 같은 러시아적인 대국의 신화에 대부분 무관심합니다. 우크라이나인들이 아는 우크라이나 역사란 국가가 아닌 "고향"의 역사, 그리고 타라스 셰프첸코Taras Shevchenko, 1814~1861 같은 민족 시인 등 국가권력과 무관한 민족 독립운동가들의 역사입니다. 러시아 사회나 개인의식은 심하게 국가화됐지만, 우크라이나는 개인과 개인이 횡적으로 연결된 사회이지요. 현재 러시아의 국가수반은 평생 보안기관에서 국가에 복무해온 국가 공무원이라면, 우크라이나의 현직 국가수반은 중소 규모의 연예계 비즈니스맨 출신입니다(거기에다 종족적으로 소수자 출신이지요). 이는 두 사회 사이의 "차이"를 아주 노골적으로 보여주는 대목입니다.

러시아인들의 대외관은 자기중심적입니다. 대부분은—현재 러시아 정권과 같은 방식으로—러시아를 자기 완결적이고 자기중심적인 "하나의 문명"이라고 생각합니다. 또한, 서쪽의 브레스트부터 남쪽의 타슈켄트, 동쪽의 블라디보스토크까지 과거의 "제국 영토"는 영구적으로 모스크바의 관리를 "당연히" 받아야 한다고 생각합니다. 러시아인들이 서방의 기술이나 중국의 경제력을 "이용"하는 데에 반대하는 목소리는 없지만, 그 이용의 목적은 모스크바 중심의 자기 완결적 정치·문화 공간의 "위대한 굴기屈起"입니다. 서방과 자신들을 어느 정도 동일시하는 약 15퍼센트 안팎의 자유주의자(주로 대도시 중상층 이상)를 제외하면 대부분의 러시아인들에게 서방이란 이용 대상, 혹은 경쟁자나 적에 불과합니다. 그렇기 때문에 러시아가 서방세계의 하위 파트너가 되는 순간, 다수의 러시아인들의 정체성은 무너지고 말 것입니다.

이와 반대로 이미 14~17세기 국가 형성기에 서구 세계의 주변부로 살아본 우크라이나인들의 경우 다시 주변부가 되더라도 유럽으로 편입되는 것을 당연한 귀결로 생각하는 이들이 다수입니다. 우크라이나인들에게 통치자 한 사람이 만백성의 생사여탈권을 쥐고 있는 러시아식 제국은 두려움의 대상입니다. 그들은—주변부 주민으로 전락하는 한이 있더라도—다원주의적이고 법치가 존재한다고 여기는 유럽을 훨씬 더 지향합니다. 따라서 우크라이나인들은 목숨을 내놓아야 하더라도 다시 모스크바 제국의 신민이 되기를 거부하는 것입니다.

러시아의 우크라이나 점령 시도가 현재 치열하고 양보 없는 싸움이 된 맥락입니다.

우크라이나와 러시아를 "친척 민족"이라고 말해도 크게 틀리지 않을 것입니다. 한데 친척 사이의 폭력이 본래 "남" 사이에서 벌어지는 폭력 이상으로 무서운 것처럼, 스스로를 "본가"라고 생각하고 우크라이나를 저들 나라의 "방계"로 치부해 재정복하려는 러시아 국가와 군의 폭력 역시 그 정도가 상상 이상입니다. 러시아 점령 지구에서 러시아군 방첩부대에 의해 "우크라이나 민족주의자"로 지목된 주민들을 기다리는 것은 고문실과 죽음뿐입니다. 그래서 우크라이나인들은 바흐무트에서처럼 죽을힘을 다하며 "필사적 저항"을 벌이는 것입니다. 우크라이나 전쟁은 미국의 이라크 침략처럼 제국주의 전쟁인데, 미국의 목표가 이라크에 괴뢰정부를 세우고 떠나는 것이었다면 러시아의 목표는 우크라이나인들의 머릿속에서 별도의 민족의식을 지우고 그들을 다시 "러시아 제국의 순량한 신민"으로 만드는 것입니다. 그렇게 되기를 절대 원하지 않는 수많은 우크라이나인들은 지금 저항과 전투에서의 전사를 택하고 있는 중입니다.

전쟁 이후의 세계

러시아,
침략의 논리

　　이 글을 쓰기에 앞서서 한 가지 중요한 단서를 달아야 할 것입니다. '설명'은 결코 '긍정'이나 '수용'을 의미하지 않습니다. 이번 러시아의 우크라이나 침공을 포함한 그 어떤 제국주의 침략도 그 어떤 논리로도 '합리화'될 수 없으며, 되어서도 안 되지요. 그런데 '합리화'와 차원이 다른, 침략 주체의 내재적 논리 구조에 대한 '이해'는 필요합니다. 그런 이해가 있어야 침략 주체의 차후 행동을 어느 정도 예견할 수 있으며, 또 '평화' 모색의 가능성과 방법들을 고민해볼 수 있기 때문입니다.

　　2000년대와 그 후의 러시아는 참 모순적인 사회였습니다. 일면으로는 푸틴의 권위주의 정권 통치하에서 일정한 안정이 찾아왔습니다. 2014년 이후 경제성장은 거의 멈췄지만, 러시아 대도시들의 평균적 소비 수준은 예컨대 동유럽(바르샤바나 리가, 부다페스트 등)과 이미 크게 다르지 않았습니다. 기술은 계속 진보했으며, 가령 러시아 은행들의 넷뱅킹이나 애플리케이션들의 기술적 수준이나 편리함은 이미 2010년대 후반에 북유럽을 추월할 정도였습니다. 범죄율 등도 내려가 모스크바의 살인율(10만 명당 살인 피해자의 비율)은 2.5명에 달했습니다. 참고로 뉴욕의 살인율은 3.4명 정도입니다. 그러니까 나름대로 이런저런 개선이나 발전이 계속 이뤄져 온 것이지요.

한데 이런 상황임에도 자국의 상태에 만족해하는 러시아인들은 거의 아무도 없었습니다. 독재의 전횡을 문제 삼는 자유주의자나, 이민자 노동 착취, 미국과 거의 같아진 빈부 격차 등을 문제 삼는 좌파만의 목소리를 이야기하는 것은 아닙니다. 자유주의자도 (비스탈린주의적) 좌파도 러시아에서는 그다지 영향력 없는 소수에 불과합니다. 지배층이나 지배층에 가까운 지식인들은 러시아의 상대적인 글로벌 위상의 '추락'에 신경이 곤두세워져 있었습니다. 미국의 패권이 상대적으로 약화됐지만, 여전히 세계 금융과 첨단 정보 기술의 중심이자 최강의 군사 대국은 미국이었습니다. 금융이나 기술, 혹은 투자 자본의 보유 차원에서 러시아는 미국이나 유럽과 "힘겨루기"를 하기에 턱없이 부족했습니다. 법치 질서나 생활의 편리함 측면에서는 서유럽과 여전히 비교가 불가능했습니다.

그렇다고 해서 러시아가 중국처럼 급성장하는 제조업 대국도 아니었습니다. 사실 부유한 러시아의 주민들이 사용하는 컴퓨터나 휴대폰, 그리고 냉장고 등의 가전제품은 거의 전부 한국이나 중국으로부터 들여온 수입품이었습니다. 자동차 시장은 수입차나 러시아에서 조립되는 외국 브랜드들이 석권했는가 하면, 소련 시절 비행기 제조로 유명했던 러시아이건만 현재는 95퍼센트의 항공사 승객들이 보잉이나 에어버스를 타고 다니게 됐습니다. 부유해지긴 했지만 러시아는 가면 갈수록 유럽과 중국의 "원자재 제공국" 수준으로 그 위상이 하락하고 있었습니다. 게다가 많은 대중이 사실상 종신 대통령제가 초래한 가공할 만한 부정부패 등에 불만을 품고 있었습니다. 2011~2012년 모스크바 등지에서 일어난 데모 등은 기층민들이 지닌 불만의 수준이 상당히 높음을 보여줬습니다. 푸틴 정권은 이 모든 불만을 해소시킬 모종의 "출구"가 필요했습니다.

물론 전쟁이 이런 상황에서 시도 가능한 유일한 출구는 절대 아니었습니다. 이론적으로 푸틴은 부분적으로라도 민주주의를 복구하는 등 정치적 '참여' 가능성들을 넓혀줌으로써 민심을 수습할 수도 있었을 것입니다. 또한, 석유와 천연가스로 벌어들이는 자금의 일부를 재공업화, 첨단 기술 제품의 국산화 계획에 효율적으로 이용했을 수도 있었을 테고요. 러시아가 소련 시절부터 저력을 보였던 과학기술 등의 발전에 보다 많은 투자를 했을 수도 있었을 것입니다. 한데 푸틴이 결국 선택한 것은 독재의 완화나 평화적인 식산흥업, 국가 보호주의의 길이 아닌, 전쟁과 전시경제 건설, 그리고 전시 상황에서의 수입 대체 전략이었습니다. 이 선택은 이미 2014년부터 크림반도 병합 등으로 시작된 우크라이나 침략과 2022년부터 시작된 전면전, 수십만 명의 전사, 우크라이나 국토 상당 부분의 황폐화와 러시아에서의 극단적인 권위주의 정권의 착근을 의미했습니다. 그렇다면 푸틴이 도대체 이런 선택을 하게 된 배경은 무엇이었을까요?

우선 푸틴의 가장 강력한 지지 기반을 이루는 옛 KGB 등 보안 계통의 관료와 군 장교 계층, 군수산업 관계자, 보수적 논객 등의 영향을 과소평가할 수 없습니다. 이들이야말로 결국 푸틴 정권의 가장 중요한 "보루"이기 때문입니다. 또한, 푸틴은 절대적인 권력을 지향하기에 제한적 민주화를 자신의 권력에 대한 위협으로밖에 보지 않았을 것입니다. 그런데 평시의 국가 보호주의와 국가 주도의 재공업화도 아닌, 고립을 수반하는 전시의 수입 대체 전략을 선택한 이유는 무엇이었을까요? 저는 궁극적으로 푸틴이 자신의 관료 집단을 불신해서 그렇게 한 것이라고 생각합니다. 사실 그런 불신에는 합리적 이유가 없지 않아 있었습니다. 2010년대 초반부터 선포된 수입 대체 전략은 극히 일부의 분야(소프트웨어 등) 이외에는 거의 제대로 이뤄지지 않았습니다. 러시아의 고급 관료 대부분은 서방에 부동산을 보유했으며 그 가족들을 거기로 가서 살게끔 해주곤 했습니다. 푸틴과 그 주위의 KGB 출신들에게 서방에서 영주권과 부동산을 보유한 관료들의 존재나 지속적인 수입 대체 전략의 실패, 러시아 시장에서의 외국산 정밀기계나 여객기의 지배적 위치 등은 곧 러시아가 '매판' 관료 집단이 이끄는 기술, 경제상의 "유사 식민지"로 전락한다는 것을 뜻했습니다. 결국 그들은 서방과의 관계를 단절시킬 만한 전쟁 말고는 그들이 생각하는 "자주성"과 효과적인 (전시의 압박 속에서 이뤄지는) 수입 대체 재공업화를 이뤄낼 방법을 찾지 못한 것으로 보입니다.

일부 좌파 논객들은 나토의 확장이 러시아의 우크라이나 침공을

"도발"했다고 보지만, 저는 그렇게 보지 않습니다. 저는 이번 침공이 궁극적으로 푸틴 주위 집단이 추진하는 일종의 "국가 주도 개발 전략"이라고 생각합니다. 굳이 비교하자면 박정희 정권의 베트남 전쟁 개입과 1970년대 한국에서 추진된 병영국가화 및 방위산업 발전에의 중점 등과 견주고 싶습니다. 문제는 전쟁이 국가 개발 전략의 일환이라면, 이 전쟁이 그리 쉽게 끝나지 않을 가능성도 크다는 점입니다. 서방이 평화 협상에 나선다고 해도 6·25 전쟁의 종전을 원치 않았던 스탈린처럼 푸틴도 협상을 질질 끌면서 그에게 득이 되는 전쟁 행위를 계속할 가능성이 있다는 전망입니다.

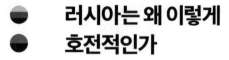

러시아는 왜 이렇게
호전적인가

개화기를 연구하는 사람들이라면 잘 아는 일이지만, 당시 조선의 교양인들이 즐겨 읽었던 계몽 서적 중 하나는《피득대제彼得大帝》1908와 같은 러시아 황제 표트르 1세의 전기였습니다. 조선의 개화기 지식인들이 전제 왕국 러시아에 대해 그다지 호의적이지 않았던 점을 염두에 두면 그들이 표트르 1세의 전기에 빠지곤 했다는 것이 다소 이상해 보일 수 있지만, 사실 그럴 만한 이유가 있었습니다. 서구 중심의 세계 체제에 뒤늦게 편입된 조선의 입장에서는 이와 같은 편입을 이미 18세기 초반에 시도해본 러시아가 어떻게 보면 "추격형 발전의 대선배"와 비슷한 역할을 했었던 것입니다. 사실 "부국강병" 내지 "식산흥업" "교육입국" 등의 표어로 표현될 수 있는 표트르 식의 서구화 개혁들은 조선 지식인들이 조선을 위한 하나의 모델로 생각했던 일본 메이지 유신의 주역들에게도 또 하나의 중요한 "참고 전례"

였습니다. 즉, 조선 교양인의 경우에는 표트르 1세에 관심을 가질 만한 충분한 이유가 있었던 것이지요.

크게 봐서 일본이나 한국, 그리고 러시아와 같은 비서구 국가로서 서구 중심의 세계 체제에 "틈입"한 나라들의 역사 전체를 놓고 봤을 때에 하나의 긴 "따라잡기"(추격)라 해도 과언은 아닐 것입니다. 그런데 이 "따라잡기" 과정은 한국과 일본, 그리고 러시아의 경우에 서로 매우 다른 방식으로 이뤄져왔습니다. 1931~1945년 사이의 기간을 제외한 일본과 역사 전체에 걸쳐서 한국은 서방 패권 국가(영국 내지 미국)의 "하위 파트너" 역할을 도맡으면서 추격형 근대화를 위해 필요한 각종 자원(제도적 지식과 제도의 기본 틀, 기술, 차관, 판매 시장 등)을 그들로부터 받아왔습니다. 이는 일종의 "패권 국가와의 공존형 근대화 전략"이라 할 수 있습니다. 사실 이 전략은 비서구적 세계의 "따라잡기" 중에서 가장 보편적인 방식입니다. 서방(과 중국, 한국, 일본 등)으로의 석유 수출로 세계적 부국이 된 사우디아라비아나, 서방 등으로부터의 자본을 유치해 자본 거래의 허브가 된 두바이 등 걸프(페르시아만) 국가, 아니면 해외로부터의 자원 채굴 내지 제조업 부문에의 투자에 의존해온 동남아시아 국가들은 대체로 이 전략을 여러 가지 방식으로 따랐다고 볼 수 있습니다. 이 전략을 택하지 않고 좀 더 자기중심적이고 자기 완결적 방식의 근대화를 지향하는 사회로는 이번에 두 나라 사이의 친선을 크게 과시한 러시아와 북한, 그리고 중국 내지 1979년 이후의 이란을 들 수 있습니다. 여기에서는 이 중 러시아의 문제를 다뤄보도록 하겠습니다.

사실 러시아도 그 어떤 주변부적 사회처럼 어디까지나 종속적 발전을 할 수밖에 없었습니다. 가령, 소련은 말로는 "내포적인", 자기 완결적인 근대화를 외쳤지만 1970년 생산이 시작된 소련의 "국민 자동차" 바즈VAZ-2101은 이탈리아 자동차 브랜드 피아트Fiat 사의 피아트 124의 복제판, 즉 다소 어설픈 모조품에 불과했습니다. 제가 학교에 다녔던 1980년대에 소련 초중고 학생들이 즐겨 마시던 음료는 소련에서 로열티를 내고 생산되던 "펩시콜라"였습니다. 또한, 제 동급생들은 이탈리아 음악가 토토 쿠투뇨Toto Cutugno, 1943~2023나 아드리아노 첼렌타노Adriano Celentano, 1938~ 의 음악을 주로 듣고 했습니다. 1980년대 말에 이미 저는 제가 구미권의 주변부에서 살고 있음을 온몸으로 느끼고 있었던 것이지요. 당의 구호와 관계없이 말입니다. 마찬가지로 최근 러시아에서 발전이 있었다면 대체로 구미권에서 발명된 신제품들의 "대체 제품"을 만드는 것이 그 주된 흐름이었습니다. 구미권과 비슷한 기술을 사용하면서 말입니다. 예컨대 'vk.ru' 등은 "러시아판 페이스북"이고, 'yandex.ru'는 "러시아판 구글"의 역할을 하는 셈이지요. 이는―일본이나 한국과 다를 바 없는―종속적 발전의 전형입니다.

한데 러시아는 일본이나 한국식 발전 궤도와 한 가지 큰 차이를 보입니다. 러시아는 엄청난 규모의 국가 폭력 기구, 즉 군대와 러시아연방보안국FSB, 첩보 기관 등을 갖고 있습니다. 러시아에서는 군을 포함한 모든 "물리력 통제 기관sylovye struktury"(내무부, 러시아국민위병, 연방보안국, 대통령 경호부 등의 국가 폭력 담당 기구)에 종사하는 사람들의 총수가 현재 300만 명에 가깝습니다. 45명의 러시아 성인 중 한 명은 이런 기구에 종사하고 있는 것이지요. 참고로 예컨대 미군의 전체 종사자 숫자는 (제복을 입은 군인 신분의 피고용자와 민간인 신분의 피고용자를 합해서) 130만 명에 불과합니다. 러시아의 비군수 부문 제조업이나 금융, 교육, 연구 센터 중에서는 "세계 최고"라고 할 수 있는 곳이 별로 없습니다. 예컨대 러시아의 최대 은행이자 국영 은행 스베르방크는 그 규모가 세계 58위로, 한국의 KB그룹보다 약간 크기는 하지만, 북유럽의 노르데아보다 좀 더 적은 자산을 갖고 있습니다. 또한, 러시아 최대 기업이자 국영기업인 가즈프롬Gazprom은 연간 총수익 규모가 세계 42위로 삼성(세계 26위)의 약 65퍼센트에 불과합니다. 즉, "자본의 러시아"는 글로벌 세계의 시각으로 본다면 글로벌 "중소기업" 정도 수준입니다.

러시아의 학술, 교육 내지 대중문화도 사정은 마찬가지입니다. 제가 최종 학위를 받은 곳이자 러시아 내에서 "최고 학부"로 손꼽히는 모스크바국립대학교의 QS 랭킹(영국의 대학평가 기관인 QS에서 발표하는 대학 순위)은 87위밖에 안 됩니다(참고로 서울대학교는 QS 랭킹 41위입니다). 이번에 푸틴의 침략을 비판하고 러시아를 떠난 알라 푸가초바 Alla Pugacheva, 1949~ 같은 가수는 러시아 대중문화의 "깃발" 같은 존재이지만 러시아 밖에서의 인지도는 거의 제로에 가깝습니다.

한데 이와는 대조적으로 군사 부문에서 러시아는 여전히 미국 다음을 잇는 "2위 대국"으로 통합니다. 현재 우크라이나에서 고전을 면치 못하고 있다 해도 핵무기와 포탄, 미사일 등 제조 능력을 보유하고 있기 때문입니다. 이런 상황이다 보니 러시아는 늘 국가 차원에서 무력 위주의 개발 궤도를 선택하게 되는 유혹을 받습니다. 또한, 그로 인해 오늘날 우크라이나 전선에서 고전을 면치 못하고 있긴 하지만 적어도 당장은 큰 패배를 당할 확률은 적습니다. 어느 정도의 영토를 강탈하고 난 뒤 그것을 사수하는 데 필요한 전차와 대포, 포탄, 미사일을 양껏 제조할 수 있는 능력을 충분히 보유했기 때문입니다. 그 과정에서 전시 특수가 발생해 무기 공장뿐만 아니라 무기 공급 업체나 도급 업체 등이 상당한 이익을 챙길 수도 있는 것은 물론입니다. 이런 "군사 케인스주의적" 경제 부양책으로 러시아는 2023년에 나름의 경제성장(약 3.5퍼센트 예상)을 이루려 하는데, 이는 예컨대 독일 등 침체에 빠진 유럽의 주요 경제들과 대조적입니다. 즉, 전쟁은 "자본"이나 "연성권력"의 측면이 약한 러시아 지배자들이 가장 쉽게 구사할 수 있는 정치 수단이며, 그 수단을 활용함으로써 러시아 국가와 자본은 "이윤"도 챙길 수 있습니다. 그래서 오늘날과 같은 호전성을 목격할 수 있는 것이지요.

러시아 대외 침공의 가장 약한 고리는 결국 무엇보다 "사람"입니다. 하지만 아직까지는 우크라이나 침공 등에 동원되는 러시아 지방 빈민들의 대부분이 러시아의 서방과의 대립 과정에서 발생하는 침략 전쟁들을 최근 푸틴을 만난 김정은이 구사한 표현대로 "신성한 싸움" 정도로 여기고 있습니다. 즉, 그들의 일차적인 정체성은 러시아의 "인민"이지, 자본화된 러시아에서 착취를 받으면서 사는 "노동계급"이 아니라는 것입니다. 그 정체성이 "인민적인" 것에서 "계급적인" 것으로 바뀌고, "신성한 싸움"이 계급투쟁을 지칭하는 단어로 그 의미가 바뀌지 않는 한 러시아의 변화를 기대하기는 어렵습니다. 하지만 그렇게 되려면 민주노조의 조직부터 시작해서, 우선 민초들의 자율적인 조직들부터 생겨나야 되고, 민초들이 계급 투쟁의 경험을 쌓아 나가야 합니다.

3부

한국과 러시아,
무엇이 같고
무엇이 다른가

한·러는 왜 '진짜 남자'에 열광하는가

2021년 2월 23일, 러시아·구소련 출신의 몇몇 여성 동료 연구자들에게 '축하' 메시지를 받은 일이 있었습니다. 도대체 왜 '축하'가 쏟아지나 싶어서 생각해보니 러시아에서는 그날이 '조국 방위자의 날'이라는 사실을 깨달았지요. 소련 시절 2월 23일은 소련 군대의 명절이었는데, 지금은 '조국 방위자의 날'이 됐습니다. 그렇다면 왜 제 주변의 여성 동료들은 이와 같은 '국군의 날'을 기해 병역 면제자인 제게 '축하' 메시지를 보냈을까요? 소련도 그렇고 러시아도 그렇지만 묵시적으로 '남성'을 잠재적인 '군인'으로 간주합니다. 그러니까 '군'의 명절은 곧 '남자의 날'이기도 한 셈이지요. 여기서 '군'이 소련군인지 러시아군인지 그리 중요하지 않습니다. 또한, 복무 경력의 유무 여부, 심지어 평화주의적 신념의 유무 여부도 중요하게 다뤄지지 않습니다. 젊은 세대라면 모를까, 기성세대에게 '군의 날'은 바로 '남자의 날'입니다.

아마도 한국 독자 분들은 이 대목을 보고 조금 의아해하실 것입니다. "한국도 초강경 징병제 사회이지만 한국에서는 국군의 날인 10월 1일 '모든' 남자들을 묵시적으로 '군인'으로 간주해 축하 메시지를 보내는 문화가 없는데…"라는 반응이 대부분이겠지요. 사실 징병제의 강도로 치면 한국이 러시아보다 훨씬 더 초강경이라고 볼 수 있습니다. 한국의 현역 복무율은 러시아보다 훨씬 높은 편입니다. 하지만 문제는 그것이 아닙니다. 그보다는 아마도 '국민 통합의 기제'가 되는 집단 기억이 문제일 것입니다.

러시아에서 그 기제는 두말할 것도 없이 '조국 대전쟁', 즉 독·소 전쟁입니다. 이러한 맥락에서 푸틴은 정적 알렉세이 나발니Alexey Navalny, 1976~ 를 '인격 살인'하려 했을 때, 나발니에게 '서방 세력의 간첩'이라는 프레임을 덮어씌우는 동시에 무엇보다도 나발니가 '조국 대전쟁 참전 용사를 모독한 파렴치한'이라는 지점을 강조했습니다. 대부분의 러시아 사람들의 머릿속에서 '조국 대전쟁 참전 용사에게 막말하는 행위'는 '친미 간첩죄'보다 더 무거운 '패륜'으로 각인돼 있다는 것을 당국이 너무나 잘 알고 그 심리를 교묘히 이용하는 것이지요. 반면, 대한민국에서는 동족상잔이었던 6·25 전쟁도, 나라의 국제적인 치부에 불과한 베트남 전쟁 파병도 '국민 통합의 기제'로 작용하지 못합니다. 한국에서 작동하는 사회 통합 기제란 일제 식민지 시절에 대한 집단적 '식민지 이후의 트라우마'일 것입니다. 지금 뉴라이트들이 이를 바꿔 식민지를 미화시키는 동시에 고속 성장 등을 새로운 통합 기제로 만들려는 '사상 공작'을 펴고 있는 중인데, 집단 정체성은 그리 쉽게 바뀌지 않습니다.

그렇다면 구소련이나 지금 러시아에서 병역 미필자 내지 면제자를 '남자'로 보지 않으려는 분위기가 존재했는가 하면, 꼭 그렇지만도 않았습니다. '조국 대전쟁'을 현대사의 기축이자 사회 통합의 기반으로 보는 시각과는 별도로, 특히 면제자가 많았던 고학력자 사회에서는 예컨대 잠재적인 결혼 상대자나 친밀한 교제 대상에게 꼭 '병역필' 인지 여부를 따지지는 않았던 것이지요. 그런 측면에서는 구소련이나 러시아가 한국과 대동소이하다고 볼 수도 있습니다. 물론 맨손으로 길거리의 불량배를 제압할 수 있는 '담력'과 '힘'을 보여줬다면 이는 '남자로서의 매력'을 어필하는 데 큰 '보너스'가 됐을 것입니다. 제가 기억할 수 있는 구소련 말기나 1990년대 초반에는 그랬다는 말입니다. 그렇다면 오늘날에는 과연 어떨까요? 모스크바의 비교적 치안이 괜찮은 동네에 사는 중산층 고학력자들에게는 '담력'이나 '완력'이 더 이상 남성성을 가늠하는 주요 기준으로 여겨지지는 않을 것입니다. 그러나 치안을 자기 손으로 보장해야 하는 소도시나 시골이라면 어떨까요? 아무래도 남성성의 기준도 거기에 따라 바뀔 것입니다.

이처럼 '남자'를 정의하는 방식은 역사적 상황의 전개에 따라 계속 바뀌어나갑니다. 오늘날 한국적 '남성성'의 아이콘이 된 BTS 멤버들은 아마도 1950~1960년대 같았으면 '지나치게 여성적으로 보인다'는 지적을 받지 않았을까요? '남성성'을 가늠하는 기준의 변화에 있어서 저는 다음의 세 가지 요소가 상당히 희망적이라고 생각합니다.

첫째, 군사적 남성성이 조금씩 그 영향력을 잃어가는 것 같은 느낌이 드는 것입니다. 초강경 징병제는 계속 유지되고 있지만, 적어도 사회적인 '당위성' 담론의 차원에서는 군대와 연관돼 있는 상명하복 의식이나 '마초 문화' 등이 더 이상 다수의 젊은이들에게 '바람직하다'고 인식되지 않고 있습니다. 둘째, 이성애의 패권이 이제 조금씩 상대화되기 시작한 것입니다. 지난 20~25년 동안 한국 사회에서는 가시적으로 활동을 전개하는 동성애자들이 돋보이게 됐습니다. 적어도 학계나 일부 고학력자들 사이에서는 동성애가 '또 하나의 정상'으로 나름의 자리를 잡아가는 과정 중에 있다고 볼 수도 있습니다(물론 근본주의적 기독교의 혐오주의적 반발이 크지만요). 셋째, '배려하는 남성'의 이미지가 점차 확산되기 시작한 것입니다. 즉, 아이들을 돌봐주고 청소와 요리를 하는 남자를 '바람직하다' '멋지다'고 보는 의식이 점차 확산되어 그 과정에서는 '표준적 남성성' 모델이 조금씩 바뀌는 중이라는 이야기입니다. 물론 이 세 가지 과정들이 꼭 순조롭게만 진행되는 것은 아닙니다. 예컨대 일부 20~30대 남성 사이에서의 '페미니즘'에 대한 혐오 유포 등은 이 과정이 부딪치는 저항이 어떤 것인지를 보여줍니다. 남성성의 재정의는 기존의 '남자로서의 특권'(돌봄 노동으로부터의 면제 등)을 위협하는 점이 적지 않아 위기감을 느끼는 일부 남성들로부터 반발을 사기도 합니다. 그래도 이 세 가지 과정들이 조금씩 이뤄져가는 것 같습니다.

다만 남성성을 재정의하는 과정에서 저로서 걱정스러운 부분이 한 가지 있습니다. '진짜 남자'를 일차적으로 '생계 부양자', 즉 '벌이'하는 존재로 보는 시선이 약화되기는커녕 오히려 더 강화돼가는 것 같다는 점입니다. 사회가 부유해지고 격차가 심화되는 사회경제적 상황에서는 '남자'를 정의하는 데에 있어 '경제'의 폭력성이 너무나 크게 개입되는 것 같습니다. 사실 이중화된 노동시장에서는 남자이든 여자이든 비정규직, 중소기업, 저임금 부문으로 한번 흡수되면 거기에서 빠져나오기가 대단히 힘듭니다. 즉, 남성성을 재력 위주로 파악하는 시선은 격차 사회의 피해자들에게 엄청난 '폭력'으로 작용하게 됩니다. 재력 내지 소득 창출 능력과 학력이 직결된 사회에서 남자를 일차적으로 재력으로 바라보는 시선은 어린 남성들을 학습 노동의 지옥으로 집어넣는 역할을 하기도 합니다. 물론 신자유주의적 사회가 자행하는 경제력 차별의 폭력은 남녀 할 것 없이 사람을 아프게 때리지만, '통념상' 생계 부양자로 상정되는 남성에게 가해지는 압박이 훨씬 더 크다고 볼 수 있습니다. 세계 최고에 가까운 한국의 자살률은 이 부분과 전혀 무관하지 않다고 저는 생각합니다.

● 두 개의 군사주의:
● 러시아와 한국

똑같은 개념도 서로 이질적인 두 개의 사회에서는 각각 전혀 다른 함의를 가질 수 있습니다. "극우"라는 단어를 예로 들어보겠습니다. 노르웨이에서 "극우"는 진보당처럼 "세율 인하, 이민 감소" 위주로 여론전을 펼치는 단체를 의미합니다. 한데 한국에서 "극우"는 이민 정책에 대해 취하는 노선이 중도 우파(민주당 등)와 그렇게까지 다르지 않으며 감세를 지향해도 "감세론" 위주로 정치 캠페인을 벌이는 것도 아닙니다. 한국적 "극우"의 특징은 예컨대 외교 정책(한·미·일 간의 군사 동맹 공고화, 확고한 반북 등) 분야나 정적 탄압 같은 데에서 훨씬 더 강력하게 나타납니다. 동시에 미국의 "극우"인 트럼프주의자들이 사실상 보호무역을 선호하는 것과 매우 대조적으로 무역 의존도가 높은 한국에서 강경 우파는 "자유무역"을 선호하는 쪽에 더 가깝습니다.

"군사주의" 역시 이와 마찬가지로 사회마다 그 함의가 다를 수밖에 없습니다. 예컨대 미국의 군사주의적 극우라면 집에 자동총 하나쯤은 갖고 있을 뿐만 아니라 그 자동총을 아주 잘 사용할 줄 아는 사람일 가능성이 높습니다. 반대로 "태극기 집회"의 단골 참가자는 아무리 성조기와 태극기를 같이 흔들며 집회한 경력이 많다고 해도 한국에서는 불법인 총기 소지를 당연히 할 수 없습니다. 미국 극우들 중 일부는 이미 시가전 등 "내전 상황"에 대비하기 위해 군사훈련을 받지만, 한국 극우들에게 "싸움"이란 인터넷 댓글전이나 시위 정도를 의미합니다. 사실 한국에서 군사주의는 그 어떤 비제도적인 행동들과 아주 거리가 멉니다.

미국의 "군사화된 남성"은 때때로 엄청 폭발적이고 공격적일 수 있지만, 한국에서의 "군사 문화"는 오늘날 대체로 "규율"을 의미합니다. 이 규율은 사실 엄청 폭력적일 수도 있는데, 이 폭력성은 개인적인 폭발 내지 공격과는 차원이 다른 시스템적 폭력성입니다. 예컨대 5년 전쯤 국민은행이 신입 사원들을 대상으로 100킬로미터의 행군을 시키면서 행군 일정과 생리 주기가 겹치지 않도록 여성 직원들에게 피임약까지 지급한 일이 있었습니다. 여성의 신체적 특징을 깡그리 폭력적으로 무시하면서까지 회사가 무리한 초장거리 걷기를 무조건 시킨 이유는 무엇일까요? 이는 "순치"된 사원들이 나중에 잔업이나 특근 등의 지시를 순순히 받아들이도록, 그리고 상명하달 질서에 미리 익숙해져 반항하지 않도록 복종의 "예방주사"를 놓은 것입니다. 여기에서 군사주의의 목적은 예컨대 살상 행위를 익히도록 하는 것이라기

전쟁 이후의 세계

보다 제도적 폭력성에 대한 신체적인 순치를 체계적으로 강요하는 것입니다. 이외에 한국의 대표적인 군사주의 문화로는 가령 직장에서 회식을 강제한다거나 등산 내지 해병대 캠프 등에 직원들을 강제로 불러들이는 것입니다. 역시 여기에서도 목적은 조직의 구성원들을 순응주의적이고 무조건 "인내"하고 폭력적 위계질서를 받아들이는 사람으로 키우는 것입니다. 이런 군사 문화는 전장에서의 직접적인 살상 행위와는 다소 거리가 멀지요. 그보다는 초착취 본위의 한국형 자본주의의 축적 레짐에 정확히 맞춰진 "노동력 규율화 프로그램"에 더욱 가깝습니다.

한국에서는 대개 군 복무 면제를 받거나 쉬운 보직으로 가는 사회의 최고 지배층 이외에 90퍼센트 이상의 남성은 현역 복무를 합니다. 말 그대로 "전 국민적인 복종의 학교"에 대부분이 무조건 들어가서 복종 훈련을 받도록 돼 있는 시스템이지요. 이와 반대로 러시아에서는 징병 적령기 남성의 절반 정도만이 실제로 징병돼 현역 복무를 합니다. 부유하거나 고학력 집안들의 아들들은 대개 외국에서 공부하거나 러시아 대학교와 대학원에서 공부한다는 근거로 소집 연기 처분을 받다가 결국 나이가 차서 소집이 안 되거나, "건강상의 이유" 등으로 면제됩니다. "허리 디스크"로 병역 면제를 받았음에도 불구하고 승마 등의 스포츠를 여전히 잘 즐기고 있는 삼성의 이재용을 보시면 그런 면제들이 어떤 종류인지 잘 아실 것입니다. 러시아에서는 이런 "질병에 의한 면제"를 받자면 군이 이재용 정도의 위치일 필요도 없습니다. 중소기업인이나 고급 전문가 집안의 자제이기만 해도 가능한 일이지요. 결국 러시아 군대는 빈민과 지방민으로 구성된 군대입니다. 2022년 2월부터 같은 해 12월 사이에 우크라이나에서 전몰된 것으로 확인된 약 1만 명의 러시아 군인들의 출신지 등을 분석한 한 연구에 의하면 이 침공에서 찢어지게 가난한 데다 민족 차별까지 받는 부랴트 공화국의 남성이 군에 (끌려)가 우크라이나에서 죽을 확률은 모스크바에 거주하는 부유한 남성보다 약 120배나 더 높았습니다. 평상시에는 경제적 착취를 받는 빈민들이 전장에 동원돼서는 노동력도 아닌 자신의 몸 전체를 괴물 같은 제국에 바쳐야 하는 시스템인 셈입니다.

따라서 러시아의 군사주의는 그 종류를 두 가지로 나눠 볼 수 있습니다. 하나는 상류층이나 중상층의 "이념형" 군사주의입니다. 대부분 군 복무와 관계없는 이들은 그저 "이념"의 차원에서 러시아가 군사 대국으로서 미국과 자웅을 겨루고 제국을 복원해야 한다고 꿈을 꿉니다. 또 하나는 "생활형" 군사주의입니다. 지방 빈민, 하층민 가정 출신의 남성들은 어릴 때부터 "싸울 줄 알아야 진짜 남자다"와 같은 남성성의 프레임을 익히고, 청년기에는 "군사·애국 클럽" 같은 데에서 무술 등을 배웁니다. 또한, 그 뒤에는 징집병 내지 지원병으로 복무하고 나서 경찰이나 경비원 등으로 근무하는 궤도를 꽤나 많이 따르지요. "싸움, 힘"과 "남자"를 동일시하는 남성성의 프레임 이외에 이러한 "생활형" 군사주의를 뒷받침하는 것은 바로 "돈"입니다. 우크라이나 전장에 나가 한 달간 벌 수 있는 돈은 가난한 지방민이 한 달간 버는 돈의 8~10배일 수도 있는 것입니다. 여기에 예편하고 나서 운 좋게 경찰 등으로 진출할 수 있다면 역시 평균 노동자 월급보다 4~5배는 많은 돈을 벌 수 있습니다. 물론 그렇게 "성공"하는 사람들은 소수이지만, 러시아 하층 남성의 문화에서 "남자다움"과 "힘" "싸움" "애국" "전쟁" 그리고 "성공"의 담론들은 서로 얽히고설켜 있습니다. 러시아인의 약 80~82퍼센트가 푸틴을 지지하고, 70퍼센트 이상이 전쟁을 지지하는 것은 이러한 맥락에서 아쉽게도 정권의 조작이 아니라 "현실"입니다.

한국에서 전 국민을 명령에 복종해야 하는 군인으로, 직장을 전장으로 설정하는 "군사 문화"를 청산하기가 어려운 것처럼 러시아 하층·중하층 남성들의 "힘, 싸움" 숭배나 군사적 애국주의 등에 균열을 내기란 굉장히 힘듭니다. 러시아의 자유주의자들은 대개 하층·중하층 "애국적" 남성들을 아예 상대조차 하지 않으려는 경향이 강합니다. 하지만 좌파는 이들과의 소통을 거부하기보다 이들을 상대로 계급의식을 키우는 작업을 계속 해나가야 합니다. 이들의 가치 서열에서 "국가"가 아닌 "계급"이 윗자리를 차지하게 되는 순간이 도래해야만 러시아의 변화도 가능할 것입니다.

● '주변부 콤플렉스'로
● 하나 되다

　　지금으로부터 26년 전, 갓 서울에 들어와 살게 됐을 때의 일입니다. 당시 한국교육개발원에서 제게 통역 의뢰를 해왔습니다. 지금은 한국학중앙연구원에서 하는 일이지만 당시에는 '외국 교과서에서의 한국 관련 서술'에서 각종 왜곡이나 부정확한 기술 등을 찾아내고 고치는 업무를 한국교육개발원이 담당했지요. 제게 의뢰가 들어온 일은 러시아에서 방한한 사절단과의 소통을 비롯해 러시아 교과서에 실린 한국과 관련된 서술에 대한 토론 과정을 통역하는 것이었습니다. 토론이 있기 이전에는 한국교육개발원이 용역을 준 학자들이 러시아 교과서에 등장하는 한국 관련 서술을 다 분석해 그 연구 결과를 제시했는데, 사실 '분석'할 만한 서술 자체가 거의 없었습니다.

　　러시아 역사 교과서에서 '한국'과 관련된 언급은 6·25 전쟁에 대한 서술뿐이었는데, 당시 이미 러시아 교과서에서는 ('남한의 숱한 도발

행위와 무관하지 않은') 북측의 남침으로 6·25 전쟁에 대한 서술이 모두 바뀐 상태였습니다. 즉, 러시아 교과서에서 '한국'과 관련된 '서술' 자체가 아주 짧아 '바로잡을 것'은 그다지 많지 않았습니다. 이와 견주면 남한 교과서의 러시아 관련 서술은 상당히 긴 편이었는데, 러시아 교과서의 짧은 서술이 호혜성 원칙을 어기는 것이 아니냐는 한국 측의 항의성 발언에, 러시아 측에서 나선 러시아 한국학의 베테랑인 언어·역사학자 레프 콘체비치Lev Kontsevich, 1930~ 교수는 "두 나라의 규모나 세계사적 역할이 여태까지 서로 달랐다는 게 역사적 사실이 아니냐"라고 반박했습니다. 이에 대한 한국 측의 뚜렷한 반박이 없자 양쪽 참가자들은 이내 만찬 자리로 향했고, 저는 조금 아쉬운 생각에 잠겼던 기억이 납니다.

당시의 제 심경은 솔직히 말해서 이런 '외국 교과서 연구'에 들어가는 한국 납세자들의 '돈'이 조금 아까웠습니다. 러시아에서는 그 누구도 한국 교과서에 실린 러시아 관련 서술에 하등의 관심도 가지지 않는다는 것을 저는 너무나 잘 알고 있었습니다. 그때도 그랬지만 지금도 '국가'는 물론이고 직업적인 한국학 연구자들도 러시아 내에서 그런 연구를 일절 하지 않습니다. 그들에게는 그런 주제가 한국의 내부 문제로밖에 보이지 않기 때문에 아무런 '상관'을 하지 않는 것입니다. 러시아는 그렇다 치고, 미국이나 영국, 프랑스의 경우 한국 교과서에 실린 해당 국가에 대한 서술을 두고 누가 한 번이라도 관심을 가져본 사례가 있었나요? 그럼에도 불구하고 한국에서는 당시에도 그에 대한 연구 및 정정 요구 등의 사업에 적지 않은 예산이 들어갔고, 지금도 그런 쪽으로 예산이 계속 나가는 것으로 압니다. 당시 저는 그런 분야에 예산을 쓰게 만드는 것이 어떤 '트라우마'나 집단적 '콤플렉스'가 아닌가 싶었습니다. 또한, 어떤 면에서는 그런 '트라우마'를 가진 사회에 대해서 상당한 '공감'을 느끼기도 했습니다.

러시아에서도 이와 같은 '트라우마'가 있으며, 그만큼 일종의 '동병상련' 같은 감정을 느낄 수 있었기 때문입니다. 여기서 러시아의 트라우마란 '서방 콤플렉스'입니다. 러시아 사람들은 한국 교과서에 실린 러시아의 역사 서술에 대해서는 관심이 없지만, 예컨대 미국 역사 교과서에서 제2차 세계대전의 결과에 가장 큰 영향을 미친 것은 소련군이 아닌 미군의 승리라고 서술했을 경우, 이러한 내용이 러시아 언론에서 바로 지적되고 이에 대한 반감도 엄청납니다. 서방에서 러시아 역사나 문화, 영화 등에 대해 어떤 '포폄'을 하면 그것이 바로 국내에서 화제가 되고, 자신의 작품이 서방의 언어로 많이 번역된 문인들이나 칸 등 서구 영화제에서 수상을 한 영화인들의 경우에는 국내에서도 은근슬쩍 '어깨'를 쭉 펴고 군림하듯 고자세를 취하곤 합니다. 18세기 초반 표트르 1세 재위 이후로 서방을 계속해서 '추격'해온 러시아에서는 서방의 침략에 대한 트라우마도 크지만, 동시에 추격형 발전 궤도를 밟아온 이상 '서방 콤플렉스'도 엄청납니다. 앞에서 언급한 '외국 교과서에서의 한국 관련 서술 연구'의 사례에서 저는 러시아인들과 한국인들 사이의 동일한 콤플렉스를 발견하고 '아, 주변인의 콤플렉스 차원에서 보면 우리는 외롭지 않구나!' 하고 생각하게 된 것입니다.

더불어 그때 제 머릿속에서는 한 가지 또 다른 생각이 떠올랐습니다. 어쩌면 변방에서 태어난 것도 행운이 아닌가 하는 생각이었습니다. 이는 구소련 지역에서 태어난 사람들과 한반도에서 태어난 사람들 모두가 해당됩니다. 무엇보다 주변부에서 태어난 사람은 그렇지 않은 사람보다 좀 더 열린 태도를 갖게 되고, '타자'들에 대해 더 민감해집니다. 모종의 열등감이 마음속에 늘 도사리고 있는 만큼 문화와 교양에 대한 욕구도 늘 상당합니다. 예컨대 북유럽에 오는 러시아 사람들을 보면 상당수는 '이 지역의 문명에 대해 교양부터 쌓아야겠다' 하는 생각으로 언어를 익혀 《에다》(북유럽 신화의 근간이 되는 노래나 서사시, 산문 서술, 그리고 역사 기술 등을 모아놓은 책) 같은 고전이나 19세기 문학, 헨리크 입센Henrik Ibsen, 1828~1906이나 아우구스트 스트린드베리August Strindberg, 1849~1912의 책을 탐독합니다. '서방의 고전'에 대한 경외 의식이 높은 러시아에서는 지금도 여전히 '입센이나 크누트 함순Knut Hamsun, 1859~1952을 읽은 사람'이라면 존경을 받는 분위기가 존재합니다. 무엇보다 본인의 자존 의식부터 서게 됩니다. '이 정도면 나도 서방의 고전적 문명을 어느 정도 접했다' 하는 생각도 생기고요. 흥미로운 지점은 요즘 노르웨이에서 태어나고 자란 사람들은 이제 입센이나 함순을 거의 보지 않는다는 것이지요. 현재 이미 고등학교를 졸업한 제 아들은 이 두 문호의 작품을 한 줄도 읽지 않고도 고등학교 생활을 할 수 있었는데, 이런 상황이 변방인인 제게는 불가사의하게만 보입니다.

열등감 때문에 국가 예산을 굳이 그렇게까지 필요하지 않은 연구에

쏟을 필요는 없겠지만, 어떤 면에서 '주변인'이라는 위치는 지구촌 차원에서 보면 상당히 좋은 포지션입니다. 주변인들끼리 서로에 대해—'국가의 규모'와 무관하게—평등하게 관심을 갖고, 서로의 문화에 대해 동등하게 배우는 자세를 익히는 것이야말로 지구촌 시대를 맞이한 우리들의 급선무입니다. 러시아도 한반도도 '서방 문명'만이 아닌 세계 각국의 모든 문화와 문명에 대한 '앎'을 동등하게 '교양'으로 쳐주는 순간, 모두의 삶은 지금보다 훨씬 더 행복해질 것입니다. 주변인들에게 필요한 것은 '중심'으로부터 심적으로 탈중심화해 서로에게 동등하게 손길을 내밀어줄 수 있는 기술이 아닐까요?

한·러, '피해자 민족주의'를 공유하다

　　대체로 민족주의자들의 과거 기억에는 두 가지 종류가 있습니다. 민족이라는 상상의 공동체의 결속을 가장 잘 다져주는 집단 기억은 바로 과거에 입었던 집단 피해입니다. 그래서 "민족 수난"은 거의 모든 민족주의가 공유하는 주요 테마이지요. 그런데 "수난"만을 강조하다 보면 "자랑스러운 우리 민족"이 자칫 너무 "약체"로만 보일 수도 있습니다. 그래서 "수난" 테마와 함께 꼭 나타나는 주제는 "우리들의 과거가 지닌 위대성"입니다. 역사 속에서 백마를 탄 개선장군들에 대한 "자랑스러운" 기억이 없으면 민족주의적 "자기 긍정"은 잘 이뤄지지 못하는 편이지요.

　　이와 같은 차원에서 오늘날 러시아 민족주의는 전형적입니다. 이때 역사적 기억의 중심은 제2차 세계대전, 그중에서도 특히 독·소 전쟁인데 그 전쟁의 역사 속에서 "집단 피해"도 "위대성"에 대한 긍지도 모두 구할 수 있습니다. 우선 "집단 피해"부터 살펴보자면, 나치로부터 입은 피해란 실로 상상을 초월하기 때문에 그것을 집단 기억화해 이데올로기로 만드는 데에는 그렇게까지 커다란 억지스러운 노력들이 필요하지 않습니다. 또한, "위대성"은 독일 베를린 의사당 위에 꽂힌 소비에트의 적색 깃발과 백마를 탄 개선장군 게오르기 주코프 Georgy Zhukov, 1896~1974 원수의 이미지에서 충분히 구해집니다.

과거에 대한 이와 같은 민족주의적 해석, 즉 "집단 피해"와 "위대성" 위주의 해석이 지닌 문제점은 자명합니다. "우리" 편에 대한 비역사적 미화부터 문제입니다. 가령, 슬라브인 등 동유럽 주민들을 "열등인간"으로 취급한 인종주의자인 나치 침략자들에게 역설적으로 엄청난 수의 러시아인을 비롯한 소비에트 시민들이 부역 행위를 한 바 있습니다. 대부분의 역사학자들은 나치 군대에 입대한 소비에트 공민 출신만 해도 100만 명에 가까운 것으로 판단합니다. 그들이 자신들을 인종차별 하는 침략자들의 군대에 입대한 이유들 중에는 물론 개인의 생존을 위한 기회주의 등도 있었겠지만, 정치적 이유도 전혀 없었다고 볼 수는 없습니다.

그 이유를 설명하자면 스탈린 시대 공업화의 과정부터 문제를 삼아야 합니다. 잉여를 농업 부문에서 공업 부문으로 이전시켜 초고속 군사 공업화를 이루려 했던 스탈린식의 조국 근대화 프로젝트는 농민들에게 커다란 고통을 안겨줬습니다. 농촌에 대한 착취와 차별, 그리고 농민의 전통(종교, 신앙 등)에 대한 폭력적 부정 등은 결국 파쇼 침략자들에게 붙게 되더라도 스탈린을 타도하고 싶어 하는 "내부의 적"들을 오히려 대량 생산했습니다. 친나치 부역을 어떤 방식으로도 정당화할 수야 없지만, 그 원인의 일부를 스탈린 정권이 스스로 제공한 것도 사실이지요. 그런데 이와 같은 사실이 독·소 전쟁에 대한 민족주의적 해석, 즉 "피해와 위대성" 위주의 해석 속에서는 전혀 보이지 않습니다.

그렇다면 한국사의 경우에는 이러한 민족주의적 해석이 지닌 문제점은 무엇일까요? 첫째, 자가당착의 정도가 너무나 심한 것입니다. "수난사"는 본디 "우리는 그 누구도 침략한 적이 없는 민족"이라는 테제를 내걸지만, "위대한 과거"를 찾다 보면 남을 침략하지 않고서는 도대체 강해질 리가 없었던 과거의 강국들을 주목하게 됩니다. 이 강국들이 이웃들과 전쟁을 벌였을 때에 과연 "순수한 방어전"만을 벌였을까요? 세계 전쟁사에서 순수한 방어란 없습니다. 한국의 역사 민족주의 담론에서 "위대한 우리 과거"의 상징이 된 고구려 역사를 한번 살펴봅시다. 고구려와 수나라가 전쟁을 벌인 것은 물론 큰 그림의 차원에서는 수나라의 영토 팽창 야욕에서 비롯된 일이지만, 전쟁이 일어나는 가운데 고구려는 "수난"만 당하지 않았습니다. 선제공격도 제법 했지요. 《삼국사기》에는 598년 고구려 영양왕이 "수말갈지중만여 침요서率靺鞨之衆萬餘 侵遼西", 즉 1만여 명의 말갈 무리를 거느려 수나라의 요서 지역을 선제공격했다는 내용이 나오는데 이 내용을 믿는다면 이것이 전쟁의 발단이라고 볼 수도 있습니다. 전쟁을 하다 보면 때때로 남의 영토를 치는 것이 필수적입니다. 예컨대 조선군이 1419년 "왜구 소탕" 차원에서 일본의 대마도를 정벌했을 때, 대마도 주민의 가옥만 해도 2000개 정도를 불태워 없애버렸습니다. 이는 조선의 왜구 피해를 줄이기 위한 선제공격이기도 했지만, 왜구에 시달려온 상국上國 명나라를 위한 "군사적 서비스"라는 외교적 차원이기도 했습니다. 이처럼 지역사의 맥락 속에서 이뤄진 복잡한 공격과 방어의 교차 관계를, 과연 "민족의 수난"과 "위대한 과거"만으로 해석할 수 있는 것일까요?

둘째, "민족"이라는 몰계급적 집단성 속에서는 역사적인 피해와 가해의 계급적 본질이 소거됩니다. 예컨대 일제의 중국 침략이 이뤄지는 가운데 식민지 조선의 다수 빈민들에게는 징병, 징용부터 시작해서 엄청난 피해와 고통이 주어졌습니다. 그런데 이와 동시에 일제가 세운 괴뢰 만주국에서 남만방적이라는 회사를 운영한,《동아일보》사주 김성수金性洙, 1891~1955의 동생 김연수金季洙, 1896~1979처럼 수많은 조선 기업인은 제국의 침략을 기회로 이용하려 했습니다. 즉, 달리 이야기하자면 제국주의 침략의 피해는 '민족적' 차원 이외에 핵심적으로는 계급적 차원을 갖고 있었는데, "민족 수난사" 이데올로기로는 바로 이 계급적 차원을 볼 수 없는 것이 그 한계이지요.

물론 이 나라에서 횡행하는 민족주의 담론에도 여러 종류가 있습니다. 가령,《반일 종족주의》식의, 즉 일본 우파식의 역사적 민족주의는 "민족 수난"이라기보다는, 역사적 사실들을 왜곡해가면서까지 일제의 한반도 강점이나 1945년 이후 미국의 "후견" 밑에서의 남한의 자본주의적 개발의 "위대성"만을 강조합니다. 과거의 자민족 역사 중심의 "수난"과 "위대성" 패러다임에 견주면, 이 새로운 친제국주의적이며 국가주의적인 민족주의 패러다임은 퇴보라고 볼 수도 있습니다.

민족주의적인 역사 해석에 대한 대중적인 반성 대신에 훨씬 더 퇴보
적이며 반동적인 국가주의적 방향으로 민족주의적 프리즘의 종류만
교체되고 있는 오늘날 한국의 현실은 참으로 안타까울 따름입니다.

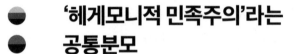

'헤게모니적 민족주의'라는
공통분모

        지금 우크라이나에서 전개되는 러시아의 침략은 근원적인 차원에서 살펴본다면 전형적인 "열강 각축"의 종류에 속합니다. 경쟁 열강, 즉 미국에 가까워지려는 주변부 지대인 우크라이나에서 탱크와 미사일로 경쟁 열강에 친화적인 정권을 밀어내고 자국 친화적인 정권을 세우려는 것이지요. 즉, 이 침략은 전형적인 제국주의 정치임에 틀림없습니다. 현재 러시아의 행보는 미국 달러가 아닌 유로화 등을 석유 거래 화폐로 채택하고, 자국 산유 산업에 미국 업체들의 진입을 막아 국유 형태를 유지했던 사담 후세인의 이라크를 (대한민국의 파병까지 얻어내) 침공한 미국과 별 차이가 없습니다. 한데 그 본질(제국주의 침략)은 동일하다고 해도 그 침략에 동원되는 이데올로기는 또 상이하다는 점을 우리가 유의해야 합니다.

    미국의 이라크 침략에 동원된 이데올로기는 미국의 공식 이념인 자유주의였습니다. "대량 살상 무기"와 관련된 거짓말 이외에는 "폭군 사담 후세인 제거"가 모토였지요. 물론 침략이라는 상황에서 자유주의 이데올로기를 이용한 것은 기만적이었습니다. 나중에 이라크인들의 저항으로 인해서 총선 등이 이뤄졌지만, 애당초 미국은 이라크에서의 제도적 민주주의 실시를 계획하지 않았습니다. 참고로 1980년대 이라크가 혁명적 이란과의 전쟁을 할 때, 자신들이 폭군이라고 지목한 사담 후세인을 지원한 것도 미국이었습니다. 러시아의 공식 이데올로기는—미국과 달리—국가 본위의 민족주의, 즉 일종의 국가주의입니다. 지금 침략의 명분으로 이용되는 이데올로기도 결국 그 국가주의로부터 파생된 것이지요.

개전 직전의 푸틴의 연설을 듣다 보면, 그가 별도의 우크라이나라는 국가, 별도의 우크라이나 언어나 민족은 "인위적"이고 "부자연스러운" 것으로 인식함을 알 수 있습니다. 푸틴은 우크라이나를 "레닌이 만들었다"라고 불평할 정도였습니다. 사실 이는 완전히 틀린 말도 아닙니다. 포용적이고, 소수자에 대한 존중을 본위로 하는 레닌과 초기 소련의 언어 및 문화 정책이 우크라이나의 문학과 출판, 교육 체계를 키우고 우크라이나 민족의식의 발전에 기여한 것은 사실이니까요. 그만큼 10월 혁명과 초기의 소련은 포괄적인 '인류 해방'의 차원에서 여성, 노동, 청년 등의 해방과 더불어 과거에 억압당하던 민족의 해방을 위해 노력했다고 볼 수 있습니다. 스탈린주의적 보수화가 이뤄지고 나서도 말기의 소련은 우크라이나 각급 학교에서의 민족어 교육이나 우크라이나어 출판 등을 지원하고 장려했습니다. 대숙청이 일어나던 시절에는 "민족주의 분자" 탄압 등도 있었지만, 대체로 소련 공산당에게 우크라이나 민족이 지닌 별도의 정체성 그 자체는 '문제'가 되지 않습니다.

하지만 푸틴과 그 주변의 '안보꾼' 출신들은 다릅니다. 그들에게 유효한 동슬라브 민족의 정체성은 오로지 모스크바를 중심으로 한 러시아적 정체성뿐입니다. 우크라이나가 모스크바 중심의 러시아적 정체성과 다른, 어떤 별도의 동슬라브적 정체성을 제공할 수 있다는 사실은 그들에게 불안을 자아냅니다. 엄연히 일개의 언어인 우크라이나어도 그들에게는 그저 "표준어"인 러시아어로 대체돼야 할 "순화" 대상인 "지방 방언" 내지 "시골 방언" 정도로 여겨집니다. 그들이 지닌 모스크바 중심의 헤게모니적 세계관에서 키이우나 하르키우 등은 오로지 모스크바를 따라야 하는 "지방"에 불과합니다. 이는 광둥어 중심의 홍콩이 지닌 별도의 정체성에 대해 중국 베이징의 관료들이 지니고 있는 생각과 별로 다르지 않습니다.

푸틴 전쟁의 이데올로기는 바로 앞서 언급한 자국 중심의 헤게모니적 민족주의입니다. 이 전쟁을 우리 대한민국 사람들의 대다수는 절대 반대합니다. 이웃 대국에 짓밟히고 있는 약소국 우크라이나에 대해 자연스럽게 동병상련의 동정이 가는 것이지요. 그런데 과연 우리 대한민국에서는 푸틴의 이데올로기와 같은 종류인, 대한민국 중심의 민족주의를 발견할 수 없을까요? 가령, 우리는 평양 중심의 조선민주주의인민공화국 버전의 "조선적 정체성"을 대한민국 정체성과 동격으로 존중해주고 인정해줄 준비가 돼 있나요? 평양의 문화어나 김일

전쟁 이후의 세계

성 부대에 의한 항일 투쟁 중심의 "또 하나의 코리아" 정체성을 있는 그대로 존중해주고, 그 정체성을 태생적으로 지니고 있는 사람들에게 한국적 정체성으로의 "개종"을 강요하는 헤게모니적 태도를 자성해서 포기할 수 있나요? 혹은 중국의 56개 구성 민족 중 하나로서 중국 국가 행사가 이뤄지는 장에서 조선옷(한복)을 입은 연변 재중국 동포들을 보고 "대한민국의 한복 문화를 도둑질했다"라고 말했던, 대한민국 중심의 헤게모니적 민족주의의 발현에 대해 반성할 수 있을까요? 문화어나 연변어, 고려말을 "비표준어"나 "방언"으로 치부하고, 서울의 표준어와 동등한 언어로 대접하지 못하는 태도를 반성할 수 있을까요?

오해를 피하기 위해 밝히자면, 저는 연구자이며 저의 태도는 근본적으로 중립입니다. 저는 평양 교과서들에 실린 북한 정권의 공식 신화들이나 대한민국 역사 교과서에서 발견되는 대한민국 중심의 역사 내러티브 등을 두루 신뢰하지 않는 편입니다. 다만, 그것들을 분석의 재료로 사용할 뿐입니다. 제가 원하는 세상은 다양한 정체성들이 공평하고 동등하게 존중받는 평등한 세상입니다. 강국이 헤게모니적 민족주의로 비교적 취약한 집단들을 억누르는, 그런 세상이 아니고요. 제가 간절히 바라는 것은 대한민국 사람들이 대한민국이 이미 타자들에게 헤게모니적 민족주의를 강요할 수 있는 "미니 강국"으로 성장했으며, 이미 이들에게—특히 연변 재중국 동포 등 비한국적 조선인 디아스포라 집단에 대해—인식론적 폭력을 가하고 있다는 점을 이해했으면 하는 것입니다.

역사 교육은 어떻게
'제국'을 정당화하는가

저는 우크라이나 침략의 참상을 보면서, 가면 갈수록 저처럼 역사로 밥을 먹고사는 사람들의 책임이 얼마나 무거운지 피부로 느낍니다. 푸틴의 무모하고 잔인한 범죄적 침략에 동원된 어린 병사들이나 그 침략을 지지한다는 70퍼센트 이상의 러시아 사람들은 단순히 보안기관들이 무서워서 이렇게 침략의 공범 내지 종범이 되는 것이 결코 아닙니다. 특히 침략에 대한 상당수 기층민들의 지지는 외형적으로 거의 '자발'에 가깝습니다. 그러나 이 '자발'도 따지고 보면 국가적인 역사 교육, 그리고 국가가 관리하고 감독하는 미디어에 의해서 오랫동안 형성된 '의식' 내지 '정체성'에 따른 것이지요. 역사 교육을 통해 국가는 각 개인의 통시대적인 준거 틀reference frame을 규정하고, 각 개인은 그 준거 틀 안에서 정치적인 의사결정을 합니다. 만일 한 개인이 러시아에서 국가가 주관하는 역사 교육만 받고 개인적으로 역사에 천착해 다른 생각을 갖지 않을 경우, 현재의 침략을 지지하지 않는 것은 극히 힘든 일입니다. 러시아 역사 교육의 근저에는 어용적 민족주의, 그리고 무한한 '제국' 의식이 깔려 있기 때문입니다.

러시아 학교에서 가르치는 역사는 근본적으로 인민·민중·민초의 역사가 아닙니다. 소비에트 시대와 달리 계급투쟁이 중요하게 다뤄지는 역사도 아닙니다. 오늘날 러시아에서 가르치는 역사는 오로지 '국사', 즉 '국가의 역사'입니다. 그 역사의 기점은 862년, 즉 (바이킹 계열인) 류리크Ryurik, 830?~879 공의 무장 집단이 루시(러시아)를 '건국'한 연도입니다. 그다음으로 그 역사의 주인공들은 류리크 왕조의 대공들 (올레그, 이고르, 블라디미르, 야로슬라브 등)이나 그 주변의 '국가적 지식인', 교회의 주교 등이었습니다. 그들이 잉여를 갈취한 일반 평민들은 결코 역사의 주인공이 아니었지요. 그들의 '원정'(침략 전쟁) 대상이었던 주변 부족이나 국가(불가리아 등)들도 역사의 주인공이 아닙니다. 러시아의 교육 과정에는 '국사'의 주체가 되는 '우리 국가'에 대한 객관적이고 비교사적인 평가도 없습니다. 사실 10~13세기 러시아 공국公國, duchery들의 관료 통치 구조는 동시대 동아시아 국가나 중동 국가에 비해 매우 초보적이었고, 도시 발전이나 물산의 수준도 옛 로마제국 지역(이탈리아, 프랑스, 비잔틴 등)에 비해 보잘것없었는데도 말입니다. 하지만 이런 이야기를 수업 시간에 선생이 하면 큰일이 나지요. 그러면 그는 아마도 교단을 떠나야 할지도 모릅니다.

러시아의 역사 교육은 철저히, 그리고 절대적으로 '모스크바 중심주의'적입니다. 러시아 교실에서 배우는 14~17세기의 중세사는 오로지 '모스코비아', 즉 모스크바를 중심으로 한 러시아 국가 및 제국의 '발전사'뿐입니다. 그에 비해 오늘날 우크라이나나 벨라루스의 상당 부분을 통치했던 리투아니아 대공국과 그 후신인 폴란드-리투아니아 연합 왕국 등은 거의 다뤄지지 않습니다. 반대로 모스크바 대공국·왕국·제국에 대한 서술은 거의 무비판적으로 이뤄집니다. 이반 뇌제의 카잔 침략과 정복, 아스트라한 침략과 정복, 그 시대에 시작된 시베리아 정복 등은 그저 "우리 영토 확장" "우리나라의 발전"이라고 매우 긍정적으로 서술됩니다. "우리나라의 발전"으로 인해 희생되는 타자들에 대해서는 일언반구도 없습니다. 가령, 많은 한국인에게도 그 이름이 익숙한 시베리아의 도시 중 하나인 '하바롭스크'는 그 명칭의 기원이 에로페이 하바로프Yerofey Khabarov, 1603~1671라는 17세기의 러시아 정복가의 이름입니다. 그런데 이 하바로프는 1650년 헤이룽강 유역 정복 과정에서 다우르족達斡爾(중국 동북부의 내몽골 자치구와 헤이룽장성에 주로 거주하는 소수민족)에 대한 대량학살과 약탈을 저지른 인물입니다. 학교 교실에서만 역사를 배운 러시아 아이들이 이런 이야기를 들었을 리는 없을 테지요. 그들은 러시아의 광활한 영토의 대부분이 '우리나라 사람들의 개척'과 '현지민들의 자발적인 복속'의 결과라고 믿고 있을 것입니다. 정복이 있었다 해도 그 정복 덕분에 '결과론적으로 현지민들의 문화 수준 향상에 도움이 됐다'는 식의 식민주의적 논리를 지금도 습득하는 것이지요.

오늘날 러시아 아이들은 학교 역사 수업에서 통치 기간 내내 스웨덴 등과의 영토 정복 전쟁을 계속 수행했던 '전쟁의 황제' 표트르 대제나 이제는 교과서에서 '효율성이 높은 기업 지배인effective manager' 같은 행위자로 묘사되는 스탈린에 대해 국가주의적 관점의 긍정적인 서술 위주만을 접합니다. 이런 아이들이 성장해서 푸틴의 '우크라이나 원정'을 비판적으로 분석할 수 있을 확률은 과연 얼마나 될까요? 학교에서의 역사 교육이야말로 지금 푸틴의 침략을 위한 총알받이들을 준비해주고 제공해주는 셈입니다. '국가'라는 주술에 속박된 상태를 풀지 못하는 역사 교육은 전쟁의 공범과 다름없습니다.

그런데 러시아 역사 교육이 지닌 문제점과는 단순 비교하기가 어렵겠지만, 과연 대한민국의 한국사 교육은 어느 정도 객관적인지 우리 스스로 한번 짚어볼 필요가 있습니다. 예컨대 우리는 학교 역사 교육을 통해 "찬란한 고대"에 이뤄진 광개토왕의 정복 사업이나 문무왕과 김유신의 "삼국통일", 신라금관과 반가사유상에 대해서는 충분히 배웁니다. 하지만 과연 고대 평민들의 음식이나 의복의 발전 과정이라든지, 그 주거 형태가 어땠는지에 대해서는 충분히 배우고 있나요? 불교문화를 이야기할 때에 사찰이 얼마나 많은 노비를 부려먹었으며 사찰의 장생고長生庫(일종의 금융기관)가 고리대에 어떻게 이용되었는지를 과연 배우고 있습니까? 조선왕조 초기에 있었던 여진 정복이나 조선왕조와 여진 사이의 복속 관계를 이야기할 때에 과연 정복 행위의 대상이었던 여진족의 입장에서도 서술을 하고 있나요? 근대사도 마찬가지입니다. 근대사 서술에 있어서 좌파적(사회주의적) 독립운동에 대한 서술은 그것이 전체 독립운동에서 차지했던 실질적인 비중에 비해 너무 소략하지 않은가요? 예컨대 김일성과 함께 독립운동을 했다는 이유로 박달朴達, 1910~1960이나 박금철朴金喆, 1911~1967? 같은 운동가들에 대한 이야기를 교과서에서 빼는 것을 과연 객관적인 입장이라고 할 수 있을까요?

저는 러시아의 국가화된 역사 교육에 종사하는 제 동료들이 결과적으로 세계 평화를 위협하는 범죄의 공범이 됐다고 봅니다. 그런데 과연 대한민국의 한국사 교육은 밑으로부터의, 탈국가화된 시각에 익숙해진, 객관적인 세계관을 가지고 한반도의 평화를 지향하는 열린 시민들을 제대로 키우고 있는지를 우리 스스로 한번 비판적으로 반성해볼 필요가 있습니다. 그렇게 타인의 오류를 우리 자신의 깊은 반성을 위한 '교육 자료'로 삼는 것이 곧 공자께서 말씀하신 '일일삼성一日三省'('하루의 일 세 가지를 살핀다'는 뜻의 고사성어)의 자세가 아닐까요?

한국적 정치 다원주의와 러시아적 정치 일원주의

지금 러시아와 우크라이나는 서로 거의 접점이 없고 그 체제상 상호간에 판이하게 다르지만, 1990년대 말까지만 해도 그 두 나라 사이의 "차이"는 생각보다 크지 않았습니다. 양국 모두 소비에트 당·국가가 망한 뒤 그 빈자리를, 서로 경쟁하던 몇 개의 과두재벌 내지 관벌 집단들이 차지한 것입니다. 그러한 집단 사이의 경쟁은 대개 합법적인 방식이 아닌 각종 "뒷거래"나 암살, 혹은 상대방에 대한 비방이나 사생활 폭로 등의 방식으로 이뤄졌습니다. 하지만 겉으로 봐서는 "민주주의"와 엇비슷한 외양을 보이긴 했습니다. 예컨대 러시아에서도 경쟁 선거들이 이뤄졌고, 설령 부정행위가 있었다 해도 개표 결과가 대체로 민심의 방향을 사실대로 보여줬습니다. 단, 과두재벌 집단들이 장악한 매체들이 그 민심에 결정적 영향을 미친 것도 염두에 두어야 합니다. 1999년까지만 해도, 가장 힘이 강한 (그리고 신흥 재벌 베레좁스키 등이 뒷받침한) 옐친의 정치적 집단과 전면 경쟁하던 집단이 엄연히 존재했었지요. 유리 루즈코프Yuriy Luzhkov, 1936~2019(전 모스크바 시장), 예브게니 프리마코프Yevgeny Primakov, 1929~2015(전 대외첩보부 부장이자 동양학자) 등이 대표적입니다. 이들 사이의 경쟁은 법적인 "룰"대로만 이뤄지지는 않았지만, 좌우간 그때까지만 해도 러시아는 오늘날 우크라이나와 그렇게까지 다른 사회는 아니었습니다.

한데 1999~2000년 무렵에 접어들면서 우크라이나와 러시아의 길은 갈라져버렸습니다. 우크라이나의 주요 지배 집단들은 가면 갈수록 차후 유럽연합이나 나토 등 서방 체제로의 편입에 더 큰 관심을 나타냈습니다. 반면, 러시아에서는 경쟁적 체제가 일원적 체제로 바뀌었습니다. 옐친의 후임으로 "황위"에 오른 푸틴은 정치적 경쟁자들을 포섭하거나(프리마코프나 루즈코프의 경우) 제거하고, 재벌들을 무력화시켜 자본을 정치에 복종하게 만들었습니다. 대개 첩보 기관 출신인 푸틴의 측근들이 권력의 최상위를 차지하고, 그들의 정치적 후원을 받는 일부 행정·경제 관료들이 중간과 하부에 있는 일원적 체제가 전국에 대한 지배권을 점차 강화해나간 것입니다. 지역에서도 그 일원적 시스템에 맞지 않는 지방 정치인들은 (하바롭스크의 전 도지사 푸르갈처럼) 제거됐습니다. 결국 지역 "토호"들은 자신이 제거당하는 상황을 회피하기 위해서라도 푸틴의 측근이나 부하들에게 줄을 대고 충성을 맹세할 수밖에 없게 됐습니다. 이 일원적 관료 독재 시스템은 위로부터의 정치적 시혜("보호")와 아래로부터의 충성 및 상납의 맞교환으로 운영되는데, 이 관계는 생각보다 상당히 강고합니다. 우크라이나 침

전쟁 이후의 세계

략 개시 이후 서방과의 관계 단절로 상당수의 러시아 재벌과 관벌들이 서방에 보유하고 있던 재산을 동결당하는 등 막대한 손실을 봤지만, 그것을 두고 공개적으로 비판하는 사람은 거의 없습니다. 아직까지는 러시아 밖 서방으로 망명한 인물들은 (과거의 고급 경제 관료였던 추바이스나 드워르코비치 등) 몇 명에 불과합니다. 최고 "보스"에 대한 아랫사람들의 속마음이 어떻든지 간에, 현재 러시아의 일원적 체제는 어느 정도 시스템의 원활한 운영을 보장하고 있습니다.

세계 체제 핵심부("선진권")의 정치가 다원형 시스템으로 운영되고 있는 것은 불문가지의 사실입니다. "민주주의"라는 것은 결국 다양한 이해 집단(지배층의 여러 분파와 전국적 노조 연맹체 등) 사이의 "균형"을 맞추고 이해관계를 조절해주는 방식이라고 보면 되는 것이지요. 주변부의 사정은 이와 조금 다릅니다. 대체로 혁명을 거치지 않은 사회들은, 그 경쟁이 비록 명문화된 법률대로 이뤄지지 않아도 어쨌든 몇몇의 유력 집단들이 경쟁하는 다원 시스템을 유지합니다. 우크라이나도 그렇고, 규모가 좀 더 큰 제3세계 국가 중에서는 브라질이나 남아프리카공화국이 앞서 설명한 방식으로 다원 시스템을 유지하는 대표적인 나라입니다. 단, 중국과의 경쟁에 밀리고 낙살리트(인도 마오주의 공산당의 게릴라 조직) 등이 일으킨 마오주의 반란 진압에 실패하고 있는 인도에서는 요즘 모디 총리 통치하에서 다원형 시스템에 일부 일원형 시스템의 요소를 도입한 모양입니다.

반면, 혁명을 거친 사회의 경우는 많이 다릅니다. 혁명 과정과 그 "냉각", 즉 보수화의 결과로 오늘날의 중국이나 북한, 베트남 같은 당·국가들이 생겨나거나 혹은 이란과 같은 신정국가가 태어날 수도 있지요. 그런 맥락에서 보자면 지금 러시아를 일원적 방식으로 지배 중인 첩보 기관 관료 출신들도 1917년 혁명 이후에 만들어진 비밀경찰("체카" 및 그 후계 기관들)의 정치적 후예들입니다. 보통 혁명은 기존 사회적 세력(재산가, 기성 정치인 등)의 제거 내지 무력화, 그리고 새롭게 등장한 지배 세력 영향력의 절대화를 의미합니다. 따라서 그 과정에서 일원적 지배의 틀이 잡히는 것은 다소 자연스러운 현상입니다. 그와 같은 일원적 지배는 해당 주변부 국가로 하여금 추격형 경제성장과 지정학적 경쟁으로의 참여를 보다 쉽게 하도록 돕는 기능이 있습니다. 그와 동시에 예컨대 노조 등을 국가에 종속시키고 지식인들의 창작의 자유를 무참히 빼앗기도 하지요.

한국의 경우는 상당히 흥미롭습니다. 북한에서 사회 혁명이 막 진행됐던 1940년대 말, 남한에서 미국이 지닌 일차적 과제는 다름 아닌 "혁명 방지"였습니다. 혁명 방지란 신생 이승만 정권과 정치적으로 대립하던 김성수 등의 민주당계를 포함해 기존 사회 세력들의 위치를 보장해주는 것을 의미했습니다. 당시 미국은 미국과 연줄이 있는 몇몇 보수 세력들이 서로 경쟁을 벌이고, 그중 한 세력이 정치적으로 몰락하면 다른 세력이 국정 운영을 맡아 반공 전선을 계속 지키는 행태가 일단은 자국 이해관계의 입장에서 이상적이라고 봤습니다. 미국은 조봉암曺奉岩, 1898~1959의 진보당이 강제 해체를 당했을 때 침묵했지만, 자유당 정권의 민주당 압살 시도만큼 막아줬지요. 그랬기 때문에 자유당이 1960년 4월에 몰락한 뒤에는 민주당이 정권을 인수인계

해서 친미 반공 노선을 별문제 없이 지속한 것입니다. 같은 맥락에서 미국은 1970~1980년대에 박정희와 전두환으로 하여금 김대중을 죽이지 못하게 하는 등 궁극적으로 어떤 대안적인 친미 세력이 자라날 수 있도록 "배려"해준 측면도 있습니다.

결국 이런 배려 속에서 성장한 민주당 세력들은 훗날 1980년대의 격변기가 배출한 급진적인 노동·시민사회 운동가의 상당 부분을 포섭하고 보수화시켰고, 이는 한국 사회에 미국의 신자유주의 모델이 도입될 수 있었던 정치적 배경으로 작용합니다. 따라서 지금은 극우 세력들이 다시 집권했지만 몇 년 후 세계적 경기 침체에 따른 한국 부동산의 위기와 부동산 가격 하락 등으로 극우들이 힘을 잃으면 자유주의자들이 다시 집권할 수 있다는 점을 충분히 예상할 수 있습니다. 다원형 시스템의 일종인 한국의 양당제 모델 속에서 극우 세력과 자유주의자들 사이에서의 권력 교체는 정기적이며 비교적 순조롭게 이뤄집니다.

그렇다면 한국형 정치적 다원주의를 뉴라이트들처럼 찬양해야 하는 것일까요? 아니요, 그렇지 않습니다. 한국형 다원형 시스템의 문제는 "다수"가 정치적으로 대표되지 않는다는 점입니다. 다수의 노동 인구나 영세민들은 정치적으로 보수 양당의 "식민지"에 불과하고, 그들을 대변하고자 하는 진보 정당들은 원내 극소수 정당 내지 원외 정당의 위치에 있습니다. 그런 의미에서 한국형 다원주의는 미국형 양당제의 모든 문제점들을 그대로 이어받았다고 할 수 있습니다. 이런 시스템 속에서 지식인들의 창작의 자유나 노동자들의 결사권은 어느 정도 보장되지만, 노동계급은 정치적으로 극도로 무력합니다. 2002년 이후로 노동자, 농민, 영세민들의 이해를 표방하는 진보 정당이 국회에 입성해 의회주의 정치에 참여하기 시작했지만, 한국에서의 노조 조직률이 낮고 그 영향력이 약한 만큼 노조에 기대야 하는 진보 정치의 역량 역시 여전히 미약합니다.

중·러에 비판적인 좌파가 필요하다

제가 가르치는 학생들 중에는 홍콩 사람들이 꽤 있습니다. 그들의 과제물을 읽거나 그들과 이야기를 나누면 홍콩 역사의 변천을 피부로 느낄 수가 있지요. 사실 1960~1970년대만 해도 홍콩은 중국, 북한, 베트남을 제외한 동아시아에서 일본 이상으로 뜨거운 혁명 운동의 중심지였습니다. 민족 모순(영국 식민주의, 영국인들의 인종주의)과 계급 모순(저임금 중국인 육체노동자들의 분노, 개혁에 대한 욕구)이 완벽하게 중첩돼 종종 "폭동", 즉 매우 폭력적인 가두 행동으로 폭발되는 좌파적 사회를 만든 것입니다. 반영 운동의 정점으로 홍구공회港九工會, 연합회聯合會 등의 좌파적 노조들이 주도한 1967년 봉기("67사건")만 해도 50여 명이 비명에 목숨을 잃었을 만큼 혁명의 열기가 뜨거웠습니다. 당시 홍콩의 전투적인 좌파는 임빈林彬, 1929~1967 같은 우파 언론인을 길거리에서 보란 듯이 생화장하는 등 일종의 "적색 공포" 전술을 채택할 정도로 자신감이 컸으며 그만큼 분노도 많이 쌓여 있었습니다. 한국이 미국의 군사 보호령이라면 홍콩은 "그냥" 일반 식민지였기 때문에 홍콩 좌파의 중국을 향한 "애국" 의식은 강렬했습니다. 홍콩 반환은 "민족 해방"처럼 인식되는 상황이었지요.

한데 1997년 홍콩이 중국에 반환되고 나서 보니 식민 모국만 바뀌었을 뿐, 식민지적 상황은 그대로였습니다. 현재 홍콩에서는 수도 베이징을 향한 "애국"은 일부 나이 든 과거의 좌파 활동가를 제외하면 주로 베이징의 보호막을 필요로 하는 부자들의 본령입니다. 그와 반대로 홍콩의 보다 많은 자율성과 사회적 모순의 완화 등을 원하는 젊고 진보적인 홍콩인들은 자신들의 본고장인 홍콩을 향해 애국하는 마음을 갖고, 식민 모국이라고 생각하는 중국을 멀리하고 싶어 합니다. 그런데 그들 중 구미권 방식의 민주주의를 갈망하는 이들은 많아도 고전적 좌파는 거의 없습니다. 좌파를 친베이징 지향, 즉 홍콩의 식민지적 상태에 대한 자진 수용과 동일시하는 이들에게 베이징과 선을 긋지 못하는 좌파 인사들은 그저 "홍콩의 배신자"일 뿐입니다. 한데 홍콩의 좌파들 중에는 중국 공산당과 확실한 "선"을 그을 용기가 있는 분들이 많지 않습니다. 그렇다 보니 홍콩의 젊은 세대들에게 이들은 거의 매력을 발휘하지 못합니다.

러시아 주변부의 상황도 중국의 주변부 상황과 비슷합니다. 지금 러시아의 침략에 맞서 싸우는 우크라이나 인민들 중에는 좌파 활동가들도 더러 있지만 안타깝게도 극소수입니다. 상당수가 좌파 지향적인, 특히 스탈린주의 계열의 우크라이나인들에게 러시아 침략에 맞서는 시민운동은 대단히 이질적이고 불편하게 여겨졌습니다. 구미권에 의한 "경제적 식민화"를 정당하게 비판해온 이들에게 러시아는 "소련의 후계국", 즉 적어도 서방에 비해서는 "차악"으로 여겨진 것입니다. 사실 1930년대 초반의 홀로도모르(대량 아사 사태)에서 수백만 명의 우크라이나인을 굶겨 죽인 소련은 많은 우크라이나인들에게 꼭 "해방적 존재"만도 아니었습니다. 많은 차원에서 러시아는 여전히 이들에게 "식민 모국"이었지요. 하지만 스탈린주의적 모스크바 중심주의를 벗어나지 못한 일부 좌파들은 현재 러시아의 침략을 "구미권에 의한 경제 식민화에 대항하기 위한 차악 같은 대안"으로 인식합니다. 그런 인식은 우크라이나 대중들에게 이질감과 몰이해 등의 인상을 강하게 줘서 좌파의 대중적 인기를 크게 무너뜨립니다.

발트삼국의 경우 원주 인구(에스토니아인, 라트비아인, 리투아니아인)에 속하는 이들 중에 좌파는 거의 없습니다. 유럽에 대량으로 저임금 노동력을 수출하고 경제적으로 비교적 어렵게 사는 이들 나라에서 마땅히 좌파가 해야 할 역할은 적지 않으리라고 생각됩니다. 하지만 현실을 살펴보면 이들 나라에는 좌파가 있다고 해도 주로 스탈린주의 경향의 러시아인 정착민들입니다. 이들의 "좌파" 의식이란 스탈린주의적 국가주의가 레닌의 민족자결론이나 소수자 존중 요구를 완전히 덮은 상태입니다. 푸틴 제국의 위대함을 찬양하는 이들의 집회를 보면서 원주민들은 반대로 "민족"을 내건 우파에 표를 주는 형국입니다. 즉, 현재 중국과 러시아 근방에서는 중국과 러시아에 대한 마르크스주의적 비판 의식이 제대로 성장하지 못한 일부 스탈린주의적 좌파들에 의해 좌파 자체에 대한 광범위한 민중들의 호의를 잃어가는 상황입니다.

한국에서 "반패권, 반제"란 반미를 뜻하지만, 중국과 러시아의 영향권에서는 중·러 양국에 대한 비판 의식이 개입돼 있지 않는 진보적 저술을 유통시키기가 힘듭니다. 중국과 러시아의 영향권에서는 중국과 러시아가 미국을 대신하는 "제국"을 대표합니다. 오늘날 중국과 러시아의 역할에 대한 마르크스주의적 비판은 이제 좌파적 서술의 독립적인 한 챕터로 들어가야 하는 형국입니다. 이런 비판적 분석을 못하는 좌파는 끝내 대중운동에서 지도적 위치에 오르기가 힘들 것입니다. 스탈린주의에 대한 향수에 젖은 중국과 러시아에 대한 이상화는 진보적 대중운동을 망치는 첩경이라고 봅니다.

푸틴의 협박은 한·러 관계에 어떤 영향을 미칠까

드디어 올 것이 왔다고 해야 할까요? 체코와 폴란드 등을 통한 우크라이나로의 간접적이고 우회적인 한국의 무기 수출에 대한 매체 보도들을 두고 "그러면 북한과 군사기술 협력을 할 수도 있다"라는 푸틴의 협박성 발언은, "언젠가 터질" 일이었습니다. 이제 남한이나 북한이나 이미 우크라이나 전쟁에 여러모로 사실상 개입되어 있는 상태입니다. 미국 정보 당국의 말대로 북한이 정말로 러시아에 포탄과 탄약을 공급하고 있는지를 정확히는 알 수 없습니다. 하지만 북한은 지금 도네츠크와 루한스크 등 일부 동부 우크라이나 지역이 러시아에 불법 병합되는 것을 "합법"이라고 주장하는 몇 안 되는 나라 중 하나입니다. 러시아와 북한 사이의 무기 수출 관계를 당장에 검증하기는 힘들지만, 북한이 차후 러시아 점령하의 동부 우크라이나 재건 사업에 노동력 등을 파견할 기회를 노리고 있다는 지적은 타당합니다.

　한국의 우회적인 무기 수출에 대해서는 상당한 근거를 갖춘 탐사 보도들이 더 많습니다. 사실 한국은 세계 "죽음의 장사", 무기 시장의 "떠오르는 별"입니다. 현재 한국의 무기 수출 규모는 세계 8위인데, 최근 5년간 수출 매출고가 176퍼센트나 올랐습니다. 무기는 이제 반도체나 자동차, 휴대폰과 함께 'K-수출'의 핵심 품목 중 하나가 되어가는 상황입니다. 이런 추세라면 아마도 러시아 주변에 벌어지는 다양한 갈등 상황과 전쟁에 한국 무기가 앞으로도 계속 등장할 것입니다. 그런데 남북한이 "무기" 공급을 핵심으로 우크라이나 전쟁에 개입되어 있는 것 이상으로, 러시아와 남북한이 역사적인 근대화의 궤도 차원에서 서로 매우 깊이 얽혀 있다는 점을 기억해야 합니다. 저는 이 "얽힘"의 측면에서 이번 사태를 다시 한번 되돌아볼까 합니다.

　러시아와 조선 양국은 모두 근세 유라시아에 위치한 농업 기반의 관료 군주국으로 산업화와 근대화 과정에서 "후발 주자"였습니다. 물론 러시아는 조선보다 다소 일찍 그 길에 들어선 관계로 한때 조선에게 "근대화의 본보기" 같은 역할을 하기도 했지요. 절대왕권을 골자로 한 한국 최초의 근대적 헌법 「대한국국제大韓國國制」를 두고 일부 사학자들은 그 모델이 제정 러시아의 절대왕권이라고 지목하는데, 이는 타당한 추론이라고 봅니다. 고종에게 러시아의 마지막 황제 니콜라이 2세가 펼친 "전제정치"가 한때 왕실 중심 국가의 모델로 보였다면, 북한 초기의 권력자들에게는 소련의 당·국가 역시 혁명적 근대국가의 모델로 보였습니다. 정치국, 즉 집단 지도 중심의 후기 소련과 달리 북한은 1972년 "유일사상체제"를 성립한 후 수령주의 국가로 발전해갔지만, 당 관료, 그중에서도 인사권을 장악한 조직 지도부 관료 중심으로 정치체제를 운영한다는 차원에서 보면 북한의 시스템은 여전히 구소련과 상당히 흡사한 면을 지녔습니다. 한데 남한이라고 해도 소련의 경험을 전혀 무시한 것은 아니었습니다. 남한에서 추진된 경제개발 5개년 계획의 직접적인 전례는 만주국의 경제계획 제도였겠지만, 멀리는 스탈린 시대에 이뤄진 산업화의 경험을 그 기반으로 합니다. 요컨대 러시아와 남북한은 "같은 후발 주자"라는 공통점도 있지만, 한때 러시아와 소련이 약간 "앞선" 부분은 남북한에 "참고"가 되기도 했던 것이지요.

하지만 소련의 몰락 이후 그 관계가 뒤집히고 말았습니다. 지금 남한에 협박장을 꺼내든 푸틴은 1990년대 초반 상트페테르부르크의 부시장으로서 한국을 최초로 방문했는데, 당시 한국 호스트들에게 러시아 사절단이 받은 무시에 상당히 놀라고 자존심이 상했던 것으로 알려졌습니다. 그런데 사실 이 무시는 한·러 사이의 새로운 역학 관계에 기반한 객관적인 현실의 반영에 불과했습니다. 한국은 당시 러시아에 경협차관을 제공한 채권국이었고, 러시아는 그때나 지금이나 한국산 자동차나 휴대폰 등 기술 집약적인 상품을 사들이는 대신 한국에 주로 자원을 제공해주는 국가에 머물렀습니다. 즉, 러시아는 한국의 선진 산업 자본주의의 주변부로 전락한 상태에 있었던 것입니다. 한때는 남북한에 비해 선발 주자였던 러시아가 이제는 한참 뒤에 위치한 후발 주자로 변한 상황은 푸틴 정권의 "박정희 모델 벤치마킹"

에서도 여실히 확인할 수 있습니다. 모두가 주지하다시피 박정희는 전기(한국전력)나 제철(포항종합제철) 등 일부 전략 부문들을 국유화하고 주요 은행들을 사실상 국유화한 한편, 정주영이나 김우중, 이병철 등 재벌가들을 중점적으로 관리하고 지배하면서 관 주도의 경제 개발 프로젝트를 실행했습니다. 현재 푸틴 체제는 국가·재벌 관계 설정의 차원에서 본다면 박정희 체제를 거의 그대로 닮은꼴입니다. 자원 재벌에 대해 국가가 지배적 지분을 갖고 있으며, 은행 부문에서는 국영 은행의 시장 점유율이 무려 72퍼센트 정도이지요. 한편, 푸틴은 그 밖의 재벌가들을 개별적으로 "관리"하면서 예컨대 군사업체인 "와그너 그룹"을 운영했던 예브게니 프리고진Yevgeny Prigozhin, 1961~2023 등을 자신들의 "정책 대리인"으로 이용하기도 했습니다. 이런 맥락에서 보면 오늘날 러시아가 상대적인 고립 속에서 이뤄지는 군수산업 본위의 개발 경험을 북한으로부터도 배우는 것이 이해됩니다. 즉, 이제는 러시아가 한반도 국가들의 모델이라기보다는 한반도 국가들의 경험이 러시아에 커다란 참고가 되는 것이지요. 푸틴이 내비치는 매우 불편한 심기는 이런 역사적 "뒤집힘"에 대한 그의 인식과 무관하지 않으리라고 봅니다.

그렇다면 협박장이 날아온 뒤의 한·러 관계는 과연 어떻게 될까요? 북한과 러시아가 정치적으로 계속 가까워지는 현재 추세로 봐서는, 두 나라 사이의 모종의 군사 협력이—비공식적으로라도—아마도 불가피할 듯합니다. 단, 이 협력의 수위가 차후 한국의 대우크라이나 무기 수출 추이에 달려 있다는 것이 아마도 협박의 골자일 것입니다. 이를

전쟁 이후의 세계

염두에 두고, 아마도 윤석열 정권은 설령 대우크라이나 우회적 무기 수출을 했다 해도, 앞으로 은근살짝 그 규모를 줄여 대러 관계를 "관리"할 가능성이 좀 더 커 보입니다. 물론 한국 외교의 큰 그림은 당연히 미국의 "지도"를 따르는 것입니다. 하지만 그렇다 해도 러시아의 첨단 군사기술이 북한에 흘러들어가는 것은 한국으로서 위험 부담이 상당히 큰 일입니다. 그만큼 대러 관계의 "관리"가 필요할 것입니다.

러시아는 병영국가 체제를 구축해 앞으로 대서방 갈등 속에서 군수산업 위주의 추격형 공업화를 계속 해나갈 테지만, 그렇다고 해도 북한뿐만 아니라 한국과도 지속적으로 교류할 것으로 예상됩니다. 그 교류는 꼭 한국 대기업의 투자나 상품 판매에만 한정되지 않을 것입니다. 장기적으로 이어지는 푸틴의 1인 독재와 전국 요새화 등에 피로감을 느끼고 서방으로부터 고립되고 자율권이 없는 러시아 대학에 재미를 느끼지 못하는 러시아 학생들에게 한국 대학들은 상대적인 "연구의 자유가 있는 오아시스"로 보일 수도 있습니다. 즉, 차후 연구의 자유뿐만 아니라 전반적인 민주사회를 경험하고자 하는 러시아 유학생들이 한국 대학으로 유입되리라는 점을 충분히 예상할 수 있습니다. 서방과의 교류가 막힌 러시아 대학들로서는 아마도 한국과의 교류가 또 하나의 출구로 보일 것 같기도 합니다.

서방과 러시아의 대치 상황은 역으로 한·러 관계에 어떤 "활력"으로 작용해 일부 부문에서는 한국이 러시아인들에게 "대안적 서방", 그나마 접근이 가능한 선진 민주주의 사회로 여겨지게 될지도 모르겠습니다. 이와 동시에 북한과 가까워지는 러시아가 앞으로 남북이 "조우"할 수 있는 일종의 "제3지대"가 되는지, 즉 동시에 발전하는 한·러 및 북·러 관계가 남북 대화에 어떤 도움이 될는지 좀 더 지켜봐야 할 일입니다. 좌우간 이번 푸틴의 협박으로 한·러 관계가 끊어질 일은 결코 없으리라는 것이 제 예상입니다. 러시아와 한반도의 운명적 "얽힘"은 앞으로도 지속될 듯합니다.

한국은 러시아를 어떻게 인식해왔는가: 환상과 환멸의 역사

요즘에는 다른 공부를 하고 있지만, 2000년대 말 저는 한때 한국에서 러시아의 이미지에 대한 역사를 연구했습니다. 당시 그러한 주제로 연구를 하는 동안 칸트의 말대로 외물에 대한 정확한 인식을 갖는 것이 거의 불가능에 가깝다는 생각을 하곤 했지요. 러시아의 실체는 그야말로 칸트적인 물자체物自體, Ding an sich, 즉 관찰자들의 인식과는 전혀 별도인, 제대로 알 수조차 없는 그 무엇인가입니다. 한국인을 포함해 관찰자들이 보게 되는 러시아의 표피적인 현상은 그 물자체와 가끔씩 엄청난 간극을 벌이는 것이지요. 그렇다 보니 한국에서의 러시아에 대한 인식의 역사는 환상과 환멸의 역사였습니다. 그리고 지금도 그 역사가 계속 이어져 나간다는 인상을 저는 요즘 떨치기가 어렵습니다. 그렇다면 우리는 러시아에 대해 어떤 환상을 가지고 있을까요?

첫 번째 환상은 구한말 때 많은 지식인들이 가졌던, "러시아는 최고의 강국"이라는 생각이었습니다. 민영환의 기행문인《해천추범海天秋帆》이나 부국강병책을 제시한《천일책千一策》을 보면 이런 이미지가 확실히 보이지요. 러시아에 가서 니콜라이 2세의 대관식에 참여하고 황제를 알현한 민영환은 러시아를 대단한 강대국으로 봤습니다. 일단 러시아의 상비군이 세계 최다인 120만 명에 달했다는 점 등에 착안한 것이지요. 실제로 1900년 중국 의화단 봉기를 진압할 때 러시아는 10만 명의 병사를 중국에 파견했는데, 진압군의 규모가 여러 열강 중에서는 제일 컸던 것입니다. 그래서 공로증恐露症(러시아에 대한 공포)이 심했던 일부 지식인(유길준 등)은 러시아를 "야수적인 진나라"의 후신쯤으로 보고 경계한 한편, 고종 황제와 그 측근들은 러시아의 보호를 기대하고 있었습니다. 한데 보수적 근왕파도, 유길준 등의 입헌군주론자들도 철석같이 믿었던 러시아의 "강함"은, 1904~1905년 러일 전쟁의 패배를 계기로 사실이 아닌 신화로 밝혀지고 말았습니다. 러시아는 고종의 황위를 보호할 후견국도 아니고, "야수적인 진나라"도 아니었으며 이미 치명적인 위기에 빠져 있었던 일개의 후진적 전제 제국에 불과했습니다.

두 번째 환상은 스탈린의 "일국사회주의"의 진보성에 대한 믿음이었습니다. 중국만 해도 스탈린의 독재가 본격화돼가던 1927년 이후에는 상당수의 트로츠키파, 즉 반스탈린파를 배출했습니다. 하지만 한국의 식민지 시기 사회주의 운동사에서는 (아나키즘 이외에) 왼쪽으로부터의 스탈린주의 비판을 거의 찾아볼 수가 없습니다. 그만큼 소련과 스탈린이 일제를 쳐부숴 조선을 해방시켜줄 것이라는 희망이 컸지요. 1937년 가을 스탈린 정권은 극동 지역에 살던 20만 명의 고려인들을 중앙아시아로 강제 이주시키고 고려인 지식인 2000여 명을 총살 내지 징역형에 처하게 했는데, 이 소식이 조선 국내에서 알려졌음에도 불구하고 사회주의자들 사이에서 그다지 반응이 없었습니다. 스탈린의 소련에 대한 믿음이 얼마나 강했는지, 1940년대 말에 소련을 두 번 방문한 소설가 이태준李泰俊, 1904~1978은 계속해서 모스크바 등지에서 동료였던 소설가 조명희趙明熙, 1894~1938를 찾았습니다. 조명희는 말도 안 되는 "친일 간첩" 혐의로 1938년 처형됐는데, 소련이 조선에서 온 혁명적 망명자를 죽였다는 생각을 이태준은 도저히 할 수가 없었던 것입니다. 스탈린주의와 마오주의, 그리고 스탈린과 마오쩌둥으로부터 영향을 받았던 김일성의 통치 방식에 대한 좌파적 비판은 주로 재외 좌파 지식인, 예컨대 중국의 김학철金學鐵, 1917~2001이나 소련의 허진許眞, 1928~1997(《북조선왕조성립비사: 김일성정전》의 저자), 이상조李相朝, 1915~1996 등에서 나타납니다. 한국 국내의 좌파들 사이에서 스탈린주의에 대한 환상의 청산은 아마도 1990년대에 들어서야 비로소 어느 정도 본격화됐습니다.

1980년대에 소련은 일각의 운동권 사이에서 거의 "이상향"으로 인식됐습니다. 그런가 하면 1990년대에 스탈린주의 패망에 대한 환멸은 아예 사회주의적 모색 자체에 대한 거부와 대대적인 보수화 등으로 나타납니다. 러시아에 대한 인식은 그야말로 "극과 극"을 오갔고, 그 "극과 극" 사이에서 "러시아"라는 물자체에 대한 정확한 파악이 불가능해졌습니다. 제가 한국에서의 러시아 인식사 연구를 했던 2000년대에는 사실 러시아에 대한 국내의 관심도 매우 저조했습니다. 당시 푸틴 체제 초기의 러시아는 서방과 동아시아에 자원이나 원재료를 공급하는 국가이자 외국 완제품의 판매 시장쯤으로 여겨졌습니다. 즉, 전형적인 주변부로 신자유주의 세계 체제 속에서 그 자리를 잡은 듯했습니다. 사실 그 당시 러시아에 관심이 가장 많았던 이들은 러시아에 자동차나 가전제품을 팔려 했던 재벌 기업이었습니다.

한데 2008~2009년 글로벌 금융 위기 이후 상황이 급격히 바뀌기 시작합니다. 신자유주의는 세계적으로 공황에 빠져버리고, 미국은 이라크에서 패퇴하는 등 "패권 누수" 현상이 두드러지게 나타났던 것이지요. 때맞춰 러시아의 강고화된 권위주의 체제는 외부로의 "확장" 기회를 노리기 시작합니다. 푸틴 정권의 중기, 즉 2010년대에는 러시아 국가 주도의 신흥 자본주의가 주변에 있는 과거 소련 시절의 영토들을 다시 확보하려는 움직임들을 본격화했고 그 움직임들이 계기가 되어 약화돼가던 미국 헤게모니와 서로 충돌합니다. 이 충돌은 누가 봐도 전형적인 제국주의 국가 간의 모순에 해당됐습니다. 러시아는 예컨대 돈바스 등의 "외부 영향권"에서는 노동자 복지에 신경을 쓰거나 노동자 권리 신장을 위해 노력한 바가 없었습니다. 그저 과거 우크라이나의 대자본이 소유했던 자원이나 공업 자산들이 러시아 내지 현지 친러 기업인들의 손에 넘어간 것이지요. 한데 반미를 지상 최고의 가치로 인식해온 국내의 일부 좌파적 민족주의자들은 러시아 정권과 자본의 미국과의 경쟁과 대립을 두고 마치 무슨 "민족 해방 운동"쯤으로 오인하기 시작했습니다. 이렇게 해서 러시아에 대한 세 번째 환상, 즉 푸틴의 반미에 대한 환상이 생겨나게 됩니다.

이 환상들은 2022년 2월 이후, 즉 말기의 푸틴 정권이 군국 체제, 사회 총동원 체제, 수입 대체 공업화 체제로 전환하면서 벌인 우크라이나 침공 시기에 그야말로 꽃을 피웁니다. 국내의 일부 진보적인(!) 대학 교수 등은 갑자기 푸틴의 프로파간다와 거의 구별이 가지 않는 주장들을 확산시킴으로써 일각에서 푸틴 정권을 신자유주의에 대한 "진보적 대안"으로 인식하게끔 만들었습니다. 예컨대 러시아에서는 비정규직 내지 플랫폼 노동자들의 권리가 한국에서보다 훨씬 더 침해를 많이 받습니다. 또한, 민주 노조를 운영하거나 파업을 벌이는 것이 한국 상황 이상으로 더 어렵습니다. 그럼에도 불구하고 일각의 자칭 "진보주의자"들은 러시아를 신자유주의에 대한 긍정적 "대안"으로 인식하고 있는데, 이는 "환상의 역사" 가운데에서도 백미(?)에 해당될 것입니다. 지금도 러시아의 침략으로 우크라이나 민간인들이 매일 죽어나가는 상황임에도 불구하고 심지어 민주노총 소속의 일부 노조에서조차 "부차 학살이 없었다"라는 이야기들이 외부 강사들의 강연에서 종종 나온다고 합니다. 이는 분명 한국 진보 운동의 역사에 오점으로 남을 일입니다. 우크라이나에서 푸틴 정권이 벌인 학살, 표적 암살, 불법 감금, 민족 탄압, 민족어 말살, 강제 이주, 강제적이며 강압적인 징병 등의 전모가 다 밝혀질 때에 과연 오늘날 국내에서 "친러" 활동을 하시는 분들이 뭐라 하실는지 모르겠습니다. 아마도 일부 골수 스탈린주의자들처럼 사실을 끝까지 부인하면서 그들만의 인식론적 세계 속에서 살아가겠지요?

　미국을 비롯한 서방(프랑스 등) 제국주의에 대한 비판은 물론 당연히 필요합니다. 한데 서방 제국주의에 대한 비판을 러시아 등과 같은 그 경쟁 세력에 대한 무비판적인 추종으로 대체하면 결국 그 환상들이 언젠가 다수에 의해 깨져 환멸로 이어질 것입니다. 그리고 이런 환상과 환멸의 주기는 궁극적으로 보수적인 기득권자들에게만 득이 됩니다. 그 "환상과 환멸"의 악순환을 멈추게 하자면 무엇보다 필요한 것은 모든 제국주의 세력들에 대한 실사구시實事求是이며 비판적인 태도입니다. 미국이든 러시아든 그 어떤 열강에 대해서도 우리는 어떠한 환상도 가지면 절대 안 되는 것입니다.

신권위주의는 어떻게 외로운 청년들을 사로잡았나

우크라이나 침공을 포함해 최근 러시아의 상황을 지켜보는 외부자들이 놀라는 한 가지 사실이 있습니다. 바로 합리적인 이유를 찾기 힘든 푸틴의 높은 지지율이 그것입니다. 러시아인의 평균 가용 소득은 2012년 이후 침체해 거의 늘지 않고 있습니다. 또한, 근로자 평균임금은 과거 저임금 국가였던 중국의 수치에도 추월당했습니다. 게다가 푸틴 정권이 거의 2년이나 자행해온 우크라이나 침공도 '성공'과는 거리가 먼 상황입니다. 러시아군이 점령한 우크라이나 영토는 전체의 18퍼센트에 불과하며, 그 점령지를 지키는 일조차 러시아군에는 버거운 과제입니다. 이렇듯 긍정적으로 평가받을 만한 성과가 없는데도 푸틴 대통령의 지지율은 고공행진을 이어가고 있습니다. 다수 주민이 상대적 가난 속에서 허덕이고 정권이 벌인 침략 전쟁이 고전을 면치 못해도, 23년 동안 초장기 집권을 이어온 푸틴의 지지율은 무려 82퍼센트에 육박합니다. 경제적으로도 군사적으로도 그다지 성공을 거두지 못한 독재가 이처럼 민심을 '꽉' 잡은 비결은 과연 무엇일까요? 그 비결을 이해하기 위해서는 푸틴 독재의 성격부터 정확히 파악해야 합니다.

많은 관찰자는 푸틴을 옛 소련 시스템의 연장선상에서 파악하려 합니다. 하지만 푸틴 독재는 유일당인 공산당의 통치 방식과 전혀 다릅니다. 푸틴에게는 보수적 집권 정당인 통합러시아당이 있지만, 그 당은 중국 공산당이나 북한 노동당과 달리 대중 동원의 장치나 관료를 위한 등용문으로 그다지 기능하지 않습니다. 푸틴의 국가는 소련이나 중국, 북한식 당·국가가 아니라 신권위주의 독재입니다. 정도의 차이는 있지만 헝가리의 오르반 정권과 튀르키예의 에르도안 정권, 인도의 모디 정권이 신권위주의의 많은 특징들을 공유하지요. 실질적인 양당제 국가인 한국에서는 특정 정치 세력의 장기 집권이 현실적으로 어려워 보이지만, 강경 보수 세력이 일부 신권위주의적 특성을 가지고 있습니다.

당·국가 체제를 지닌 나라들은 보통 일체의 정보 흐름을 면밀히 관리하면서, 집권당의 공식 이념을 거스르는 정보의 유통은 철저하게 차단합니다. 이와 같은 면밀한 관리가 불가능한 인터넷 시대의 신권위주의 정권들은 대신에 유권자 다수를 정서적으로 움직일 수 있는 담론을 온·오프라인으로 구축하고 유포해 다수의 자발적 추종을 끌어냅니다. 재야 세력의 주장에 접근이 가능해도 정권의 담론을 스스로 선택하고 지지하게끔 유권자들의 고정관념과 공포, 집단 콤플렉스와 편견을 십분 이용하는 것이지요. 필요하다고 여겨지면 그 공포와 편견에 부합하는 가짜 '팩트'를 만들어내기도 합니다.

저는 우크라이나 침공이 시작된 뒤 침략을 적극적으로 옹호하는 해외파 러시아 고학력자들과 여러 차례 격론을 벌였습니다. 해외에 거주하며 외국어에 능통한 그들은 침공을 비판하는 해외 언론을 쉽게 접할 수 있으면서도 "러시아를 늘 노리는 흉악한 서방"과 "서방에 부화뇌동해 러시아를 공격하려는 우크라이나 신나치", 옛 소련 영토 "회복"의 필요성, 그리고 러시아에서의 "초강력 중앙집권"의 중요성에 관한 친푸틴 언론의 이야기를 반복했습니다. "우크라이나에서의 미국의 생화학무기 실험실 운영" 등 친푸틴 언론들이 만들어낸 가짜 뉴스까지 인용하면서 말이지요.

결국 러시아의 어용 정보관리자들은 많은 러시아인이 가지고 있는 구미권에 대한 열등감, 원한, 공포라는 '서방 콤플렉스'와 소련 몰락에 대한 '설욕' 의지, 주변국들의 민족주의 발흥에 대한 반감 등을 교묘하게 이용해, 다수에게 먹힐 만한 "흉악한 서방과 착한 러시아의 대결"이라는 거대 서사를 성공적으로 만들어 유포한 셈입니다. 이 서사를 믿는 다수의 러시아인은 상대적인 빈곤 속에서 자국 군대가 전장에서 고전을 면치 못하는 것을 지켜보면서도 신권위주의 정권이 벌이는 침략 행위를 지지합니다.

전통적으로 당·국가들은 피통치자들의 충성심을 확보하기 위해 사회정책을 적극적으로 활용했습니다. 한때 소련 모델을 따랐던 북한도 1950년대 후반 인민들에게 무상교육과 무상의료를 제공했는데,

이는 제3세계 나라들 가운데 최초였습니다.

이와 달리 신권위주의 국가들의 복지정책은 실시된다 해도 소극적입니다. 러시아의 국내총생산 대비 복지 지출 비중은 약 12퍼센트로 산업화한 국가 중에서 '복지 후진국'에 속하는 한국과 비슷합니다. 신권위주의 국가들은 대신 노동자 등 피통치자 사이의 연대를 파괴해 원자화된 개인이 각자도생식으로 생존을 위해 분투하게 만들고, 어용 언론의 매혹적인 메시지에 홀로 노출되도록 합니다.

계속되는 노조 파괴, 활동가 투옥 등 정권의 극심한 탄압 속에 러시아 전체 노동자의 3.5퍼센트만이 국가로부터 상대적으로 독립적인 민주노조에 속해 있는 실정입니다. 민주노총에 전체 노동자들의 6퍼센트 정도가 소속돼 있는 한국보다 노동운동 방해와 탄압이 더 심한 셈입니다. 아울러 비정규직 등 불안정고용에 시달리는 노동자 비율역시 약 46퍼센트로 한국(37.5퍼센트)보다 높습니다. 한마디로 저복지와 불안정노동, 개인의 원자화 속에서 무력해진 개인들이 호소력 높은 민족주의적 메시지에 포획된 것이 신권위주의 사회입니다.

다행히도 정치권력 교체가 현실적으로 가능한 한국은 제도로서의 신권위주의와 거리가 멉니다. 하지만 현재 강경 보수정권이 벌이는 정책이나 그 정책을 옹호하는 우파 언론들의 논지를 보면, 러시아의 비참한 현실과 별반 차이가 없기도 합니다. 노조에 대한 지속적 공격이나 불안정고용을 줄이는 것에 무관심한 정권의 태도는 푸틴 정권의 정책과 별 차이가 없습니다. 푸틴의 거대 서사 중심에 '영원한 적' 서방과 미국이 있다면, 한국 극우들이 벌이는 혐오 장사의 중심에는 노조 때리기나 관제 간첩 조작, 반북 선동, 페미니즘 혐오 등이 있다는 차이가 있을 뿐이지요. 푸틴의 서사에서 '중앙집권적 권력'이 차지하는 위치를, 한국 극우 담론에서는 '시장'과 '능력'이 점하고 있고요.

결국 가난한 러시아 젊은이들 다수가 복지비용이 아닌 군비 증액과 우크라이나 침공을 지지하듯, 많은 가난한 한국 청년들도 사실상 대물림되는 집안 자원에 좌우되는 '능력'에 따른 격차를 긍정합니다. 러시아인 못지않게 많은 한국인은 자신의 계급적 이해관계와 정반대되는 세계관을 갖고 있습니다. 자본주의 위기 시대의 디스토피아인 신권위주의의 위험으로부터 한국 또한 결코 자유로울 수 없는 이유입니다.

푸틴과 박정희,
무엇이 다른가

2000년에 있었던 일입니다. 저는 한국을 떠나기 전 서울의 한 대학에 계시는 중진파 고대사 연구자 분과 만나서 이야기를 나눈 적이 있습니다. 그분은 대체로 1980년대와 같은 민족주의 좌파의 분위기를 그대로 간직하고 계셨지요. 역사 이야기를 나누던 중 화제는 그 무렵 러시아 현실로 옮겨졌습니다. 당시는 제2차 체첸 전쟁 (1999년 8월 26일 발발한 체첸 독립파와 러시아 연방 및 친러시아계 체첸 세력 사이의 전쟁)을 배경으로 푸틴이 막 집권을 시작한 시기였습니다. 저는 전쟁과 살육으로 정치 자본을 축적해서 집권한 인간이 아주 싫다며 소박하게 제 소견을 밝혔습니다. 이 말을 들은 상대는 제게 "조금 기다려보라"라고 말하며 이렇게 말을 이었지요. "푸틴이 지금 마흔여덟 살이죠? 나하고 똑같네. 박정희가 집권했을 때 마흔넷이었는데…. 내가 보기에는 이 사람이 어쩌면 러시아의 박정희가 돼서 모종의 개발

성과를 이룰 것 같기도 한데, 좀 지켜보시게."

1980년대에 데모를 많이 하신 분이 박정희에 대해서 상당히 긍정적인 시각을 갖고 계신 것이 놀라웠던 동시에 저로서는 그 비교가 유의미하게 들렸습니다. 훗날 푸틴이 2003년 러시아 최고 부호인 미하일 호도르코브스키|Mikhail Khodorkovsky, 1963~ 를 감옥에 보내는 등 신흥 재벌에 대한 절대적인 생사여탈권을 확립했을 때에 저는 정주영 같은 재벌들에게 중동 건설이나 조선업 착수를 지시했던 박정희의 모습이 떠올랐습니다. 이제 러시아에서 대자본에 대한 절대적 우위를 확보한 개발 독재 정권이 탄생한 것이 아닌가 싶은 생각이 들었지요. 한국과 비교한다면 개발 성과가 그다지 없었지만, 유신 독재와 같은 푸틴의 사실상의 종신 집권 구도나 군수공업 진흥, 전반적인 군사화, 관제 복고풍과 "방첩" 광풍 등은 정말로 한국의 1970년대를 빼닮은 것 같은 느낌을 계속 풍겼습니다. 한데 한 가지 큰 차이도 확인됩니다. 박정희와 달리, 푸틴에게는 "김대중", 즉 승산이 있는 자유주의 진영의 대항마가 없다는 것입니다.

일단 1950년대의 한국은 혁신 정당 운동에 관심과 지지가 높았던 사회였습니다. 나중에 법살法殺을 당한 사민주의자 조봉암은 1956년 대선에서 23퍼센트의 지지율을 거두고, 서울이나 대구 등 대도시의 표를 휩쓸었지요. 이런 현상을 목도한 정권은 "두 번째 조봉암"이 두각을 나타내지 못하도록 1960~1970년대에 혁신계에 대해 극심한 탄압을 가했습니다. 한데 공식 야당의 김대중 같은 "젊은 기수"들이 온건 좌파의 면모까지 띠면서 1960년대 말부터 박정희에 대항할

유력한 대안으로 떠오릅니다. 1971년 대선 결과를 보면, 박정희가 53퍼센트, 김대중이 45퍼센트의 득표율을 각각 보였는데, 이는 조작이 없었다면 김대중에게 실질적 승산이 있었던 구도였습니다. 실제적 정치 성향의 차원에서 한국은 이미 1960년대 말 양당제 사회로 발전했습니다. 박정희가 다음 해에 유신을 선포한 것은 그러한 구도를 무력화시켜 종신 집권을 도모하기 위함이었습니다. 그렇게 무리수를 두었다가 7년도 지나지 않아서 찾아온 경제 위기와 민심 동요 속에서 자기 부하의 손에 죽고 만 것이고요. 그런데 2012년 대통령직에 컴백해서 박정희와 같은 종신 집권 구도를 굳히려 했던 푸틴은 사실상 그 목표만큼은 달성한 듯 보입니다. 전쟁 상황에서 미래를 정확히 예측할 수 있는 사람은 아무도 없지만, 대부분의 분석가들은 현재 푸틴의 "사실상의 종신 집권" 가능성이 유력하다고 보고 있습니다. 그렇다면 왜 박정희와 달리 푸틴에게는 온건 좌파나 자유주의 진영에 속한 "대항마"가 없는 것일까요?

여기에서 우리는 한 가지 분명한 사실을 인식해야 합니다. 박정희에게는 있었던 "대항마"가 푸틴에게 없는 이유는 한국과 러시아의 당위적인 정치 패러다임, 혹은 정치적 명분을 얻는 방식과 다수가 당연시하는 정치 체제가 서로 다르기 때문입니다. 한국의 경우 1910년대 말 이후 1912년 신해혁명 등의 성공에 힘입어 이미 독립운동가들부터가 차후 "새나라"를 "민국", 즉 공화국으로 건설해야겠다고 당위적으로 인식해왔습니다. 더군다나 1945년 이후 한국에 이식된 "교과서적" 민주주의란 미국식 양당제였습니다. 한국이 미국의 군사 보호령이었던 이상 박정희는 야당을 아예 근절시킬 수 없었고 적어도 용인 해야 했지요. 여기에 정부와 재벌의 개발 블록으로부터 소외된 이들 이 자연스럽게 야당의 품으로 들어왔습니다. 또한, 권위주의적 지배 방식에 거부감을 느꼈던 고학력자들, 특히 젊은 층(학생 등)의 경우에 는 친야당 성향이 거의 당위에 가까웠습니다. 그렇게 해서 한국은 궁 극적으로 군부 정치를 극복해 지금 같은 안정적인 양당제로 나아간 것입니다.

이와 달리 소련 몰락 이후 대부분의 러시아인들이 여전히 당연시 하는 국가는 당 총서기라는 유일 지도자를 "모시는" 유일당 국가, 즉 당·국가입니다. 공산당이 1989~1991년에 공중분해 된 뒤 그 빈자 리를 메운 것은 푸틴을 정점으로 한 안보 관료 위주의 관료 시스템입 니다. 한국의 경우 양당 정치인들이 번갈아가면서 국가를 관리한다 면, 러시아는 영구 집권하는 관료제가 지속적으로 국가를 지배합니 다. 그 관료 시스템이 내치 차원에서 소련식 재분배 메커니즘(무상의료 및 무상교육, 노후연금)을 축소한 채 어느 정도 계속 가동시키고, 외치 차 원에서 다수가 "적"으로 인식하는 "서방"과 적당히 대치하면서 신무 기 등을 발표하며 계속 "국위선양"을 하기만 하면, 다수는 그 정당성 을 의심하지 않고 선거 때마다 그들의 수반에 찬성표를 던집니다. 이 때 그 수반의 이름은 그다지 중요하지 않습니다. 푸틴 사후 그가 임명 한 인물이나 경쟁자를 제압해 권력 장악에 성공한 후계자 역시 같은 방식으로 이 시스템을 계속 운영할 수 있을 것입니다. 이 시스템에서 "공식적" 연방 공산당은 푸틴 등 지배 관료들의 하위 파트너이며, 자유주의는 "서방 공기를 많이 마신" 일부 지식 분자나 젊은 도시 중산층의 신념입니다.

전쟁을 할 때 푸틴은 "최고"의 지지율을 얻습니다. 그의 지지율은 2014년(크림반도 병합)에는 84퍼센트, 2015년(시리아 내전에서의 무장 개입)에는 88퍼센트를 기록했습니다. 우크라이나 침략이 벌어졌을 때, 즉 2022년 2~3월 사이에는 심지어 지지율이 70퍼센트에서 83퍼센트로 껑충 뛰었습니다. 코로나에 대한 무능한 대응 등으로 몇 차례 60퍼센트 정도까지 인기가 하락한 적도 있지만, 그 이하로 떨어진 적은 최근에 거의 없었습니다. 이는 박정희가 꿈에서도 볼 수 없었던 지지율이겠지요? 푸틴을 끝까지 인정하지 않는 12~14퍼센트는 대체로 대도시에 거주하는 지식인 내지 젊은 중산층들입니다. 그들 중 이미 수백 명이 침략 전쟁에 대한 비판 등으로 수감되거나 또는 수십만 명이 2022~2023년에 이민을 떠났지만, 푸틴은 대체로 이 계층을 두려워하지 않습니다. 노동자들과 거의 교감이 되지 않는 중산층들이 결국 "집단 반항"이 아닌 "이민"을 택하리라는 것을 푸틴이 너무나 잘 알고 있기 때문입니다. 러시아의 관료 독재가 제대로 흔들리려면 러시아의 노동계급부터 계급의식을 갖고 정부로부터 독립적인 "조직"을 만드는 일을 시작해야 합니다. 한데 전쟁 동원과 탄압 속에서는 이러한 일이 대단히 어렵습니다. 그렇기 때문에 저는 러시아에서 단기간에 진정한 변화가 오기는 힘들 것이라고 다소 비관적으로 전망합니다. 단, 중장기적인 관점에서는 노동계급의 조직이 언젠가는 이뤄질 수 있으리라고 믿지만 말입니다.

4부

포스트 워, 세계는 어디로 가고 있는가

우크라이나는 세계 재분할의 첫 단추가 될 것인가

저는 1997년 2월까지 러시아에서 살았습니다. 그 후에는 외국에서 살았지만, 간헐적으로나마 러시아 매체들을 접해오곤 했습니다. 제 기억에 따르면 2004년까지 러시아 매체들은 우크라이나에 대해 이렇다 할 만한 관심이 전혀 없었습니다. 러시아 내부에 문제들(체첸 독립 운동의 무장 탄압 등)이 많았던 것도 하나의 이유였지만, 그때까지만 해도 우크라이나를 그저 러시아 영향권의 일부분으로 파악한 것이 그런 무관심의 배경이었을 것입니다. 러시아의 이런 판단은 그리 틀리지 않았습니다. 1991년부터 1994년까지 우크라이나를 통치했던 레오니드 크라프추크 대통령Leonid Kravchuk, 1934~2022이나 그를 이어 2005년까지 대통령직을 수행한 레오니드 쿠치마Leonid Kuchma, 1938~ 는 소비에트 시대 공산당과 군수 복합체 출신들로서 서방과의 관계도 발전시키려 했지만, 기본적으로 모스크바에 대한

"제후국" 내지 하위 동반자로서의 입장을 견지해왔습니다. 심지어 그때까지만 해도 러시아 핵 무력의 주력 미사일이었던 R-36은 계속해서 우크라이나 드니에프로 시의 피브덴마시Pivdenmash라는 초대형 공장에서 제조됐습니다. 자국의 핵미사일 생산을 의뢰할 정도라는 것은 상당히 가까운 관계임을 의미합니다. 그때까지만 해도 러시아와 우크라이나의 관계는 예컨대 한국과 미국의 관계까지는 아니지만, 대략 "후견-피후견 관계"에 가까웠습니다.

2005년은 두 국가 사이의 분수령인 해였습니다. 당시 푸틴이 적극적으로 밀어줬던 도네츠크 지역 자본의 대표 격이던 빅토르 야누코비치Viktor Yanukovych, 1950~ 가 대선에서 패배하고, 그 대신에 빅토르 유시첸코Viktor Yushchenko, 1954~ 라는, 조금 더 친서방적 인물이 대통령으로 당선됐습니다. 사실 유시첸코도 모스크바와의 "이혼"을 원하지는 않았던 것으로 보였습니다. 다만 그가 우크라이나의 서방 시스템으로의 편입 가능성을 더 적극적으로 추구하려 했던 것은 사실입니다. 예컨대 미국과 중국 사이에서 약간 더 중립적인 포지셔닝을 추구해보려 했던 노무현 전 대통령처럼, 하지만 노무현 전 대통령보다 좀 더 과감하게 러시아와 서방 사이에서 균형을 잡으려고 했던 것이지요.

우크라이나를 독립국이라기보다 일종의 "제후국", 즉 "러시아 영향권의 일부"로 파악했던 푸틴은, 이를 "서방의 러시아 영향권 침탈" 정도로 받아들였습니다. 우크라이나에 그 어떤 행위자성도 부여하지 않으려 했던 그는, 우크라이나의 "서방으로의 회향"이 "서방의 계략"

이나 "흉모"가 아니면 불가능하다고 본 것입니다. 하지만 현실은 달랐습니다. "서방", 즉 당시 미국의 부시 행정부나 독일의 앙겔라 메르켈 총리 등은 우크라이나가 나토 등과 점차 가까워지기는 원했어도 예컨대 우크라이나의 나토 회원 가입 등을 시기상조로 보거나 아예 반대했습니다. 사실 우크라이나의 "서방으로의 편입"을 가장 원했던 것은 우크라이나에서의 러시아 정치자본가political capitalists(정권과 유착된 자본가)들의 군림을 견제하려 했던 우크라이나의 일부 간부층과 자본가층, 그리고 중산층이었습니다. 한데 푸틴은 그들이 주체적 "행위자"일 리가 없다고 생각한 것입니다.

친러파였던 야누코비치 대통령의 재임 기간이던 2010~2014년, 우크라이나는 다시 러시아 매체의 관심에서 거의 사라진 듯했습니다. 이 모든 상황을 바꾼 것은 2013년 유로마이단 시위(2013년 11월 우크라이나에서 우크라이나와 유럽연합과의 통합을 지지하는 대중들의 요구로 시작된 시위)와 야누코비치의 실각, 그리고 훨씬 더 친서방적인 신권력의 출현이었습니다. 사실 유로마이단 시위 이후 정권 교체가 되고 난 직후 권력을 잡은 아르세니 야체뉴크Arseniy Yatsenuk, 1974~ 정권까지만 해도 나토 가입을 원하지 않았습니다. 한데 푸틴은 유로마이단 시위를 두고 "크림반도 합병"이라는 초강수를 두었습니다. 이 일이 있고 나서 2014년 말 우크라이나 국회가 우크라이나의 비동맹적 위치 관련 조항을 헌법에서 삭제함으로써 공개적으로 "나토 가입을 원한다"라는 의향을 보였습니다.

우크라이나가 실제로 나토에 넘어간 것도 아니었고 충분히 "중립적" 위치를 이어갈 수도 있었을 텐데, 왜 푸틴은 우크라이나 영토 일부의 강탈(크림반도 합병, 돈바스 일부에서의 친러 괴뢰 국가체 건설)이라는 초강수를 둔 것이었을까요? 아무리 제국주의 열강이라 해도 타국 영토 강탈은 요즘 세계에서 결코 흔한 일은 아닙니다. 예컨대 미국은 2003년 이라크를 침공했지만, 이라크를 점령하고 나서도 이라크의 국경에는 손을 대지 않았습니다. 푸틴이 이 정도의 무리수를 둘 수 있었던 배경에는 그가 경쟁 열강으로 파악한 미국의 "경향적 쇠락"이 있었습니다. 푸틴은 2008년 세계 경제공황, 2009~2011년 미국의 이라크 철수, 아프가니스탄에서의 친미 정권 안정화 실패, 중국의 경제적 부상 등을 "미국 헤게모니의 종말"로 이해한 것으로 보입니다. 그리고 미국의 패권이 이 정도로 누수 현상이 심하다면 곧 열강들이 세계 재분할에 착수할 수 있다고 보고, 선수를 치면 칠수록 본인에게 유리하다고 판단한 듯합니다. 즉, 우크라이나가 미국 편에 넘어갈 일이 두려워서 우크라이나 영토를 강탈하기로 결정했다기보다는, 궁극적으로 미국이 러시아의 우크라이나에서의 움직임을 견제하는 데에 실패할 것이라고 예측했기 때문에 그렇게 행동했던 것입니다. 미국 패권의 위기란 푸틴에게는 "천추의 기회"였던 것이지요.

그렇다면 푸틴의 예측은 맞았을까요? 아직 전쟁의 끝이 보이지 않기 때문에 속단할 수는 없습니다. 다만 현재로서 지금 제가 내릴 수 있는 잠정적 결론은 자국 군대나 우크라이나군에 대한 푸틴의 예측이 현실과 한참 동떨어져 있다고는 해도 세계정세에 대한 예측은 크게 빗나가지 않았다는 것입니다. 실제로 미국과 일심동체인 유럽연합과 미국의 군사 보호령인 한국과 일본 등 이외에는 대러 제재에 동참한 국가들이 거의 없고, 유럽연합이나 한국, 일본도 사실 우회 무역(제3국을 경유하는 무역)을 통해서 거의 전쟁 이전과 같은 수준의 대러 교역을 하고 있습니다. 또한, 대부분의 국가들이 러시아에 다소 친화적인 중립의 자세를 지키고 있는가 하면, 니제르에서 발발한 친러 성향 군부 세력의 쿠데타나 마치 푸틴의 생일(10월 7일)을 기념하듯(?) 발생한 하마스의 대이스라엘 공격 등은 계속해서 미국을 괴롭히고 있습니다. 하마스 공격의 경우 미국이 막후에서 추진해온 이스라엘·사우디아라비아 수교 및 사우디아라비아 석유 감산 조치 철회, 유가 인하 유도 계획을 탈선시키거나 유보시키는 데에 기여했는데, 이는 미국의 대외 정책으로서 상당한 패배에 해당됩니다. 미국이 이처럼 사면초가 상태에 빠져 있는 사이에, 푸틴의 군대는 아무리 우크라이나에서 이미 많은 수치스러운 패배를 당하고 자국의 약점들을 다 노출시켰음에도 불구하고, 궁극적으로 추가적인 우크라이나 영토의 강탈에 "성공"(?)할지도 모릅니다. 그럴 가능성을 배제하기가 힘든 상황인 것이지요. 이 영토 강탈은, 2020~2030년대 헤게모니 교체 시대의 세계 재분할의 포문을 여는 계기로 작용하리라고 예상합니다. 이 전쟁들의 여파가 한반도까지 몰아치지 않으려면 무엇을 어떻게 해야 할지 고민해야 하는 것이 우리 시대의 과제라고 생각합니다.

우크라이나 침공과 미국 대외 정책의 상관관계

제가 국제 시사에 관심을 갖게 된 것은 10대 초반 무렵, 즉 1980년대 중반부터입니다. 그때부터 쭉 누적된 기억 중 하나는 미국이 대체로 3~4년에 약 한 번꼴로 어떤 국가를 침공했다는 사실입니다. 침공의 명분은 상황에 따라 다양했는데, 실질적인 사건의 내용은 대개 엇비슷했습니다. 모 국가가 미국 영향권을 벗어나려 했거나 미국의 대외 정책에 걸림돌이 되었을 때에는 곧바로 침공 대상이 되곤 했었지요. 예컨대 1983년에는 작은 섬나라인 그레나다가 "쿠바와 소련의 영향을 받는다"라는 죄목(?)으로 미국의 침공을 받았는가 하면, 3년 후인 1986년에는 리비아의 트리폴리 등지가 미국의 미사일 공격을 받았습니다. 리비아의 "테러리즘 지원"이 명분이었지만, 실상은 리비아의 무아마르 카다피 정권이 전반적으로 "말을 듣지 않는" 것이 공격의 원인이었습니다. 또한, 1989~1990년에는 파나마의 마누엘

노리에가Manuel Noriega, 1934~2017 장군이 미국에 "불복종"하자 파나마도 침공의 대상이 됐습니다. 그로부터 딱 3년 후인 1993년 미국은 소말리아 내전에 개입해 그곳에 안정적인 친미 정권을 수립하고자 시도했다가 실패했습니다. 그 뒤 소말리아는 미국 정책 결정권자의 관심에서 다소 벗어났지만, 1998년부터 이라크 군 기지 등에 대한 미국과 영국 공군의 폭격이 시작됐습니다. 즉, 2003년 이라크를 전면 침공하기 전부터는 미군은 1991년 걸프 전쟁 이후 이라크에 "완패"를 안기는 것을 하나의 "남은 과제"로 인식한 셈입니다.

일반적으로 1990년대 후반부터 미국 대통령들은 자신의 임기 내에 적어도 중간 규모 이상의 침공을 1~2회 정도 수행했습니다. 가령, 클린턴은 1999년 유고슬라비아 공습 등을 통해서 결국 세르비아에 압박을 가해 미국의 주도권을 인정하지 않으려 했던 슬로보단 밀로셰비치Slobodan Milošević, 1941~2006 정권을 붕괴시켰습니다. 부시는 전임자보다 침공 규모를 훨씬 더 크게 잡아 주요 산유국이자 "남은 과제"였던 이라크와 중앙아시아의 요충지인 아프가니스탄을 타깃으로 삼고 두 차례의 초대형 침공을 벌였습니다. 한데 이라크에서의 안정적 괴뢰 정권 수립 프로젝트가 실패하자 2011년 미군 대부분이 이라크를 빠져나갔습니다. 아프가니스탄에는 계속 주둔했지만, 그 국토의 대부분을 전혀 통제하지 못했지요. 이에 더해 2008년 세계 경제공황은 미국의 신자유주의 경제 모델의 허점을 노출시키고 말았습니다. 이라크에서의 패배와 경제공황을 경험한 이후 미국의 정책 결정권자들은 대외 침공의 규모를 대폭 줄였습니다. 예컨대 2011년 미국의 주도로 나토의 회원국들이 리비아를 공습해 "지나치게 자율적이었던" 카다피 정권을 붕괴시켰지만, 그 과정에서 미군의 물리적 참여는 그리 크게 이뤄지지 않았습니다. 그 대신 대부분의 공습을 유럽 국가들이 수행했지요. 즉, 대체로 그때부터 대외 침공을 벌이는 데에 있어서 미국의 열기가 가시적으로 식기 시작했습니다.

트럼프는 미국 자유주의자들에게는 "앙팡 테리블"로 인식되어 있지만, 사실 대외 공세에서 대외 수세로의 전환은 오바마 시절에 태동하고 트럼프 재임 시절 본격화됐습니다. 하이테크 산업을 포함한 제조업 분야에서 이미 중국에 "추월"당하기 시작한 미국은, 부상하는 중국을 견제하기 위해 무역 전쟁을 벌이고 태평양 지역에서의 하위 파트너인 일본이나 한국, 필리핀 등에 대한 영향력 강화를 시도했습니다. 하지만 이는 대외 팽창이라기보다는 중국이라는 부상하는 경쟁 국가로부터 제2차 세계대전 승전 이후의 "전리품" 격인 일본과 남한 등 미국의 기존 영향권을 "사수"하려는 작전에 더 가까웠습니다. 그 영향권의 보호에 중국의 하위 파트너인 북한을 포섭하는 작전이 도움이 될까 싶어서 트럼프 행정부는 북·미 관계 정상화까지 시도했습니다. 하지만 트럼프의 노림수는 궁극적으로 실패했고 북한은 여전히 광의의 중국 영향권 안에 남았습니다. 미국 자유주의자들은 "독재자 푸틴"을 향해 비판 한마디 못한 트럼프를 비꼬곤 했지만, 사실 기존의 미국이 수행해온 영향권 사수 전략에 따르면 푸틴에 대한 온건한 포섭 전략은 미국의 국익 차원에서 적절한 방식일 수도 있었습니다. 중국과 러시아라는, 미국의 주요 경쟁 국가 중에서 러시아야말로 비교적 경제적 약자로서 "약한 고리"에 해당한다고 판단할 만한 근거가 없지 않았으니까요. 미국이 러시아를 자기편으로 만들지 못했더라도, 적어도 중국과 러시아 사이의 "거리"를 조금 더 벌어지게 했다면, "중국 견제"라는 미국의 수세적 정책의 최종적인 목표에는 잘 부합했을 것입니다. 한데 서로의 요구 조건이 맞지 않아 북한에 이어 러시아에 대한 포섭의 시도 역시 물거품이 돼버렸지요. 이로 인해 결국 미국의 보수주의자들은 중도 자유주의자들에게 정권을 돌려주게 됐습니다.

바이든 시대의 미국은 패권 쇠락의 증후를 계속 보였습니다. 이를 가장 잘 보여주는 사건은 혼란 그 자체인 아프가니스탄으로부터의 후퇴 작전이었습니다. 그 작전 이후 아프가니스탄의 전 국토를 다시 통제하게 된 탈레반이 대체로—적어도 경제적으로는—중국과 러시아의 영향권에 편입되기 시작한 것입니다. 이보다는 덜 가시적이지만 미국 패권 추락을 보여주는 징후로서 더 중요한 사건은 러시아와 사우디아라비아 사이의 동반자 관계 수립, 중국에 의한 사우디아라비아와 이란 관계 중재, 그리고 석유 감산 정책을 통한 사우디아라비아와 러시아의 "고유가 유지를 위한 공동 작전"이었습니다. 사우디아라비아는 중동이라는 주요 지역에서 이스라엘 이상으로 미국의 핵심적 하위 파트너였는데, 이제 이 파트너마저도 경쟁 열강들에게 넘어가기 시작한 것입니다. 사우디아라비아의 완전한 미국 영향권 탈퇴를 저지하기 위해 미국은 물밑에서 사우디아라비아와 이스라엘의 수교 등을 교섭하기 시작했습니다. 한데 그 교섭이 열매를 맺기 이전에 평소 이란의 지원을 받아온 하마스의 이스라엘에 대한 공격(2023년 10월 7일)이 벌어졌지요. 이로써 이스라엘과 사우디아라비아 간의 수교 가능성은 가시권에서 사라졌습니다. 석유 감산 조치 철회, 즉 유가 인하를 목적으로 하는 사우디아라비아에 대한 미국의 압력도 당분간 통하지 않을 것으로 보입니다. 차츰 패권 쇠락의 조짐을 보이기 시작해 수세적 자세를 취하기에 이른 오늘날의 미 제국은, 경쟁 제국으로부터 거의 연전연패를 당하게 된 것입니다.

그렇다면 이와 같은 2008년 이후 미국 패권이 하향 곡선을 그리고 있다는 점을 염두에 두고 세계정세를 살펴봤을 때, 푸틴의 우크라이나 침공은 과연 무슨 의도를 지닌 것이라 볼 수 있을까요? 제 견해는 이렇습니다. 푸틴의 우크라이나 침공은 미국 패권이 약화된 국면을 이용해 구소련의 일부 영토를 "회복"하고자 했던 것은 아닐까 싶습니다. 또한, 2014년 이후 자국의 안보를 미국에 기대려고 했던 우크라이나를 침략해 그 영토를 강탈함으로써 미국의 "보호"란 더 이상 예전과 같은 효력이 없다는 것을 보여주기 위한 군사 작전이었다는 생각도 듭니다. 즉, 미국이 수세에 처했을 때에는 러시아가 그만큼의 공세를 취해도 된다고 판단하여 미 제국의 영향권에 편입되기를 희망했던 우크라이나를 침공한 것입니다. 이 침공이 만약 러시아의 완패, 즉 크림반도를 포함해 러시아가 2014년 이후 강탈해온 모든 우크라이나 영토의 탈환으로 끝났다면, 아마도 이 사태는 미국 패권의 "회복"에 도움이 됐을 것입니다. 하지만 이와 같은 결말은 지금까지의 전황을 봤을 때 그다지 가능성이 없습니다. 현재로서 개연성이 가장 높은 결말은 적어도 러시아가 그동안 강탈한 영토의 일부를 자국 국토에 편입시켜 "국토 확장"을 이루는 것입니다. 그렇게 될 경우 우크라이나와 같은 수많은 "중간 지대" 주변부 국가들의 입장에서는 미국의 보호가 가치 절하돼 미국에 대한 신뢰에 금이 가겠지요. 더불어 중국과 러시아, 이란 등 경쟁 열강들의 지속적인 대미 공세에도 탄력이 붙을 것입니다. 그리고 세계에 대한 재분할을 의미하는 이 새로운 공세들은 또다시 새로운 전쟁과 엄청난 희생 등을 낳을 것입니다. 우리는 지금 본격적인 "전쟁의 시대"에 돌입하고 있는 중입니다. 이와 같은 시대에 적어도 한반도가 전쟁의 현장이 되지 않도록 모든 노력을 경주하는 것이 우리들에게 주어진 급선무입니다.

전쟁은 어떻게 현대 세계를 만들었나: 자본주의·의회주의·복지사회와 전쟁의 관계

한국에서는 그다지 관심을 끌지 않았지만, 최근에 구소련 지대는 또 한바탕 전쟁을 겪었습니다. 1994년에 아르메니아계 민병대에 카라바흐(아르차흐) 지역을 빼앗긴 아제르바이잔은 2020년에 튀르키예의 원조를 받아 설욕전을 벌여 거의 성공을 거뒀습니다. 상당 부분 '실지 회복'에 성공한 셈이지요. 세계가 보는 앞에서 전 세계적인 팬데믹 가운데 치러진 이 전쟁은 몇 가지 함의를 지닙니다. 예컨대 아제르바이잔군을 재무장시킨 튀르키예는 이제 확실히 이스라엘이나 사우디아라비아를 제치고 일종의 지역적 강자로 부상하는 것 같습니다. 형식적으로는 아직 미국의 지역적 '제후국'이지만 실상 거의 독자적인 자기 영역을 확보한, 자율성이 비교적 높은 포식자가 된 것입니다. 튀르키예의 '신분 상승' 이외에 이 전쟁이 보여준 또 다른 부분은 바로 '전쟁의 정상성'이기도 합니다. 21세기 초반 홀로코스트라는 참상을 겪고 현재는 인터넷으로 모두가 하나의 '마을'로 연결된 세계이지만, 여전히 한 국가의 영토 보유 여부나 국제적 위상을 결정짓는 핵심 요소는 바로 해당 국가의 '살인력', 즉 군사력입니다. 인류가 지난 역사로부터 본격적으로 바뀐 것이 하나도 없다는 말입니다.

　사실 전쟁은 그 시작부터 지금까지 인류가 식량을 확보하고, 번식하고, 질병을 치료했던 것만큼이나 인류의 삶에 핵심적으로 중요한 요소였습니다. 오늘날 구미권이 세계에서 군림을 하고, 유라시아의 판도를 중국이나 인도, 러시아, 튀르키예, 이란 등 다섯 개의 강국이 주무르는 현 국면을 만들어낸 것은 궁극적으로 '무기의 진화' 논리입니다. 오래전 유라시아의 패권 세력은 그 내부 지역에 살던 유목민이었습니다. 갑옷을 입고 군마를 달리고 활을 쏘는 몽골 유목민 기마 갑병의 위력 앞에서 금나라나 송나라, 코레즘Khorezm 한국 같은 중세 대국들도 전부 속수무책이었습니다. 13세기 몽골 제국은 유라시아를 하나로 묶어 수도 카라코룸에서 고려 사신들과 러시아 사신들이 만나서 인사를 나눌 수 있는 판을 만들었는데, 이 판을 깨뜨린 것은 다름 아닌 '화기'였습니다. 당시 화승총火繩銃의 살인력에 그 어떤 기마 갑병도 버틸 수 없었습니다. 결국 천하무적의 군인이었던 몽골인들은 18세기 들어 청나라라는 '화약의 제국' 판도 내에서 얌전한 지방민이 됐고, 시베리아와 연해주는 또 하나의 '화약 제국', 즉 러시아 차지가 됐습니다. 나머지 세 군데의 아시아 '화약 제국'인 무굴제국과 이란, 튀르키예는 남서 아시아와 중동, 북아프리카를 나눠 가졌습니다. 하지만 '아시아의 5강' 역시 구미권의 보다 진화된 야전포와 함포, 그리고 기선의 위력 앞에서는 오래 버티지 못했습니다. 무굴제국은 이미 18세기 말에 가장 먼저 무너졌으며, 로마노프 제국과 청나라, 오스만 튀르키예는 1911~1918년 사이 거의 동시에 망국하고 말았지요. 이후 생존을 도모하기 위해 그들은 추격형 근대화를 필요로 했는데, 러시아와 중국의 경우 그럴 수 있는 기회를 제공한 것이 바로 (우리가 '사회주의'로 잘못 이해해온) 당·국가 시스템입니다. 오늘날의 러시아나 중국 (그리고 북한) 등이 구미권 세력의 핵심인 미국을 타격할 수 있는 대륙 간 미사일이라는 '보험'을 일단 보유한 것으로 봤을 때 그 추격형 근대화가 나름 주효했다고 볼 수도 있습니다.

사실 처음에 구미권 자본주의는 민주주의와 별 인연이 없었습니다. 의회 시스템이라 해도 투표권은 부유층만의 특권이었습니다. 1780년 영국이 무굴제국을 쓰러뜨려 인도를 식민화했을 때 영국에서 투표권을 보유한 사람의 비율은 상위 3퍼센트 정도였습니다. 그렇다면 19세기 말에 이르러 프랑스나 독일처럼 철저한 징병제를 운영하던 대륙 대국들이 모든 남성에게 투표권을 준 이유는 무엇일까요? 그것은 바로 징병제의 안정적인 운영을 위한 조치이기도 했습니다. 총을 가진 남자가 투표를 하는 시민이 돼야 그 총을 가지고 반란을 일으킬 가능성이 적어지기 때문입니다. 반면, 총을 가지지 않은 여자는 예컨대 프랑스에서는 1946년이 돼서야 투표권이 주어졌습니다. 평시 징병제가 없어 가난한 남자들의 경우 투표권이 없었던 영국도 제1차 세계대전 당시 전시 징병을 실시하게 되자 결국 1918년 '모든' 남자들에게 투표권을 부여해야만 했습니다. 투표권뿐만 아니라 '복지'라는 것도—철혈鐵血재상으로 불렸던 오토 폰 비스마르크Otto von Bismarck, 1815~1898 시대의 독일에서처럼 사회주의자들의 인기를 떨어뜨리려는 방책이 아니었다면—애당초 총동원 전쟁에 따른 하나의 결과였습니다. 상이병을 위한 연금, 전몰 군인 유족연금, 상이군을 위한 무상 치료 등은 '복지국가'의 원시적 형태였습니다. 이와 유사한 맥락에서 대한민국에서도 공무원 연금제1960에 이어 가장 앞서서 생긴 연금제도는 국가보훈 혜택 제도1962와 군인연금1963이었습니다. 사학연금1975 같은 것은 훨씬 뒤의 일이지요. 요컨대 전쟁warfare과 복지welfare는 그야말로 떼려야 뗄 수 없는 관계입니다. 유럽의 총자본이 복지 삭감이나 상당수 노동자들의 워킹 푸어 전락을 최근 수십 년간 방치해온 이유 중 하나는, 더 이상 대규모의 징병제 군대를 사용할 일이 없기 때문입니다. 실제로 많은 나라가 전면적인 모병제로의 전환을 시도하고 있지요. 평민이 더 이상 '총알받이' 역할을 해줄 일이 없는 이상, 국가와 자본이 그를 '챙겨줄' 이유도 그만큼 없어지는 것입니다.

제가 이런 이야기를 하는 이유는 부디 착각하지 말자는 의미에서입니다. 역사가 종말을 맞은 일도, 전쟁을 기반으로 하는 계급 사회나 자본주의의 기본 속성이 바뀌었거나 바뀔 일도 없습니다. 여전히 국제적 국가들 사이의 서열은 결국 군사력의 위계에 의해 결정됩니다. 즉, 한 나라에서의 제반 사회관계들은 그 나라의 무력 운영의 방식과 직결돼 있습니다. 여전히 한국 사회에서 거의 모든 조직들의 기본 모델은 징병제 군대입니다. 모병제라는 미명하에 실시되는 사실상의 경제

적 징병제, 즉 빈민들이 군대에 몸을 팔아야 '출세' 할 수 있는 시스템
은 미국 사회의 속성을 그대로 이야기해줍니다. 그리고 대규모 전쟁
의 위험은 여전히 아주 높은 편입니다. 이 상황을 충분히 인식해야만
평화로의 이행도 가능할 것입니다.

주변부는 어떻게 중심부가 되는가: 유럽과 동아시아의 비교로 본 통일과 분열의 지정학

저는 해마다 수업 시간에 학생들에게 왜 동아시아가 아닌 유럽이 18세기 말 선수를 쳐서 먼저 공업화로 나갔는지에 대해 설명하곤 합니다. 사실 유럽의 이와 같은 '도약'은 예상하기가 쉽지 않았습니다. 본래 유라시아의 경제, 교역, 기술상의 중심지는 당연하게도 동아시아권이었습니다. 로마제국과 한나라가 동시에 존재했던 시기에 로마의 귀부인들은 한나라에서 생산된 비단을 즐겨 입곤 했지만, 한나라가 로마로부터 수입했던 것은 은이나 유리잔 정도였습니다. 당나라 시대에는 경교景教, Nestorianism 형태로 시리아계 기독교가 중국에 들어오는 등 동서 교류가 활발해지는데, 당시 당나라 사학자들이 인식했던 유럽의 나라는 비잔틴 제국大秦이 유일했습니다. 나머지는 그저 별 볼 일 없는 야만인들의 국가쯤으로 여겼지요. 송나라 때 중국은 이미 화기부터 지폐, 그리고 주식회사 시스템까지 두루 갖추고 있었지만, 이와 같은 자본주의 맹아가 북부 이탈리아나 네덜란드에서 발흥한 것은 그보다 몇 세기 뒤의 일이었습니다. 명나라 말기 중국에 온 마테오 리치利瑪竇, Matteo Ricci, 1552~1610의 라틴어 기록들을 보면, 그는 명나라를 세계 최강의 국가라고 기록했습니다. 또한, "이 나라는 왜 유럽을 정복하지 않았을까? 마음만 먹었으면 충분히 가능했으리라고 본다"라는 취지의 자기 생각도 적었습니다. 요컨대 명말청초만 해도 유럽인들에게 중국은 여전히 한 수 접고 들어가야 하는 경외의 대상이었습니다. 그렇다면 18세기 말 영국의 공업화는 이 관계를 어떻게 뒤바꿨을까요?

여러 요인들이 있었지만, 이 글에서는 역사지리적인 요인만을 적어보겠습니다. 이에 대해 설명하자면 전성기의 로마제국 지도와 한나라의 지도를 펼쳐보고 비교해봐야 합니다. 당시 로마제국이 영토화할 수 있었던 땅은 유럽의 '전부'가 절대 아니었습니다. 오늘날의 독일은 라인강까지만 통제했으며, 스칸디나비아나 지금의 동유럽 대부분은 로마군의 군화가 닿지 못한 땅이었습니다. 로마 지식인들은 스칸디나비아에 대한 정확한 정보를 거의 갖지 못했습니다. 그만큼 유럽의 밀림은 교통 내지 교역, 정복을 크게 방해했습니다. 이와 반대로 한나라는 중원을 모두 평정하고 심지어 둔황에 서역도호부西域都護府를 설치해 서역 지역까지 간접적으로 지배하기에 이르렀습니다. 한 무제는 고조선과 오늘날의 북부 베트남을 침략해서 적어도 몇 세기 동안은 그 땅의 일부를 영토화하기도 했습니다. 즉, 동아시아에서 '중앙의 제국'은 처음부터 상당한 포괄성과 자기 완결성을 가지고 있었습니다.

한나라 이후의 동아시아 역사를 통틀어 보면 대부분의 시기에 중국은 통일된 상태였으며 중국 이외에 베트남, 조선, 일본, 유구, 토번(티베트) 등을 제외하면 그다지 많은 독립적 정치체제가 보이지 않았습니다. 말 그대로 '제국의 세계'였지요. 반면, 유럽은 한 제국에 의해 완전하게 통일된 적도 없었고, 부분적으로나마 '제국적 통일'의 시기도 거의 없었습니다. 로마제국, 카롤루스 대제, 그리고 16세기 스페인과 오스트리아의 합스부르크 왕가 등은 아주 부분적으로 일부 유럽 영토를 통합했을 뿐입니다. 그마저도 오래 지속되지 못한 단명의 제국적 통합이었습니다.

우리는 대개 통념적으로 '통일'은 좋은 일이고 '분열'은 나쁜 일인 양 배우고 인식합니다. 하지만 역사적으로는 '제국'에 의한 통일보다 차라리 분열된 상태가 더 흥미로운 결과를 낳을 수도 있습니다. 강한 제국은 애당초 도시들의 자율성을 깡그리 무시하고 짓밟을 수 있습니다. 중국의 행정제도를 본뜬 조선에서는 육의전六矣廛 등 국역을 부담하는 한성의 어용상인들이 '도중都中'이라는 자체 의결 기관을 가지고 내부적으로 나름대로 길드식의 '자치적 운영'을 했습니다만, 사실 한 도시의 거상 등 부유층이 도시 규모의 지방자치를 한다는 것은 중국, 조선, 베트남 등 왕국 행정 체계에서는 있을 수 없는 일이었습니다. 그만큼 중국, 조선, 베트남은 '강성 군주국'들이었습니다. 그런데 그들보다 훨씬 행정력이 약했던 유럽의 중세 왕국들은 거상 내지 수공업자들의 길드에 의해 운영되는 자치 도시들을 그냥 눈감아주고 관용해줬습니다. 덕분에 훗날 공업화 시대를 이끌 '부르주아' 계층의 뿌

전쟁 이후의 세계

리가 숙성된 것이지요. 종로에서 한약방을 경영했던 육당 최남선의 아버지 최헌규崔獻圭, 1859~1933 같은 조선 말기의 중인들도 이를테면 조선의 자생적인 부르주아라고 할 수 있었습니다. 그런데 서구의 경우와 달리 그들에게는 자치 도시 운영 및 참정의 권리가 주어지지 않았으며 즉자적 계급이 될 수 있었던 것도 아니었지요.

지리적으로 '통일 제국'이 불가능한 것에는 또 한 가지 이점이 있었습니다. '유럽'을 이룬 봉건·절대 군주국들은 사활을 건 상호 경쟁에 몰두해야 했습니다. 그리고 그 경쟁에서 승리하기 위해 제일 중요한 수단은 바로 잉여 수취가 가능한 유럽 밖 자원 지대의 획득이었습니다. 유럽의 '대국'이라면 콜럼버스가 신대륙을 '발견'한 1492년 이후로 '해외 식민지 보유'는 선택이 아닌 필수였습니다. 북유럽의 덴마크나 스웨덴마저도 카리브해나 인도에서 약간의 식민지 경영을 했을 정도입니다.

동아시아의 경우 신대륙까지 항해하기에는 너무 멀었고 시베리아로 진출하기에는 기후 적응 등이 힘들어 불가능했습니다. 청나라는 티베트와 서역을 직접 지배하기에 이르렀지만, 그 지역들은 고산지대나 사막이 많아서 잉여 수취를 할 만한 것들이 그다지 많지 않았습니다. 유럽인들의 대서양 노예무역이나 카리브해 사탕수수 농장 경영, 북미에서의 목화 농장 경영, 남미에서의 은 채굴 등에 비하면 새 발의 피인 수준이었지요. 결국 1492년 이후 진행된 노예무역과 노예 농장, 인디언 농노들이 일했던 볼리비아 보토시 같은 은 채굴 광산으로부터 얻은 잉여야말로 마르크스 말대로 유럽의 원시 축적, 즉 공업화를 이루는 과정의 '본전'을 형성한 것이었습니다.

유럽의 역사를 '흠모'할 수 없는 이유가 바로 여기에 있습니다. 역설이지만 '자유노동'을 대원칙으로 하는 자본주의로의 전환 가능성을 제공한 것은 바로 극단적인 '비자유'의 극치인 흑인 노예무역, 노예 농장 경영, 그리고 식민지 약탈이었습니다. 핵심부가 '자유'로 발전하기 위해 수반되는 것은 식민지에서의 '비자유'의 심화였습니다. 최근 BLM 운동('Black Lives Matter'의 약자로 2020년 흑인 조지 플로이드가 경찰의 과잉 진압으로 사망하자 인종차별에 저항하며 시민들이 벌인 운동)이 보여준 것은, 유럽 역사의 이 '원죄'를 피해자들의 후손들이 전혀 잊은 바가 없으며 구미 사회의 '주류'가 이에 대해 딱히 변명할 방법이 없다는 점입니다. 오늘날 한국의 극우들은 '75년 전 일제 징용을 왜 이제 와서 끄집어내느냐'라며 피해자들을 모욕하고 다닙니다. 하지만 구미권의 BLM 운동이 본격적으로 문제 삼는 것은 16세기 초반 이후에 진행된, 훗날 구미 자본주의 발전의 '본전'이 된 노예무역의 이윤입니다. 이 이윤으로 흥한 구미권의 자본주의 사회들이 피해자들의 후손들에게 보상을 행하지 않는 이상, 현재 구미권 내에서 벌어지는 사회 갈등의 국면을 본격적으로 무마하기가 힘들 것입니다. 공업화와 자본주의 발달의 궤도는 이처럼 지난 역사인 동시에 현재의 문제가 되는 셈입니다.

풍요의 경제는
어떻게 위기를 맞는가

20세기는 인류의 역사를 확실히 확 바꾼 시대였습니다. 인류는 1900년까지만 해도 '빈곤의 경제' 속에서 살았습니다. 즉, 소수가 가진 과잉의 부를 다수가 골고루 나눠 가져도, 그 다수가 '궁핍'을 면하기 어려운 시대였습니다. 1900년의 세계에서 가장 생산력이 발전된 사회는 아마도 미국이었을 것입니다. 그러나 미국에서도 실질적인 (구매력을 기준으로 평가한) 1인당 국민 생산은 2005년의 달러 가치로 환산한다면 약 5000달러였습니다. 오늘날 미국의 1인당 국민 생산(4만 5000달러)의 9분의 1에 불과했던 것이지요. 한국이 이와 같은 수준에 이른 것은 1990년입니다. 하지만 '배고픔'은 면할 수 있었을지 몰라도 다수가 고가의 사치성 상품(해외여행 등)이나 고가 소비재(자동차 등)를 구입할 수는 없는 상태였습니다. 하물며 예컨대 1900년의 조선 같은 경우는 어땠을까요? 설령 사회의 90퍼센트 이상을 차지하는 농민들이 땅을 공평하게 나눠 가지고 세금 한 푼 내지 않아도 농업 경제 생산성의 내재적 한계로 '보릿고개'를 면하기 힘든 상황이었습니다. 그러니까 레닌으로 대표되는 20세기 초반의 좌파는 후진 지역의 '공업화'를 일차적 과제 중 하나로 여겼습니다. 좌파도 '개발'에 매달릴 수밖에 없는 시대였지요.

하지만 이제는 상황이 달라졌습니다. 21세기의 인류에게는 생산력의 내재적 한계보다 생산력의 과잉이 문제입니다. 생산력만으로 따지자면, 오늘날 인구의 대다수는 더 이상 직접 생산 노동을 하지 않아도 됩니다. 1870년만 해도 미국 총인구의 50퍼센트가 농민이었지만, 지금 한국에 농산품을 수출하는 미국 농업 인구는 총 근로 인구의 1.3퍼센트에 불과합니다. 110년 전에는 미국 도시 인구의 32퍼센트가 제조업 종사자였다면, 오늘날에는 8퍼센트에 불과합니다. 제조업 종사자가 줄어든 만큼 중국 등지에서 제조된 저가 상품의 수입에 의존하는 측면이 생긴 것은 사실입니다. 하지만 설령 외국에서의 수입을 금지하고 자급자족 모델로 전환한다 해도 이제는 전체 근로 인구의 약 15~20퍼센트 이상이 제조업에 종사할 필요는 없습니다. 전체 성인 인구의 4분의 1만 직접 생산 활동에 투입돼도, 사회가 풍족하게 먹고 입고 주택을 구입하고 살 수 있는 것이 오늘날의 '풍요의 경제'입니다. 사실 전체 성인 인구의 4분의 1이 만들어내는 모든 물건을 소화해낼 소비 능력이 한 나라의 인구를 구성하는 노동자 겸 소비자들에게는 더 이상 없습니다. 이윤을 뽑아내기 위해서 자본은 생산을 늘리면서 노동자의 임금 인상은 최대한 억제하기 때문입니다. 인플레이션을 감안하면 1970년대 초반 이후 미국 제조업 생산직의 임금은 제자리라고 보면 됩니다. 그만큼 사회 전체의 구매력도 떨어지고, 이에 따라 공장 가동률 역시 떨어집니다. 이제는 믿기 어려운 일이지만, 노동자의 임금이 그나마 약소하게 오르기라도 했던 1965년에는 미국의 공장 가동률이 90퍼센트나 됐습니다. 지금은 75퍼센트도 안 됩니다. 이런 현상을 두고 마르크스주의자들은 '과잉생산과 과소소비의 위기'라고 부릅니다.

물건을 만들어도 더 이상 팔리지 않고, 아무리 제조업에 투자를 해도 이윤이 나지 않는다면 자본이 할 수 있는 일은 무엇일까요? 크게 봐서는 다음의 다섯 가지입니다. 그러나 이것들은 모두 궁극적으로 '자충수'에 불과합니다.

첫째, 기술혁신과 신상품의 생산, 즉 새로운 시장의 창출입니다. 1990년대 이후 인터넷이 바로 그런 역할을 했습니다. 그런데 기술혁신의 고용 효과는 미미합니다. 메타(예전의 페이스북)는 'SNS'라는 새로운 시장을 선도해왔지만, 메타의 총 피고용자 수는 8만 명 정도입니다. 과거의 제조업과는 비교도 못할 정도이지요. 한편, 특정 인터넷 기업의 성공은 수백, 수천에 이르는 '일반' 기업의 도산을 의미하기도 합니다. 온라인서점 알라딘과 예스24의 성공이 동네 서점의 죽음을 함의했던 것과 마찬가지입니다. 그렇다 보니 기업의 새로운 시장 창출은 결과적으로 전 사회적인 과잉생산과 과소소비의 불균형을 심화시킬 뿐입니다.

둘째, 전쟁과 전시 특수입니다. 닷컴(인터넷 기업) 버블이 터진 2000년 직후, 즉 아프가니스탄 침략2001과 이라크 침략2003이 시작된 것은 결코 우연이 아닙니다. 미국 경제 관리자들 입장에서 어차피 닥쳐올 공황을 막을 방법이라고는 그 시기를 연기시키는 것 외에는 달리 없었습니다(실제로 얼마 지나지 않은 2008년 서브프라임 모기지론으로 인한 경제공황이 발생했지요). 미국의 군수 기업들에게 전쟁은 "하늘의 선물"입니다. 하지만 전시 특수를 누리고자 한 선택은 100만 명 이상의 이라크 주민들을 죽음으로 내몰았습니다. 또한, 이는 국채를 발행해서 전쟁 비용을 충당하는 모델인지라 '재정 건전성' 차원에서 본다면 계속 대규모 살육을 벌이는 것이 다소 어렵습니다.

셋째, 토건입니다. 이는 활주로 이용률이 각각 1퍼센트, 4퍼센트밖에 되지 않는 양양공항, 무안공항의 사례 혹은 그저 재앙일 뿐인 "4대 강 죽이기"를 떠올리면 이해가 쉽습니다. 아무런 필요가 없어도 삽질을 하고 콘크리트를 부어서 그만큼 지가를 올리는 방법이지요. 쉽게 말해 '부동산'이라는 블랙홀에다가 잉여 자본을 흡수시키는 방식입니다. 그런데 이로부터 발생하는 고용은 대부분 저임금 비정규직인지라 전체 소비 진작 효과는 역시 미미합니다.

넷째, 부채(빚)입니다. 국가가 빚을 내 전쟁을 벌여 군수 기업을 살리고, 가구가 빚을 내 주택을 사고 그것으로 부동산 가격을 올려 잉여 자본을 흡수시키는 방식입니다. 지금 전 세계의 정부 및 가구 빚은 전 세계 총생산의 365퍼센트에 달하며 계속 늘어나는 중입니다. 한국만 해도 가계 빚이 국내총생산의 108퍼센트나 됩니다. 미국의 경우 가계 빚이 국내총생산의 73퍼센트에 불과한데, 이와 견주면 이제 한국은 미국보다 '빚에 의한 성장'을 더 선호하는 것이지요. 그런데 상환이 불가능한 빚으로 인해 결국 신용불량자들이 속출하면 이 또한 총수요를 떨어뜨려 과잉생산 및 과소소비의 위기를 악화시킬 것입니다.

다섯째, 부동산입니다. 다른 경제 부문에서 더 이상 이윤이 나지 않으면 결국 큰돈들이 부동산으로 몰려 그 값을 엄청나게 올려버립니다. 그렇다 보니 정권이 어떤 정책을 쓰더라도 집값은 꾸준히 오릅니다. 문재인 정부 집권 시기(2020년 12월 기준)만 봐도 서울 아파트 중위 가격이 57퍼센트 정도로 뛰었습니다. 이러다가는 지가 버블이 터져 경제 전체를 장기 침체로 이끌어 갈 위험이 있는 것이지요. 하지만 이와 더불어 무주택자(전체 인구의 47퍼센트)의 전월세 부담은 커져 이들의 실질구매력이 떨어지는 것도 문제입니다.

사회적 생산력 향상으로 궁핍의 경제를 대신해서 풍요의 경제가 도래했지만, 만성적인 이윤율 저하, 과잉생산과 과소소비의 위기가 찾아왔습니다. 앞서 살펴봤듯이 이 문제는 미국 자본도 한국 자본도 끝내 그 어떤 방식으로도 해결할 수 없다고 여겨집니다. 앞으로 우리를 기다리는 것은 장기적인 경제 침체, 그리고 국가와 자본의 자충수에 따르는 크고 작은 위기들의 연속입니다. 가령, 모기지론을 남발해서 한때 부동산 경기를 진작시켰지만 이후 지가가 떨어 수많은 사람이 집을 잃은 사례, 혹은 신상품을 간판으로 해서 특정 하이테크 기업들의 주가가 무리하게 올랐다가 이후 전체적인 주가 폭락으로 엄청난 자본이 증발되는 일련의 사태들이 이제 계속 반복될 것으로 보입니다. 예측이 가능한 가까운 미래의 범위 내에서 1945~1973년 사이에 있었던 세계 자본주의 황금의 시대가 절대 돌아오는 일은 없을 것입니다. 또한, 아마도 약 10~20년 뒤에는 세계 기후 위기야말로 자본의 가장 중요한 새로운 '성장 동력'으로 부상할 것입니다. 예컨대 방글라데시 영토의 침수, 인도 영토 상당 부분의 사막화 등으로 발생되는 수천만 명의 기후 난민들이 인구 고령화가 고속으로 진행되는 한·중·일에서 최저임금으로 일하는 현대판 노예가 되어 동아시아 제조업의 이윤율을 유지시키는 상황이 벌어질 가능성이 큽니다. 그 사이에 지구의 위기는 한층 더 심화될 테고요. 결국 이 위기를 해결하는 방법은 궁극적으로 '이윤 체제' 폐기 외에는 없습니다. 자본주의를 벗어나지 않는 이상, 인류에게 미래란 없습니다.

다원 패권 체제가 몰려온다: 21세기 첫 20여 년의 총결산

어느덧 21세기의 5분의 1도 훌쩍 지나갔습니다. 지난 20여 년간은 역사적으로 참 의미심장하고 무서운 시대였습니다. 그 사이 인류는 본격적으로 '소셜 네트워크'의 시대에 진입했습니다. 18세기 후반부터 20세기 중반까지는 신문의 시대, 20세기 중후반은 텔레비전의 시대였다면 21세기 벽두부터는 SNS의 시대라 할 법합니다. 높은 인기를 가진 유튜브 채널 하나가《조선일보》 따위의 종이 신문보다 더 많은 영향력을 행사할 수 있는, 여태까지 경험해보지 못한 시대이지요. 물론 영향력을 가진 유튜버들 대부분은 상류층이나 중상층 배경을 갖고 있으며 그 뒤에는 영향력 있는 사회적 집단들이 버티고 있지만 이는 결이 다른 문제이니 논외로 하겠습니다. 한편, 이와 동시에 그 사이는 기후 재앙이 점차 가시화되어가던 시대였습니다. 춥기로 유명한 노르웨이에서조차 지금 제 창문 바깥의 기온은 영상 1~2도입니다. 눈이 오더라도 금방 녹아버립니다. 기후 재앙의 심화와 인류의 SNS 시대 진입, 이 두 가지 변화는 지난 20여 년간 인류에게 벌어진 가장 중요한 '사건'이었던 듯합니다.

국제적으로 지난 20여 년은 신자유주의의 위기가 심화된 시대이자 구미권 패권이 점차적으로 쇠락해가던 시대였습니다. 2008년 벌어진 경제공황 이후 자본은 플랫폼 노동이나 긱gig 노동(고용주의 필요에 따라 단기로 계약을 맺거나 일회성 일을 맡는 초단기 노동), 즉 노동자로서의 모든 권리를 박탈당한 노동의 양산을 통해 이윤의 위기를 모면하려 했습니다. 하지만 소비력이 없는 저임금 노동의 양산은 역으로 과잉생산의 위기를 심화시켰습니다. 여기에 코로나 위기까지 가세해 앞으로 10~20년간 세계 체제 핵심부에서는 위기 국면과 침체 국면들이 서로 교체되고 이렇다 할 만한 '성장'을 예상하기가 어렵습니다. 이와 같은 경제적 사정을 배경으로 해서 핵심부 및 구미권의 지구적 장악력은 가시적으로 약화됐습니다. 2001년 이후 미국과 영국 등의 이라크 및 아프가니스탄 재식민화의 시도는 실패로 돌아갔으며, 시리아나 리비아 분할을 둘러싼 이전투구에서 핵심부 제국주의(미국, 프랑스)보다 준주변부 제국주의(러시아, 튀르키예)가 더 많은 전리품을 강탈했습니다. 미국의 제재에도 불구하고 이란은 이라크와 시리아, 예멘에서 동조 세력의 영향력을 확장시켰습니다. 동시에 중국에 대한 미국의 견제 시도는 아직까지 중국 경제에 이렇다 할 만한 타격을 주지 못했습니다. 쉽게 이야기하자면 구미권은 준주변부 주요 세력들의 견제에 진력해왔지만, 그 성과가 매우 제한적이었습니다.

물론 그렇다고 해서 '서방의 몰락'이 근시일 내에 찾아오지는 않을 것입니다. 서구를 중심으로 한 세계 자본주의 체제는 17세기 이후부터 쭉 발전해왔습니다. 1945~1973년 사이에 찾아온 자본주의의 황금기는 바로 그 절정이었습니다. 지금은 구미권 패권 체제가 하강 국면이라고 해도, 상승 국면이 몇 세기에 걸쳐 지속됐던 것처럼 하강 국면 역시 상당히 길게 이어질 것입니다. 예컨대 자본주의의 황금기에 전 세계 과학 및 연구계의 지배 언어로서 영어가 차지한 위상이 고착된 이상, '국제적 수준의 연구를 영어로 해야 한다'는 등식은 그리 쉽게 바뀌지 않을 것입니다. 국내 학술지들이 영문만이 아니라 영어와 중국어 '양문 체제'로 발행되기 시작하는 시점은 아마도 20~30년 후일 것입니다. 영어의 지배력도 그렇지만, 달러의 지배력이나 미국이 장악한 국제 금융기관의 지배력 등은 적어도 앞으로 10~20년은 이어질 것으로 보입니다. 중국의 명목상 경제 규모가 미국을 추월하는 시점으로 예상되는 시기는 대략 2030년이므로 아마도 군사력 측면에서 미국이 상대적 우위를 점하는 상황은 2030년대까지 지속될 듯합니다. 즉, '아직'은 구미권의 지배력이 남아 있는 것이지요. 하지만 전 세계적으로 일극 패권이 아닌 다원 패권 체제의 윤곽이 이미 가시화돼가는 중입니다.

　동아시아가 새로운 세계 체제에서 하나의 중요한 경제권으로 부상한 만큼, 지난 20여 년간 모범적인 신자유주의 체제를 갖춘 한국의 명목상 생산량과 총소비량도 엄청 늘어났습니다. 동아시아 전체가 부상한 만큼 한국도 부상한 것이지요. 1999~2000년 대한민국의 1인당 명목 국내총생산은 슬로베니아 등 동유럽의 고소득 국가와 비슷한 1만 달러 정도였습니다. 하지만 지금은 이탈리아 등 유럽권 핵심 경제들과 거의 엇비슷한 수준인 3만 달러 이상입니다. 동아시아 근대주의자들은 '탈아입구脫亞入歐'의 숙원을 품어왔고 같은 맥락에서 한국은 늘 '극일'을 이야기해왔는데, 2020년 구매력 기준으로 본 한국과 일본의 1인당 국내총생산은 이미 딱 같은 4만 2000달러였습니다. 어떤 측면에서는 옛 식민모국을 '드디어' 따라잡은 셈입니다. 하지만 그렇다고 해서 우리가 과연 행복해졌나요?

무엇보다 엄청나게 성장한 만큼 내부의 격차도 엄청나게 벌어졌습니다. 가령, 전국의 2100만 가구 중 약 60퍼센트가 '땅'을 보유하고 있는 '지주'들인데, 그중 최상위 50만 가구에 해당하는 '최고 5퍼센트의 부자 집안'들이 개인 소유 토지의 54퍼센트를 소유하고 있습니다. 경제성장이 낳은 엄청난 부는 제조업 이윤율의 경향적 저하로 적절한 투자처를 찾지 못해 부동산으로 유입됐습니다. 그만큼 '내 집 마련'은 평균적인 젊은 서민에게 이제 거의 실현 불가능한 꿈이 되고 말았습니다. 이제 서울의 평균 집값은 10억이고, 서울이 아닌 전국을 기준으로 해서 봐도 서민의 내 집 마련에 20년 이상이 걸립니다. 내 집이 없으니 아이를 낳을 엄두도 내지 못합니다. 한국의 합계출산율은 이제 세계 최저인 0.73에 이르렀습니다(2023년 기준). 신자유주의적 '성장'이 낳은 불균형은 사회의 생물학적 재생산을 불가능하게 만들고 말았습니다. 망국적 재앙이지요.

이러한 재앙을 맞이한 상황에서 대한민국의 주류 정치권에서는 두 개의 주요 경쟁 진영인 극우와 리버럴(자유주의자)들이 서로 '무능력의 경쟁'이라도 벌이는 듯한 모습을 연출해왔습니다. 지난 20년간 그 어느 정권의 사회경제적 정책도 한국 사회가 직면한 위기의 해결에 거의 아무런 도움을 주지 못했습니다. 물론 극우 쪽이 끼친 해악이 더 컸다고 할 수 있겠지만 말입니다. '대통령' 이명박은 자기 주머니를 채우는 일 이외에는 한 일이 없었고, 박근혜는 명색상 '대통령'이었지만 '국정 운영'의 능력 자체를 보유하지 못했던 것으로 보입니다. 거기에 비하면 리버럴들은 국정 운영에 훨씬 더 프로페셔널하게 임했지만 결과는 여전히 참담합니다. 리버럴들은 1997~2002년 사이에 고착된 신자유주의적 게임의 룰들을 전혀 고치지 못했으며, 그 사회적 후과의 처리에도 실패했습니다. 대표적 리버럴인 문재인 대통령이 집권했던 시기를 살펴보면 비정규직들이 여전히 전체 임금 근로자들의 36퍼센트를 차지했으며(2020년 기준), 이들이 받는 평균임금은 여전히 정규직의 절반에 불과했습니다. 비정규직 양산, 주거의 위기, 산업화된 나라치고 최악이라 할 수 있는 노인 빈곤, 10퍼센트밖에 되지 못한 공공병원 병상의 태부족, 노예처럼 부려지고 비닐하우스에서 얼어 죽기에 이르는 외국인 노동자에 대한 세계 최악에 가까운 학대와 착취 등을 되돌아보건대, 그간 이런 문제들을 타개하기 위한 여러 시도들이 있었지만 궁극적으로 문재인 정권이 해결해낸 사회적 문제는 거의 없었습니다. 단, 검찰 개혁의 시도 등이 가져온 권위주의적 국가기구의 상대화 및 '민주화' 과정상의 제한적 성과나 비교적 상식적인 대북 정책 등은 긍정적으로 평가할 수 있습니다.

구미권 패권의 쇠락, 동아시아의 전반적인 부상 속에서 한국은 2000년 이후에 중간 소득국에서 '부자 나라'로 거듭나기에 이르렀습니다. 그러나 부자 나라 대한민국 주민들의 다수는 전혀 '부유'하지 않으며 대부분은 커다란 불안과 불행을 느낍니다. K-팝이나 K-방역의 '세계적 성공'에 뒤에 가려진 것은, 직장 불안과 일상적 과로, 허탈감, 피로감으로 하루하루를 보내야 하는 다수의 한국인이 흘리는 '천하가 모르는 눈물'입니다. 대한민국이 보다 평등한 사회를 지향할 수 있었다면 다수가 훨씬 더 행복한 삶을 살 수 있지 않았을까요? 비극적이게도 그렇게 되기에는 이 나라에서 좌파의 존재감은 너무 약합니다.

신냉전 시대,
냉정한 양비론을 넘어서라

성탄절을 보내고 새해를 맞이하는 연말연시는 본래 따뜻하고 행복해야 합니다. 저는 세밑에 지인들에게 전자우편을 보낼 때마다 "연말연시를 행복하게 보내시길 바란다"라고 버릇처럼 덧붙이곤 합니다. 그러나 요즘에는 나 자신부터 행복보다 불안과 공포를 더 많이 절감합니다. 연말연시를 행복하게 보내기에는 오늘날의 세계가 너무나 험악하기 때문입니다.

당연한 귀결이지만, 2020년대 초반에 접어들며 구미권의 패권은 점차 지나간 과거가 되고 있습니다. 구매력 기준으로 본다면 26조 달러 규모의 중국 국내총생산은 이미 미국(22조 달러)을 한참 능가했고, 그 갭은 점차 커지고 있습니다. 시야를 좀 더 넓혀보면, 청나라가 세계 상품 생산의 중심이었던 제1차 아편 전쟁 이전의 상태로 돌아간 것이라고 이야기해도 과언이 아닙니다. 동시에 인도(10조 달러)와 러시아

(4조 달러), 인도네시아(3조 달러)와 브라질(3조 달러) 등의 국내총생산을 합치면 유럽연합(20조 달러)이라는 구미권의 또 하나의 중심과 거의 같은 수준이 됩니다. 한국(2.5조 달러)과 튀르키예(2.7조 달러)의 국내총생산을 합치면 일본(5.5조 달러)과 비교될 수 있을 정도이고요. 한마디로 한때 미국과 유럽, 일본 등 선진권을 중심으로 돌아갔던 세계경제는 이제 구미권·일본과 아시아의 신흥국가들로 양분된 셈이나 마찬가지입니다.

그러나 구미권 제국주의 패권의 상대화는 평화적으로 이루어질 리가 만무합니다. 반대쪽, 특히 중국과 러시아에도 이미 군수산업과 거대한 군대, 정보기관, 그리고 선전 매체 등을 동원할 수 있는 '제국주의'가 성립된 것이지요. 구미권 제국주의와 그 반대자 사이의 세계적 대결을 일컬어 우리는 흔히 '신냉전'이라는 말을 씁니다. 1989년에 완결된 본래의 냉전과 달리, 이 신냉전의 승자를 짐작하기란 결코 쉽지 않습니다. 1985년, 개혁 이전의 소련은 국내총생산이 미국의 절반에도 미치지 못했습니다. 이런 경제력으로 미국과 무기 경쟁을 벌이는 것은 궁극적으로 필패의 게임이었습니다. 그러나 오늘날 중국 제조업의 생산력은 미국을 이미 압도했고, 현시점에서 남은 과제는 여태까지 구미권·일본의 독무대였던 세계 금융권에 대한 영향력 확대일 것입니다. 중국과 러시아, 그리고 그 영향권(벨라루스, 카자흐스탄 등) 국가들의 총인구는 구미권·일본 인구의 약 1.5배 이상입니다. 그렇기 때문에 과거의 냉전과 달리 신냉전이 궁극적으로 세계 패권의 다원화, 즉 열강 경쟁의 장기적 제도화로 이어질 가능성 역시 큽니다. 우리

전쟁 이후의 세계

는 앞으로 적어도 수십 년 동안 신냉전 시기를 살아나가야 한다는 이
야기입니다.

신냉전은 과거의 냉전과 마찬가지로 제국주의 국가 사이의 대립과
대결입니다. 핵무기의 시대인 만큼 양쪽은 전면적인 열전을 회피하긴
하지만, 과거나 지금이나 주변부의 지정학적 요충지에서는 (신)냉전
이 열전으로 비화됩니다. 2011년부터 현재까지 대략 50만 명의 사망
자와 행방불명자를 낳고 총인구의 절반을 피난민으로 만든 시리아 전
쟁은 아직도 종식되지 않았습니다. 거기에다가 2022년부터 시작된
러시아의 우크라이나 침공, 2023년의 이스라엘과 하마스의 전쟁 등
적어도 부분적으로 열강의 대리전으로서의 성격을 지니는 새로운 열
전들이 요즘 계속 터져왔습니다. 즉, 글로벌 신냉전과 지역적 열전들
이 같이 진행되는 양상입니다.

위험천만한 이 신냉전의 시절을, 우리는 어떤 마음가짐으로 살아나
가야 할까요? 일단 이 제국주의적 대립에서 양쪽이 내세우는 명분은
현실과 다르다는 점부터 기억해야 합니다. 6·25 전쟁이 한창이었던
1950년대, 즉 '구'냉전의 최악의 첫 시기를 생각해봅시다. 46만 명의
정치범을 포함해서 약 240만 명에 이르는 수용소 죄수들의 노예노동
을 마구 사용했던 시절의 소련은 그 이념인 '사회주의'의 아름다운 이
상과는 실제로 그다지 관계가 없었습니다. 민중에게 유리한 면이 많
았던 사회임에는 틀림없지만 평등보다 초고속 개발이 더 중요시된,
마르크스나 레닌의 꿈과는 너무나도 다른 곳이었지요. 그렇다면 흑인
들에게 여전히 실질적인 시민권을 부여하지 않았던 인종주의의 총본

산인 미국은 과연 명실상부한 민주주의 국가였을까요? '제3의 길'을 고민했던 당시 한국 혁신 정당들의 양심적 지식인들이 인식했듯이, 미·소 양 진영은 결국 불평등과 착취로 점철된 추악한 현실을 '사회 주의'나 '민주주의'라는 미사여구로 호도했을 뿐입니다.

오늘날 양쪽의 실정은 과연 얼마나 다른가요? 미국은 서방 진영의 세계적 전열을 가다듬으려는 목적으로 2021년 12월 9~10일 한국도 참가한 '민주주의 정상회의'를 열었지만, 바로 그때 아이러니하게도 미국의 줄리안 어산지Julian Assange, 1971~ 송환 요청을 받아들일 수 있다는 영국 법원의 판결이 나왔습니다. 이라크 침공의 내막을 세계 시민들에게 공개한 어산지를 '간첩법 등 위반 혐의'로 박해·탄압하고 있는 미국형 '민주주의'의 질은 과연 얼마나 나은가요? 그런가 하면 소수민족 문화의 다양성을 인정하는 중국의 국시인 '다원일체문화론'과 위구르족에 대한 대량 감금과 감시라는 엄연한 현실 역시 따로 놓고 있는 실정입니다. 미국도 중국도 그들이 내세우는 이념들을 역사상 한 번도 제대로 실천한 적이 없다는 것은 우리가 직시해야 할 현실입니다.

그러나 신냉전 시대에 냉정한 양비론만 필요한 것은 아닙니다. 한편으로는 여전히 양비론이 유효하지만, 다른 한편으로는 양쪽 시민들이 '자기' 체제 속에서 인권과 민주, 평등의 이상을 실천하려는 투쟁부터가 절실합니다. 과거 냉전의 경험을 다시 돌아봅시다. 그 시절에 미국을 포함한 서방 진영의 모습을 영원히 바꾼 것은 '빨갱이' 베트남에 대한 침략 전쟁을 반대한 시민들의 목소리였습니다. 마찬가지로

전쟁 이후의 세계

서방과의 대립이 새로운 전쟁으로 이어진 오늘날에도 러시아 시민들이 아직까지 원칙적으로 출국의 권리를 누릴 수 있는 배경에는 출입국 자율화를 위해 투쟁했던 소련 시대 재야 인사들의 공로도 있습니다. 분단과 냉전의 최전선이었던 독재 정권 시절의 한국에서 리영희 李泳禧, 1929~2010 선생의 《8억 인과의 대화》(1977)나 《분단을 넘어서》(1984) 같은 '북방 국가'에 대한 내재적 이해를 위한 선구적 노력들은 결국 냉전 종식 이후의 해빙을 준비했습니다. 앞으로 신냉전의 이분법적 흑백 사고에 맞서서 우리 시대의 시민들도 이런 노력들은 기울여야 할 것입니다. '우리'가 속한 진영의 문제들을 냉정하게 파악하면서 반대쪽에 대한 객관적 이해를 위해 분투해야 하는 것이지요.

● ● "전쟁하는 국가"에서 반전운동은 어떻게 가능한가

　　세계 냉전이 1989년에 종식된 것은 적어도 한 가지 매우 좋은 결과를 가져다줬습니다. 세계 군비가 오래간만에 상당히 줄어든 것이지요. 냉전의 마지막 해인 1989년 세계 군비는 미화로 1조 5000억 달러 정도였는데, 5년 뒤 소련이 붕괴되고 중국이 경제 건설에 집중하는 상황에서는 약 1조 달러 수준까지 내려갔습니다. 1990년대 초중반 세계의 "죽음의 장사", 즉 무기 장사는 불황 중의 불황을 겪었습니다. 그러나 전쟁을 하지 않고 살기에는 무기 제조와 판매가 미국 경제에서 차지하는 비중이 너무나 높습니다. 그래서 1999년 미국은, 미국 안보에 하등의 영향을 줄 수 없는 머나먼 땅 유고슬라비아를 공습했습니다. 대체로 유고슬라비아 전쟁을 전후한 시기부터 세계의 군비는 다시 쑥쑥 자라나기 시작했습니다. 2001년 아프가니스탄 침략, 2003년 이라크 침략 등은 무기 산업에 "하늘의 선물" 같은 역할을 했지요. 그때부터 지금까지 각국 국방 예산이 증액되고, 무기 산업의 지속적인 증산이 이뤄진 결과, 2021년 세계 군비는 이제 1조 9180억 달러, 즉 거의 2조 달러에 육박하는 수준이 된 것입니다. 1990년대 중반 수준보다 거의 2배나 껑충 뛴 것이지요. 아무래도 2008년 경제불황 이후 무기 산업이 각국 "경기 부양"의 중요한 기제가 된 것 같기도 합니다.

지난 20여 년 동안의 무기 경쟁에서 동아시아는 절대 예외가 아니었습니다. 그리고 대한민국은 비록 세계 무기 시장에서 아직까지 미국이나 러시아, 영국, 프랑스 등과 같은 주요 행위자는 아니지만, 지난 수십 년간 꾸준히 군부 예산을 증액하고 무기 생산을 증산시켰으며 대외적으로 무기 판매고를 높였습니다. 2010년부터 한국의 국방비는 거의 40퍼센트나 늘어났습니다. 중국의 국방비 증액 속도와 거의 같은 속도입니다. 방위산업의 수출 측면에서 현재 한국의 무기 수출 규모는 세계 8위인데, 최근 5년간 수출 매출고가 176퍼센트나 올랐습니다. 이는 세계 시장의 2.8퍼센트 정도를 차지하는 수치입니다. 물론 한국의 경우 무기 수출액보다 (주로 미국산) 무기 수입액이 훨씬 더 큽니다. 그러나 이제 한화 에어로스페이스와 같은 한국의 대표적인 방산 기업은 세계의 46위의 무기 판매 업체로 등극했습니다. 아마도 앞으로 가면 갈수록 한국 재벌의 비즈니스에서 "죽음의 장사" 비율은 높아지지 않을까 싶습니다.

흔히들 군부 예산을 "국방 예산"이라고 부릅니다. "국방"은 "국가의 방어national defence"를 줄인 말입니다. 그러나 과연 군비 증액과 무기 생산 증산은 거시적인 시각에서 "방어", 즉 전쟁 억제에 도움이 될까요? 2022년 기준, 전 세계적으로 진행 중인 무장 분쟁의 숫자(56개)는, 1989년보다 더 많으며 1996년(40개)보다도 많습니다. 무장 경쟁을 거듭하는 세계는 사실상 무장 분쟁으로 폭발하기가 더 쉬운 세계입니다. 미군도 2001년 아프가니스탄 침략 이후로 계속해서 아프가니스탄과 중동, 아프리카에서 이런저런 전쟁 행위를 수행해왔습니다. 러시아군도 1999년 제2차 체첸 전쟁의 시작 단계부터 지금까지 전쟁을 쉬는 해가 거의 없었습니다. 제2차 체첸 전쟁1999~2009, 다게스탄에서의 이슬람 근본주의 세력과의 전쟁2009~2017, 그루지야(조지아)와의 전쟁2008, 크림반도 합병과 동부 우크라이나에서의 전쟁2014~ , 시리아전쟁2015~ , 우크라이나 침공 및 전면전2022~ 등을 떠올려보면 그렇습니다. 미국도 마찬가지이지만 러시아에서도 전쟁은 지속적으로 이뤄지고 있으며 평화의 나날은 거의 찾아보기가 어렵습니다. 그래야만 무기 생산을 중심으로 하는 제조업 경제가 돌아가기 때문입니다.

이런 현실에서 가장 무서운 것은 전쟁과 무기 경쟁이 일상인 후기 자본주의의 "전쟁 (준비)하는 국가"에 우리 시민들이 그저 익숙해져 있다는 사실입니다. 이라크 침략처럼 평화를 위협하는 엄청난 규모의 대형 범죄들은 종종 거대한 평화 운동의 물결을 가져다주긴 합니다. 그러나 반전운동이 합법적으로 가능한 미국에서도 예컨대 아프가니스탄 침공과 점령에 대한 저항은 그다지 강하거나 가시적이지 않았습니다. 예멘이나 소말리아에서의 펜타곤 군사작전은 아예 다수 시민들의 눈 밖에 벗어나 있었으며, 지속적인 펜타곤 예산 증액도 진보주의자들에게 어느 정도 동의를 얻는 듯한 인상입니다. 진보의 기반 중 하나는 제조업 노조들인데, 그 제조업의 절반 이상이 군수 기업입니다. 미국처럼 대한민국 역시 합법적인 반전운동이 제한적으로나마 가능한 사회이지만, 리버럴 정권이던 문재인 정부하에서의 국방부 예산 폭주를 두고 진보 진영에서조차 그다지 반대의 목소리가 많이 나오지 않았습니다. 무기 판매를 "업적"으로 자랑하는 문재인 정부의 태도에 대해서도 시민사회에서 그다지 비판이 많이 나오지 않았지요. "죽음의 장사"가 일상이 된 이 삶에 우리는 그냥 익숙해져버린 것 같습니다. 하물며 반전운동의 자유가 보장되지 않는 러시아에서는 우크라이나 침공에 대한 반대 운동이 극소수 (주로 자유주의) 지식인의 "담론"에 그칩니다. 노동계급이나 좌파의 반전운동은 거의 없는 셈이나 마찬가지입니다.

무기 장사로 먹고사는 사람들이 너무나 많은 데다 모든 국가들이 "무기 경쟁에서 밀리면 우리가 죽는다"라는 식의 공포 의식을 유포시키고 신냉전이 가면 갈수록 치열해지는 상황에서 아마도 평화 반전 투쟁은 제일 어려운 싸움일 것입니다. 신냉전의 경계선들을 넘어 여러 나라의 피해 대중들이 연대하지 않는 한, 이 체제는 쉽게 변하지 않을 것이라고 전망합니다.

미국 패권 이후, 혼돈과 기회의 시대에 대비하라

　　저는 중국사를 공부하면서 한 가지 재미있는 점을 발견했습니다. 중국 지배자들은 늘 '천하통일'을 이상으로 내세우지만, 사후적으로 보면 역사의 진보가 가장 빨랐던 시기는 바로 천하가 통일되지 않았던 시대들이었습니다. 우리가 흔히 아는 유가나 도가, 법가 등이 형성된 춘추전국시대기원전 770~221는 분열의 시대였지만, 아마도 중국 역사상 가장 풍부한 지적 유산을 남긴 시대이기도 했지요. 이 시대에는 비단 중국의 고전 사상만이 형성된 것은 아닙니다. 진나라 상앙商鞅, 기원전 390~338의 개혁이 만든, 세계 최초의 능력주의 관료 국가도 피비린내 나는 전란시대의 유의미한 사회적 실험이었을 것입니다.

　　이 시대와 비교가 가능한 시기는 송나라960~1279와 요나라 916~1125, 금나라1115~1234처럼 한족이 아닌 '오랑캐'들이 세운 왕조들이 공존한 10~13세기였습니다. 이웃과의 경쟁 속에서 송나라에서는 수력방직기나 화약 사용 등으로 기술이 발전하고 지폐·어음 사용을 바탕으로 상업경제가 번성했을 뿐만 아니라 성리학부터 선불교까지 다양한 사상들이 경합을 벌이기도 했습니다. 유럽보다 500년이나 앞서 송나라에서 먼저 '근세early modernity'가 출현한 것입니다. 반대로 천하통일을 이룬 명·청 시기에는 역사 발전이 훨씬 더 느렸습니다.

패권이 약화하거나 교체되는 시기는 근현대 세계사에도 있었습니다. 1870년대 초반 독일의 부상 이후 비록 영국의 세계 패권은 기본적으로 유지되긴 했지만, 신흥 산업 대국인 미국, 독일과의 경쟁 속에서 날이 갈수록 약화했지요. 1914년까지 지속됐던 이 패권 국가 쇠퇴의 시기는 아마도 세계사에서 기술발전이 가장 빨랐던 시대이자, 노동운동이 대대적으로 발전한 시대이기도 했습니다. 바로 이 시기에 마르크스주의부터 니체 사상까지 오늘날 우리 생각의 지형을 형성하는 사상의 흐름이 만들어졌습니다. 뚜렷한 패권 국가가 없었던 1914~1945년 사이 영국에서 미국으로 패권이 넘어가는 시기는 세계사에서 가장 담대한 사회적 실험들이 가능했던 시대였습니다. 1917년 이후 소련에서는 대안적 근대의 모델이 뿌리를 내렸고, 중국 공산당이 역사상 최초로 농민 기반의 사회혁명을 시도했습니다.

1945년 이후 미국 패권의 역사적 궤도는 단순하지 않았습니다. 1940년대 후반 절정에 이르렀던 미국의 패권은, 1970년대 초반에 이르러 서독과 일본의 부상과 미국 제조업의 상대적 후퇴, 그리고 베트남에서의 패배 등으로 다소 위축됐습니다. 그러다가 1989~1991년 소련과 동유럽의 몰락, 그리고 비슷한 시기에 진행된 인터넷의 상업화와 미국이 주도한 새로운 디지털 경제의 출범은 쇠퇴 일로에 있던 미국의 패권에 돌연히 새로운 '힘'을 불어넣었습니다. 소련은 '이미' 망했고, 중국은 '아직' 본원 축적과 공업경제의 압축 성장 시대를 경유하던 1991~2008년 사이 미국 패권은 1950~1960년대에 버금가는 '제2의 황금기'를 누렸습니다.

그러나 2008년 세계 금융 위기는 미국식 신자유주의 모델에 '사형선고'를 내렸습니다. 그에 비하면, 이미 디지털 경제의 영역에까지 매우 성공적으로 진출한 중국식 관료 자본주의는 비교적 더 강한 생명력을 보였지요. 이라크 전쟁에서의 사실상 패배 등 악재가 겹친 미국이 약해진 틈을 타, 중국과의 본격적 유착에 들어간 러시아는 2008년 친미 성향인 이웃 나라 그루지야(조지아)를 침공했습니다. 그때부터 지금까지 미국의 패권은 점차 경향적으로 약화해왔다고 이야기해도 과언이 아닐 것입니다. 바로 이와 같은 상황 전개를 배경으로 북한의 핵·미사일 개발도 가속화됐습니다.

최근 벌어진 러시아의 우크라이나 침략 역시, 미국 헤게모니의 약화 속에서만 가능한 일이었습니다. 이 침략 자체는 세계사를 바꿀 만한 일이 아닙니다. 그렇게 될 리도 만무하지만, 설령 러시아가 우크라이나 전체를 점령해 자국 내로 편입시킨다 해도 세계경제에서 러시아가 차지하는 몫은 여전히 2~3퍼센트 안팎일 것입니다. 침략 그 자체보다 세계사적으로 더 중요한 것은 이 침략을 계기로 분명해진 세계의 양분입니다. 구미권과 한·일 양국, 캐나다, 오스트레일리아, 뉴질랜드 등은 러시아에 경제제재를 가했지만, 제재를 가한 나라들의 인구는 세계 총인구의 14퍼센트에 불과합니다. 이에 대해 중국은 물론, 인도나 튀르키예, 사우디아라비아, 브라질, 남아프리카공화국 등 세계 각 지역 강국들은 러시아 제재에 불참함으로써 미국의 리더십에 사실상 도전장을 던졌습니다. 미국과 유럽의 은행에서 러시아 자산이 갑자기 동결된 것을 본 중국은 자국 화폐인 위안화의 국제 결제 비율을 높이는 등 자국 중심의 국제 금융 시스템 구축에 앞으로 힘을 쏟을 것으로 보입니다. 이와 같은 시스템이 구축돼 중국이 최고 수위의 미국 금융 제재를 견뎌낼 정도가 된다면, 우리는 그때부터 미국 패권 이후의 시대를 맞이할 것입니다.

이미 그 조감도가 어느 정도 그려지는 '미국 패권 이후의 세계'는 안정되거나 평화롭지 못할 것입니다. 핵 사용 위험은 과거 패권 교체기였던 제1·2차 세계대전과 같은 참사가 벌어질 가능성을 낮추지만, 우크라이나 침략처럼 지역 강자들이 주변에서 벌이는 크고 작은 대리전들은 많이 발생할 것입니다. 신자유주의를 대신해서 국가 주도 산업정책이 새로운 '정상'이 되고 서로 경쟁하는 각국의 집중적인 연구·개발 투자로 기술발전은 빨라지겠지만, 열강의 각축은 세계 곳곳에서 새로운 피해자들을 만들어낼 것입니다.

한데 이와 동시에 위태로워 보이기만 하는 '미국 패권 이후의 세계'는 많은 기회를 제공하기도 할 것입니다. 전쟁과 제재 속에서 유가와 함께 각종 물가가 오르고 인플레이션이 심해지면 다수의 구매력이 위축되는데, 그 빈곤화의 정치적 결과는 다양할 수 있습니다. 가난해진 대중은 오른쪽뿐만 아니라 왼쪽으로도 급진화할 수 있지요. 최근 인기가 오른 프랑스의 극우 정객인 마린 르 펜Marine Le Pen, 1968~ 뿐만 아니라 대선에서 승리한 칠레의 전형적 밀레니얼 좌파, 가브리엘 보리치Gabriel Boric, 1986~ 도 새 시대를 대표하는 정치인들입니다.

서방과 중국 사이 디커플링(탈동조화)이 이루어지는 만큼 미국을 비롯한 서방 각국에서 제한적으로나마 재공업화가 요구될 터인데, 산업 노동자 계층이 다시 커지는 만큼 좌파의 대중적 기반도 튼튼해질 수 있을 것으로 기대됩니다. 고전적 자유주의나 '포스트' 사상의 위축 내지 퇴출로 생기는 이념 시장의 '틈새'를, 극우 민족주의뿐만 아니라 새롭고 혁신적인 마르크스주의로도 메울 수 있겠지요. 일극 패권 이후의 강국 경합의 세계가 동시에 계급투쟁과 기후정의를 위한 투쟁의 세계가 될 것이라고 저는 확신합니다.

중·러, "한계 없는 협력"은 가능할까

　　현재로서 러시아가 우크라이나 침공을 지속할 수 있는 가장 중요한 외부적 이유 중 하나는 바로 중국과의 외교, 무역 차원에서의 밀착입니다. 중국이 러시아에 친화적인 중립을 지키고, 러시아와의 무역 관계를 잘 유지하면, 러시아로서는 서방의 제재가 비록 아프긴 해도 당분간은 감당이 가능한 상황입니다. 이와 같은 밀착 관계는 외부에서 보면 거의 "동맹"처럼 보일 정도입니다. "한계 없는 협력"을 이야기하는 시진핑 주석의 말은 대체로 그렇게 들립니다. 하지만 이 "한계 없는 협력"이 얼마나 오래 갈지는 좀 두고 봐야 할 일입니다. 역사적으로 중국과 러시아의 관계는 경쟁과 협력의 국면들이 주기적으로 교차되어왔고, 협력 국면들은 아주 길게 지속되지 못했습니다. 양쪽 지배층이 생각하는 "국익"이 충돌될 수밖에 없는 상황이었기 때문이지요. 시진핑 주석과 푸틴의 "밀월"도 영구적이지 않을 것이고, 다원화된 세계 체제 속에서 러시아와 중국의 관계는 협력과 갈등을 두루 포함할 것이라고, 저는 예상합니다.

원나라 시절에 간헐적인 접촉이 이뤄지긴 했지만, 러시아와 중국이 육로를 통해 서로 사절단을 보내며 본격적으로 교류한 것은 명나라 시절입니다. 그런데 청나라 초기에 접어들어, 러시아 세력들의 헤이룽강 지역 침략과 진출이 청나라(그리고 그 동맹국이 된 조선)의 "반격" 심리를 자극했습니다. 1649~1689년 사이에 있었던 알바진 전쟁雅克萨战役(이 전쟁에 조선 병력을 파견한 것을 두고 '나선 정벌'이라고 부릅니다)은 결국 평화 조약으로 봉합됐고, 러시아는 그 뒤로 중국산 차와 비단 등의 무역으로 오랫동안 큰 이윤을 얻을 수 있었지만, 영토 문제가 걸려 있기도 하고 서로에 대한 두려움도 만만치 않았습니다. 청나라가 강했을 때는 러시아가 그런 상황 전개를 얌전히 지켜보고 있었지만, 청나라의 국력이 약화되자마자 바로 그 상황을 이용해 "영토 따먹기"에 들어갔지요. 이윽고 제2차 아편 전쟁으로 청나라가 중대한 위기에 빠지자 러시아는 그 기회를 틈타서 아이훈 조약1858과 베이징 조약1860으로 원동 지역을 확보해놓습니다. 참고로, 마오쩌둥이나 덩샤오핑도 이 두 조약을 원칙상 "불평등 조약"으로 규정했습니다. 이에 더해 신강에서 코칸트 칸국의 군인이었던 야쿱벡阿古柏, 1820~1877을 중심으로 한 무슬림 세력들이 봉기하여 분리, 독립을 선포하자, 러시아는 바로 침공해 1871~1881년 사이 일리伊犁 지역을 군사 점령합니다. 당장의 전쟁을 원하지 않아 청나라로부터 돈("점령 비용")만 뜯어내고 물러갔지만 이 사건 이후로 청나라 지배층 내면에는 "공로증

恐露症"이 퍼지게 됩니다. 황준헌 같은 대표적인 개혁파 관료가 김홍집 등에게《조선책략朝鮮策略》(1880)에서 "러시아에 대한 방어의 우선적 급선무"를 이야기한 것도 그 여파입니다.

"공로증", 즉 루소포비아는 꼭 이성적 반응인 것은 아니지만, 사실 중국 입장에서 러시아 제국의 행동 패턴은 좋게 보일 리가 없었습니다. 앞서도 이야기했지만 두 국가 사이에는 협력 국면들도 없지 않았지만, 있다고 해도 오래 가지 않았습니다. 예컨대 일본에 패한 청나라는 1896년 러시아와 동맹을 체결했지만, 러시아는 그 틈을 타서 1898년 중국 파트너들에게 "여다조지 조약旅大租地条约", 즉 여순과 대련에서 조차조약 체결 등을 강요했습니다. 훗날 그 요충지들을 러·일 전쟁 패전으로 일본에 빼앗겼지만, 어찌 됐든 중국의 입장에서 러시아는 약해진 청나라의 영토를 가장 많이 탐내는 열강 중 하나에 불과했습니다. 러시아가 자행한 중국인에 대한 인종주의적 폭력 역시 유럽이나 미국에 못지않았지요. 예컨대 국경의 도시 블라고베셴스크에서는 의화단 봉기에 놀라서 1900년 7월 그곳에 사는 모든 중국인을, 즉 약 5000~7000명을 헤이룽강에 몰아넣어 집단 익살하는 등 그 당시 구미권에서도 보기 드문 집단 인종 청소를 자행하기도 했습니다. 청나라 말기나 중화민국 초기의 중국 지식인들이 러시아만큼 인종주의적이긴 하지만, 적어도 선진 기술이나 민주, 자유사상을 접할 수 있는 미국을 종종 선택하게 된 데에는 이런 배경이 있습니다.

1917년 혁명은 혁명 초기 이런 상황을 본격적으로 바꾼 듯한 인상을 주었습니다. 레닌 정부는 중국과의 모든 불평등 조약을 공식적으로 폐기했습니다(단, 만주 철도 소유권 등은 현실적으로 포기되지 않았습니다). 혁명에 대한 중국 신진 지식인들의 반응은 뜨거웠고, 그렇게 해서 중국 공산주의의 역사가 출발했지요. 러·중 관계에서 가장 오래 지속되고 그 내용 역시 가장 풍부했던 "협력 국면"은 1921년 중국 공산당 창당 시기부터 1960년쯤 중·소 분쟁이 일어나기 전까지 소련이 40년 동안 중국 공산당과 신중국을 "지원"한 것입니다. 현재 대부분의 중국인이 러시아에 대해 긍정적인 시각을 갖고 있는 것도 당시 이뤄진 지원과 항일 항전을 하는 데 있어 국민당 정부에 대해 소련이 포괄적 지원 등을 했던 역사가 있었기에 가능한 것입니다.

문제는 지원과 함께 소련 당국의 군림과 간섭도 같이 왔다는 것입니다. 소련 당국은 공산주의의 핵심인 국제주의를 종종 그저 "모스크바에 대한 복종"으로 해석하는 등 "국제주의적 혁명가"라기보다는 일개의 "열강"으로서의 태도를 여전히 과시해왔습니다. 국민당을 대일 전쟁에서의 잠재적 우방으로 봤던 스탈린의 자국 중심적 시각에 의해 1927년 중국 공산당이 무리하게 국공 합작에 매달리다가 결국 장제스의 백색 테러로 엄청난 타격을 입게 된 일은, 소련의 "지도"가 중국 공산주의 운동에 커다란 희생을 강요한 전형적인 사건이었습니다. 거기에다 소련 당국은 제정 러시아의 "영토"에 대한 집착을 많이 계승했지요. 가령, 1933~1934년 소련이 신강에 군사를 몰고 침입해 군벌인 성스차이盛世才, 1895~1970의 친소 정권을 군사적으로 유지시키기도 하고, 1950년 중국과 조약을 맺었을 때에는 첨부 비밀 협정서에서 만주와 신강을 소련의 "특수 이익 구역"으로 규정하기도 했습니다다. 결국 소련의 제국주의적 민족주의가 중국 민족주의를 자극한 것이 1960년 중·소 분쟁의 근원입니다.

1970년대 중반 이후 미국의 대소련 포위 전략에서 핵심적 역할을 해온 중국은, 1991년 미국과 러시아가 연합해 중국을 포위하는 최악의 시나리오를 예방하기 위해, 그리고 무기 등에 대한 수요를 충족시키기 위해 대러시아 관계 건설에 적극 나섭니다. 1921~1960년 사이에 이뤄진 "장기적 협력 기간" 다음으로 길게 이어진 중·러 협력 국면은 대체로 이미 1990년대 초반부터 시작됐습니다. 이후 1999년 미국의 유고슬라비아 공습 이후 본격화됐고 지금까지 진행 중입니다. 중·러 양국은 서방의 헤게모니에 대한 원한, 미국 중심의 일극 패권 체제에 대한 전복의 의도, 그리고 국가 관료 자본주의 모델 등을 공유합니다. 거기에다 세계에서 가장 긴 육지 국경 중 하나인 중·러 국경을 공유하고 있기 때문에 사실 협력하지 않는다면 국경 수비에 천문학적 비용을 소모해야만 합니다. 이러한 배경으로 푸틴과 시진핑의 밀착은 가능해졌지만, 이 밀착은 정말로 무기한 지속될까요?

양국이 공동의 적으로 생각하는 미국 중심의 일극 패권 체제가 존재하는 이상, 아마도 양국의 협력은 긴밀할 것입니다. 그런데 미국이 본격적으로 약화돼 세계가 정말 다원화된 국제 질서로 진입할 경우, 이야기가 좀 달라집니다. 사실 중·러 사이에 존재하는 잠재적인 갈등 요소들은 한둘이 아닙니다. 중앙아시아에 대해 누가 패권을 행사할 것인지가 가장 큰 문제일 것이고(현재는 사실상의 "공동 지배" 형태로 봉합된 상태임), 러시아와 인도, 그리고 베트남 사이의 전략적 파트너십도 중국 입장에서는 큰 문제입니다. 거기에다 중국의 군수공업 현대화가 빨리 진행돼 러시아산 무기에 대한 수요가 앞으로 과거처럼 크지 않을 테고요. 물론 1970년대 중반 이후와 같은 전면 갈등이 일어나지는 않겠지만, 러시아가 새로운 강자로 부상한 중국이 아닌 미국과 유럽, 인도 등과 보다 긴밀한 관계를 맺어 "중국 견제"로 나아가리라는 점은 충분히 상상할 수 있는 먼 미래의 시나리오입니다. 단, 그렇게 하기 위해 러시아는 먼저 (우크라이나에 대한 전체적 내지 부분적 점령 등을 포함해서) 구소련 영토를 수복하려는 것이고, 그 수복의 과정에서 서방의 저항을 뚫기 위해 중국의 도움을 절실히 필요로 하는 상황이지요. 쉽게 말해 러시아는 지금 중국을 "실지 회복" 프로젝트 차원에서 이용하고 있는 셈입니다.

열강 세계의 외교에서는 영원한 적도 영원한 동반자도 없습니다. 서로 간에 아주 복잡하고 갈등으로 가득한 역사를 가진 중·러는 지금 이해타산이 맞아 준동맹 관계가 됐지만, 타산이 달라지면 그 관계도 얼마든지 수정될 수 있을 것입니다. 그런 불확실성 혹은 가변성을 염두에 두고 대한민국 역시 앞으로의 생존 전략을 구축할 필요가 있습니다.

전쟁은 어떻게 러시아를 만들었나:
전쟁으로 읽는 200년 러시아사

국가는 전쟁을 수행하고, 전쟁은 국가를 만들어나갑니다. 아마도 이 둘 사이의 작용은, 생산력의 발전이 생산관계의 변화를 결정짓고 계급투쟁이 사회 진보를 이끌어나가는 만큼이나 인류 역사의 철칙일 것입니다. 한반도 역사에서 그 사례를 살펴볼까요? 6·25 전쟁은 한반도 주민들에게는 대대로 기억될 대재앙이었지만, 사실 남북한 양국에게는 어떤 면에서 "축복"이었습니다. 남한은 6·25 전쟁의 결과로 미국이 그 예산과 무기의 대부분을 지원하는 "60만 대군"을 얻었습니다. 이윽고 군대 장교들이 집권을 하고, 장기 군사 독재와 징병제 등의 메커니즘을 통해서 한국을 병영형 개발 국가로 만들었습니다. 북한도 북한대로 미군의 잔인한 폭격 등을 빌미로 대미 적대심과 함께 새로운 체제와 그 "수령"에 대한 충성을 고취시키고 퇴역 병사와 전몰 군인 유가족 등을 이 체제의 핵심 계층으로 삼았습니다. 1970년대에 접어들어서야 군수공업을 본격적으로 발전시킨 남한보다 훨씬 더 먼저 군수공업을 발전시키기도 했지요. 한편, 한국의 "부자 나라 만들기" 과정에서 또 하나의 핵심적 이정표는 바로 베트남 파병과 "베트남 전쟁 특수"였다는 점도 잊어서는 안 됩니다. 즉, "전쟁"을 빼고 한반도 현대사를 이야기하기란 어렵습니다. 미국도 다를 것이 없음은 물론이고요. 제가 익히 아는, 미국의 한국학을 포함한 지역학만 해도, 제2차 세계대전과 냉전이라는 과정에서 국가와 군부, 첩보 기관들의 집중 투자로 육성됐습니다. 실제로 고 제임스 팔레James Palais, 1934~2006, 존 던컨John Duncan, 1945~ 등 미국의 윗세대 한국학 전문가들의 상당수가 미군에서 복무한 경험이 있습니다. "군사 부문"을 빼고 미국 현대사와 학계의 역사를 이야기할 수 없지요.

"국가는 전쟁을 수행하고 전쟁은 국가를 만들어나간다"라는 등식은 인류 계급사회 역사의 "보편"이지만, 이는 특히 러시아사의 경우 탁월하게 적용됩니다. 러시아에는 구미권과 달리 수백 년의 역사를 가지고 엄청난 정치력을 발휘할 수 있는 "정통" 자본이 없습니다. 현재 러시아 최대 재벌인 가즈프롬이나 스베르방크 등의 대주주는 국가입니다. 그들은 30여 년 전만 해도 소비에트 국가 관료 구조의 "부서" 내지 "공사"에 지나지 않았습니다. 제정 러시아의 자본가들은 돈은 있었을지 몰라도 정치력이 거의 없었는가 하면 현재 러시아 재벌들은 권위주의적 환경에서 생존을 하고 경제활동을 하기 위해서 정치 지도자들에게는 절대 순종합니다. 러시아는 국가가 자본을 압도하는, 추격형 발전을 하는 주변부 사회인 만큼 국가가 벌이는 전쟁 역시 그 사회에 절대적인 영향을 미쳐왔습니다. 지난 200년 동안의 러시아사를 염두에 두고 총평을 하자면 이러한 영향력은 다음과 같은 등식으로 표현이 가능합니다. 몇 년간 고전한다고 해도 압승만 거두면 그다음에 압승을 거둔 체제는 약 40년 정도 더 지속됩니다. 부분적 패배는 보통 근대화 지향의 개혁으로 이어집니다. 한데 완패의 결과는 곧 혁명으로 직결됩니다. 이 같은 혁명 과정에서 수립된 새 정권은 힘을 키우고 나면 나중에 설욕전을 또다시 벌이지요.

1812~1815년 사이 나폴레옹 1세의 러시아 침공으로 시작된 전쟁은 러시아로서 "고전苦戰"이었습니다. 이 전쟁으로 한때 모스크바까지 불에 타버렸지요. 하지만 전쟁은 러시아군의 파리 입성으로 끝났습니다. 결국 초보적 국회나 국헌도 없는 러시아식 전제 정권은 오스만튀르크, 영국, 프랑스 등과 크림반도를 놓고 벌인 크림 전쟁1853~1856이 벌어지기 전까지 약 40년 동안 건재했습니다. 마찬가지로 1941~1945년에 벌어진 독·소 전쟁에서 소련은 2700만 명의 천문학적 인명 손실을 겪고 국토의 상당 부분이 완전하게 초토화되는 상황을 맞이했습니다. 하지만 전쟁의 결과가 "베를린 입성"으로 끝난만큼 스탈린 체제와 그 후계 정권은 40년 동안, 즉 1985년 고르바초프의 개혁이 시작되던 시기까지 건재할 수 있었습니다. 한데 러시아의 흑해 해군 보유 금지라는 결과에도 불구하고 큰 영토 손실을 안기지는 않았던 크림 전쟁에서의 부분적 패배는 결국 1861년 이후 농노해방 등 근대화 개혁으로 이어졌습니다. 영토 손실은 없었다고 해도 애당초 전쟁 목표 달성에 실패한 아프가니스탄 침공1979~1989도 결

국 페레스트로이카라는 이름의 일종의 근대화 개혁으로 이어졌습니다. 한편, 일본에 완패했다고 할 수 있는 러·일 전쟁은 1905~1907년 러시아의 제1차 혁명을 촉발시켰습니다. 또한, 러시아 입장에서는 패배를 향해가던 제1차 세계대전은 1917년 혁명의 도화선이 됐지요. 이런 역사를 되돌아보건대 러시아가 '전쟁에 국운을 거는 나라'라고 해도 과언은 아닙니다.

이쯤에서 크림 전쟁이나 아프가니스탄 침공의 부분적 패배에 한번 주의를 기울여보겠습니다. 양쪽 경우 모두 전쟁의 본래 당사자는 러시아에 인접한, 그리고 러시아보다 더 취약한 정치체들이었습니다. 러시아와 같은 전제 정권인 튀르키예는 1853년 이전까지 러시아와의 충돌에서 거의 두 세기 동안 연패해왔으며, 아프가니스탄의 무자헤딘(빨치산)들은 통일되지 않는 종교 보수주의 세력들이었습니다. 그들이 러시아에 부분적 패배를 안길 수 있었던 이유는 물론 핵심부 세력(크림 전쟁에서의 영국과 프랑스, 아프가니스탄 침공 당시의 미국 등)이 그 전쟁에 직접(크림 전쟁) 내지 간접적으로(아프가니스탄 전쟁) 개입했기 때문입니다. 이런 이해를 갖고 본다면 오늘날 우크라이나 전쟁 상황이 지닌 역사적 맥락이 조금 더 분명해질 것입니다. 우크라이나 전쟁에서도 핵심부 세력(미국과 유럽연합)이 이제는 매우 적극적으로 간접 개입을 하고 있기 때문입니다.

그렇다면 이 간접 개입은 무엇을 의미할까요? 전술 핵 사용 등과 같은 극단적 시나리오를 제외하면, 우크라이나의 완패와 러시아의 완승은 아마도 비현실적일 것으로 전망됩니다. 러시아의 완승이 앞으로의

"40년 동안 이어질 푸틴 (후속) 체제"를 의미함을 너무나 잘 아는 핵심 부 세력들이 만약 "대규모 재정 및 무기 지원"을 계속한다면 러시아의 완승을 예방할 수 있으리라고 봅니다. 즉, 푸틴이 지도상에서 지우고자 하는 우크라이나라는 (친서방) 독립국가의 "유지" 정도는 보장받을 수 있으리라고 봅니다. 그렇다면 이 전쟁에서 러시아가 완패할 수도 있을까요? 지금으로서 예측하기가 대단히 어렵지만, 여태까지의 경과로 봐서는 그것도 생각만큼 쉽지 않을 듯합니다. 이를테면 러시아의 집중 관심 지역(돈바스)에서는 대단히 더디긴 하지만, 러시아의 우크라이나 영토 장악이 계속 진행 중입니다. 지금의 시점(2023년 말)에서는 전쟁 결과에 대해 확실히 예측하기란 불가능합니다. 하지만 (우크라이나 영토 상당 부분의 초토화와 엄청난 규모의 살상 등 대량 파괴 이외에) 아마도 이 전쟁의 가장 유력한 결말은 러시아가 일부 우크라이나 영토(크림, 돈바스, 헤르손 지역 등) 장악을 공고히 하고 영구화하는 것일 듯합니다. 러시아가 우크라이나를 침공했던 본래 목적이 우크라이나 국토 전체의 장악 내지 속국화였던 만큼 이런 결말은 러시아 (민족주의자들의) 입장에서 부분적 패배일 것입니다.

그렇다면 러시아가 취할 다음 스텝은 아마도—역사적 전례로 봐서—근대화 지향의 어떤 새로운 움직임들일 것이라고 짐작이 가능합니다. 오늘날 세계 체제에서 근대화의 모범 사례는 중국인 만큼 우크라이나 침공 이후 러시아에서의 근대화의 방식은 아마도 "중국적"일 것이라고 예측됩니다. 단, 중국의 경제적 궤도가 수출 주도인 것과는 달리 러시아는 아마도 수입 대체와 일부 전략 공업 부문의 집중 육성 등에 초점을 맞출 듯합니다. 한데 우크라이나 침략이 "대중 동원"의 필요성을 보여준 만큼 러시아는 이미 망한 소비에트 당·국가의 동원 시스템을 대체할 수 있는 새로운 동원 시스템의 구축도 모색하지 않을까 싶습니다. 결국 관건은 이런 위로부터의 동원에 맞서 대중들에 의한 밑으로부터의 동원, 즉 반권위주의적 민중 운동이 어느 정도 탄력을 얻을 수 있을 것인지 여부입니다. 세계적인 경제 위기와 빈곤화 속에서는 민중 세력들이 오히려 새로운 기회를 얻을 수 있지 않을지 예상해봅니다.

세계는 러시아와 함께 퇴보 중인가

저처럼 우크라이나에 대한 러시아 침략을 결사반대하는 러시아 출신들 사이에서는 러시아 국가의 "퇴영적 성격"이 늘 화제의 중심 중 하나입니다. 생각해보면 러시아 국가와 군대의 침략적 행동이 21세기에 벌어진다는 것이 가끔은 믿기가 어려울 지경입니다. 물론 미국 역시 최근 이라크나 아프가니스탄에서 타국에 대한 침공을 벌였지만, 러시아는 침공에 더해 군사점령한 우크라이나 국토의 대부분을 러시아에 "병합"까지 한 것입니다. 세계 역사상 군사 침략을 통한 자국 영토의 확장은 1945년 이후로 그 전례를 찾기가 거의 어려운데, 오늘날 러시아의 행동은 전후 세계가 아닌 아예 18세기의 "영토 전쟁"들을 방불케 할 정도입니다. 사실상 다수가 용병(고용 군인, 모병제 군인)인 러시아 군인들이 벌이는 전쟁 범죄의 모습은 17세기의 30년 전쟁 때의 무차별 살인과 강간, 약탈 등을 연상케 합니다.

그때도 대부분의 군인들은 (주로 가장 가난한 계층 출신의) 용병들이었습니다. 전쟁 수행의 방법은 17세기 수준, 전쟁의 목표(영토 확장)는 18~19세기 수준이라면, 차후 러시아 정부의 국가 발전 계획인 "요새 러시아 건설" "외래 기술의 국산화" "수입 대체" "국가 주도의 재공업화" 등은 많은 면에서 20세기의 국가주의적 개발주의가 "업그레이드된 버전"에 가깝습니다. 러시아인들에게 익히 알려진 국가주의적 개발주의는 스탈린 시대의 공업화인데, 푸틴의 전략과 스탈린의 전략 사이의 차이란 전자가 혼합형 재벌 경제를 전제로 하고 완전 국유화를 지향하지 않는다는 점 정도입니다.

사회주의 지향을 포기한 러시아가 군사주의와 국가주의의 야만으로 돌아가고 있다는 것은 이제 누구나 쉽게 눈치챌 수 있는 대목입니다. 한데 퇴보의 리듬에 빨려 들어가는 것은 비단 러시아뿐만이 아닌 것 같습니다. 이미 전 세계가 이러한 흐름에 합류하는 듯 보입니다. 그 징후는 무엇보다 1945년 이후 서방세계에서 일어난 가장 큰 변화인 '노동계급의 중산층화'가 무너지고 있는 것입니다. 노동계급은 분절화당하는 중이고, 계속 늘어나고 있는 워킹 푸어들의 삶은 1945년 이전의 빈곤 문화를 더 연상케 합니다. 예컨대 신자유주의적 자본주의의 전형적인 대도시인 런던에서는 저임금 근로자들의 비율이 17퍼센트 정도인데 이는 서울보다 약간 높은 수치입니다. 하층, 불안 노동자 계층은 조금씩 늘어나고 "중산층화된" 노동자 계층은 조금씩 줄고 있는 추세는 특히 영미권이나 일부 서구 국가에서 확연히 관찰됩니다.

노동 부문뿐만이 아닙니다. 유럽의 대부분은 오늘날 폭염에 시달리고 있지만, 기후 문제에 있어서 후퇴하는 듯한 행보를 가시적으로 보여주고 있습니다. 지정학적 불안으로 인해 유럽으로의 가스 공급이 문제가 되자 다시 석탄 채굴과 에너지 생산을 위한 석탄 이용이 늘어나기 시작한 것입니다. 기후 문제 해결을 위해서 사회가 석유 회사 등 '탄소 자본'에 대한 통제부터 제대로 해야 하는데, 유가 폭등 상황에서 석유 회사들이야말로 쾌재를 부르고 있는 형국입니다. 이는 우크라이나 전쟁의 가장 비극적인 결과 중 하나이기도 한데, 기후 문제에 대한 밑으로부터의 관심 자체가 유럽에서 가시적으로 둔화됐습니다. 살인적인 에너지 가격 인상으로 최소한의 필요 불가결한 에너지 소비 자체가 문제가 된 하층이나 중하층 구성원들의 입장에서 기후 정의 문제는 생존 문제에 비해 다소 2차적인 것으로 보이기 시작한 것입니다. 기후 변화는 차후 우리의 상상 이상으로 희생과 파괴를 초래할 것으로 전망되는데, 이 의제에 대한 '관심의 상실'은 그야말로 최악의 상태입니다.

젠더 문제도 마찬가지로 후퇴하고 있습니다. 가령, 얼마 전 미 연방 대법원에서는 임신중단권 판례를 무효화한 일이 있었는데, 이처럼 최근 지구촌 곳곳에서 임신중단권에 대한 공격이 가해지고 있습니다. 예컨대 2020년에 폴란드의 극우적인 집권 정당은 정권에 사실상 예속화된 사법부를 통해서 임신중단권을 거의 박탈했습니다. 지금 폴란드로 몰려온 수백만 명의 우크라이나 피난민들에게는 이 임신중단권 박탈 상황이 엄청난 충격으로 돌아왔습니다. 구소련의 법률을 대체로 계승한 우크라이나의 임신중단권 관련 법규는 그것보다 훨씬 개방적

이기 때문입니다. 참고로 우크라이나의 피난민 대다수가 여성인 이유는 현재 우크라이나가 18~60세 남성의 출국을 대부분의 경우 금지하고 있기 때문입니다. "여성은 외국에 가서 안전한 곳에서 아이를 돌보고 남자는 군복을 입어 싸워야 한다"라는 것은 우크라이나 정부가 당연시하는 젠더적 역할 분담인데, 이런 의식 자체가 젠더 문제에서의 상당한 보수성을 드러냅니다.

최근 한국 내 극우 정권의 행보는 그야말로 상상을 초월할 정도입니다. "1주당 최장 92시간 근무"를 허용하겠다는 발언이나 여성가족부 폐지 움직임 등 노동이나 젠더 문제에 대한 명백한 퇴보의 신호를 보내고 있는 것이지요. 기후 문제에 있어서는 문재인 정권의 로드맵을 대체로 계승한 것처럼 보이지만, "부문별 감축 목표 수단 현실화" 등을 거론하는 것을 보면 그것도 무력화시키려 하는 듯합니다. 그런데 이와 같은 퇴보적 행보는 아쉽게도 최근 전 세계의 퇴보적 경향의 일부로 보이기도 합니다. 조금씩 불황의 늪으로 빠져드는, 2008년 세계 경제공황 이후 신자유주의 시스템의 주요 문제를 전혀 해결하지 못하고 "양적 완화"라는 미봉책으로 문제를 봉합하려 했던 자본주의 세계는 이제 거의 진보에의 능력을 잃은 것 같습니다. 아마도 대중적인 좌파적 급진화가 이루어지지 않는 이상, 이 퇴보의 속도는 빨라지기만 하리라고 생각됩니다.

전쟁 이후의 세계

세기말로 돌아간 세계, 한국의 과제는 무엇인가

요즘 들어 '신냉전'이라는 용어가 흔히 쓰이곤 합니다. (구) 냉전의 주요 참전국인 미국·중국·러시아가 다시 패권 싸움을 벌이고 있기에 '냉전의 귀환'과 같은 방식으로 개념화하기 쉬워서 그리 부르는 것일 테지요. 한데 사실 '신냉전'이라는 말은—저도 종종 쓰긴 하지만—어폐가 좀 있습니다. 과거 냉전은 어디까지나 러시아 혁명1917과 중국 혁명1949의 연속이었습니다. 즉, 미국과 서방의 반대쪽에 섰던 국가들은 고전적 자본주의와 다른 '대안적 근대'를 명분 차원에서나마 추구했습니다. 게다가 그들은 구미권 중심의 세계 자본주의 체제와 나름의 거리를 유지하면서 가능한 범위 안에서 자급자족을 추구했습니다.

한데 오늘날의 중국은 국내총생산에서 대외무역이 차지하는 비율(37퍼센트)이 미국(24퍼센트)보다 높습니다. 그리고 중국 언론의 반미

선동이 아무리 심해도 중국 수출품의 17퍼센트나 사주는 중국의 최대 해외시장은 여전히 미국입니다. 중국식 일당제 국가는 대기업에 의한, 대기업을 위한 미국식 양당제 민주주의 국가와는 물론 다르지만, 그 차이는 '자본주의'라는 공통의 범주를 벗어나지 않습니다. 이런 상황을 고려하면 '냉전의 귀환'이라기보다는 차라리 소위 세기말, 즉 고전적 제국주의의 황금기였던 1870~1914년의 귀환이라고 보는 편이 더 정확할 것입니다.

지금이 미국 패권이 흔들리고 있는 시기라면, 1870~1914년은 영국 패권이 저무는 시대였습니다. 가령, 패권 국가였던 영국보다 그 패권에 도전하는 독일의 국내총생산이 이미 1910년쯤 더 컸던 것으로 추산됩니다. 현재 상황을 바탕으로 추산하면 도전 국가인 중국이 위기의 패권 국가인 미국의 명목상 국내총생산을 2030년쯤이면 추월할 것으로 예상합니다. 한데 오늘날의 중국과 미국처럼, 제1차 세계대전을 앞둔 영국과 독일도 긴밀한 무역·투자 관계를 맺고 있었습니다. 오늘날 중국 수출품의 17퍼센트가 미국으로 가듯이, 1910년 독일제국 수출품의 17퍼센트가 오스트레일리아, 남아프리카공화국, 캐나다 등을 포함한 대영제국으로 향했습니다. 오늘날 중국의 발전 궤도를 예시하듯이, 1914년 이전의 독일제국도 패권 국가였던 대영제국에 비해 훨씬 강력한 관료국가를 구축했습니다. 독일 전체 근로 인구 가운데 공무원의 비율은 4퍼센트로, 당시 영국의 두 배 수준이었습니다. 오늘날 중국의 전략 부문마다 국영기업이 많은 것처럼, 1914년 이전의 독일제국도 영국과 달리 많은 철도와 은행 등을 국가가 소유하고 경영했습니다. 그 당시 독일도, 현재 중국도 추격형 발전을 하는 후발 주자로서 국가 자본주의를 적극적으로 이용한 셈입니다.

패권 국가가 흔들릴수록 열강의 각축, 식민지 쟁탈전이 심해집니다. 추격형 발전을 거듭하는 후발 주자로서 과거의 독일도 오늘의 중국처럼 '자원 지대'를 필요로 했기에 아프리카에 눈을 돌리게 됐습니다. 단 차이라면, 1914년 이전 아프리카에서 일련의 식민지(토고, 부룬디, 카메룬, 나미비아 등)를 획득한 독일과 달리 오늘날 중국은 주로 아프리카와의 투자·무역 관계 발전을 쌓는 데 주력하고 있습니다. 한데 오늘날 주변부를 놓고 벌이는 강대국 사이의 갈등은 20세기 초반 식민지 쟁탈전 못지않은 끔찍한 유혈 사태로 귀결되기도 합니다. 1904~1905년 일본과 러시아가 만주와 조선의 주인 자리를 놓고 10만 명 이상 사망한 제국주의 전쟁을 벌이지 않았던가요? 우크라이나가 러시아의 정치·경제적 식민지가 될 것인지, 아니면 유럽연합의 경제 식민지가 될 것인지를 놓고 벌이는 오늘날 러시아의 우크라이나 침공 현장에서는 이미 적어도 20~25만 명의 군인과 민간인들이 사망했으며 인명 손실은 늘어만 가고 있습니다.

전쟁의 시대는 늘 민족주의의 시대입니다. 20세기 초반 마르크스주의자들은 근대 민족을 "자본주의의 산물"로 규정하고 민족주의를 "부르주아적 이데올로기"라고 규탄했습니다. 오늘날 학계도 민족을 근대 이후에 생겨난 "상상의 공동체" 정도로 봅니다. 그러나 학계에서 비판적인 분석의 대상에 불과한 민족주의가 거리에서는 갈수록 더 활개를 칩니다. 20세기 초반 민족주의를 전파하는 주된 매체가 황

색신문들이었다면, 오늘날에는 국가의 지휘·감독을 거절할 수 없는 SNS들이 그 구실을 합니다. 메타 같은 미국 SNS들이 차단되고 러시아 정부의 통제를 받는 프콘탁테VK 같은 국내 SNS만 허용되는 러시아에서는 국민의 73퍼센트가 미국을 적대국이라고 보고 있으며, 미국에서도 대체로 국민의 70~75퍼센트는 러시아를 적대시합니다. 역시 서방 SNS의 접근이 차단된 중국에서 일본에 대한 비호감의 수준은 60~70퍼센트대에 달합니다. 일본이라고 중국을 그보다 더 좋게 보는 것도 결코 아닙니다. 민족주의와 배타주의에 기반을 둔 혐오는, 20세기 벽두처럼 21세기 초반에도 세계화와 제국주의적 경쟁의 격화를 수반합니다.

이처럼 오늘날 세계에서 1914년 이전 세계를 방불케 하는 요소들은 적지 않지만, 차이도 큽니다. 가장 큰 차이라면 '전쟁'을 수행하는 방식의 변화일 것입니다. 1914년 이전 세계에서 패권 국가인 영국은 평시 징병제가 없었지만, 주요 열강들은 하나같이 대규모 징병제 군대를 거느리고 있었습니다. 그 세계에서 남성은 동시에 병사여야 했지요. 이와 같은 강경 징병제는 한반도를 포함한, 강대국 사이에 낀 일부 완충지대 국가에서만 남아 있을 뿐 주요 열강에서는 이미 거의 없어졌습니다. 예컨대 잠재적 전장인 대만 이외에 한반도 주변에는 이제 순수한 징병제 국가가 하나도 없습니다. 러시아도 이미 징병제와 모병제를 병행하는 혼합형 군대를 운영하며, 현재 우크라이나 침략 현장에 파견된 병력 대부분은 모병제 병사들입니다. 핵무기 시대 열강들 사이 전면전은 불가능하거나 가능성이 낮기에, 앞으로도 열강 사이에 일어나는 군사적 갈등의 주된 형태는 오늘날 우크라이나처럼 완충지대로의 침공과 침략 전쟁을 겸비한 열강 사이의 대리전일 것입니다. 한반도가 이런 전쟁의 현장이 되지 않게끔 외교적 노력을 미리 경주하는 것이야말로 대한민국의 핵심적인 국정 과제가 돼야 합니다.

전쟁과 타자에 대한 혐오, 민족주의와 배타주의가 연속적으로 폭발하는 복합적인 지정학적·경제적·생태적 위기 속 세계에서는 아마도 머지않아 민중의 인내력이 그 한계를 드러내 사회적 내파 현상들이 나타날 것입니다. 몇 년 전 프랑스의 '노란 조끼' 같은 자연발생적 반란들이 다시 일어나게 되면, 진보적 정치 세력들이 그 저력을 이용해 급진적인 탈신자유주의와 복지국가의 재건, 기후 위기 대응에 최적화된 새로운 경제 건설을 어느 정도 진전시킬 수 있을지가 주된 관심사로 떠오를 것입니다.

● 케인스주의와 스탈린주의를 넘어선
● 평등화 프로젝트를 시작하라

'근대'를 여러 가지로 정의할 수 있지만, 매우 중요한 특징 중 하나는 바로 '수직적 상향 이동의 가능성'이 열린 것입니다. 물론 전통 사회라고 해서 그런 이동이 전혀 없었던 것은 아니었습니다. 서방의 경우, 대대로 부를 모은 상인 가문이 궁극에 가서 귀족 작호까지 하사받는 일은 종종 있었으니까요. 조선의 경우에는 조선 건국 초기 태종 치세만 해도 과거 (문과) 급제자 중 절반 정도는 사족 신분임이 확인되지 않습니다. 즉, 대부분의 경우 향리나 부유한 양민 출신이라고 봐야 하는 것이지요. 몇 대에 걸쳐서 이뤄지긴 했지만, 특히 근세 사회는 수직 이동의 가능성들이 대폭 증가되어 실질적으로 그러한 이동이 꽤 행해졌습니다. 한데 거기에 비해 '근대'는 비약적으로 더 많은 수직적 이동의 기회를 부여한 것이지요.

그렇게 된 배경이 세습적 신분 철폐만은 아니었습니다. 산업화와

278

국가 관료 기구의 팽창은 특히 고등교육을 받은 과거 '하층 신분' 출신들에게 예전에는 없었던 "고속 출세"의 기회를 부여하기 마련입니다. 여기에서는 정권의 정치적 성격마저도 그리 중요하지 않았습니다. 극우 반동들이 주도하는 보수적이고 권위주의적인 근대화라 해도 성장이 빠르게만 이뤄지면 일단 엄청난 수직적 상향 이동이 일어나게 돼 있습니다. 박정희, 전두환, 이명박의 공통점은 무엇일까요? 극우적 성향의 정치 지도자라는 점 이외에 세 사람 다 "찢어지게 가난한" 농민 혹은 막노동자 집안 출신들이라는 것입니다. 이들에 견주면 면사무소 서기의 아들이었던 노태우는 어쩌면 '비교적 유복한 가정 출신'으로 통했을 것입니다. 그랬던 이들에게 사회적으로 상향 이동의 가능성을 준 것은 바로 군이나 재벌, 그리고 군사 교육과 일반 고등교육의 대대적 팽창이라는 시대적 상황이었습니다. 사회적 귀족으로 성장한 피착취층 출신들이 신분 상승 후 바로 최악의 피착취층 억압자가 된 것입니다. "내 눈에 흙이 들어가기 전에 절대 노조를 인정할 수 없다"라는 말로 유명한 정주영 회장 역시 빈농 출신입니다. 즉, 개천에서 용이 났다고 해서 그 용이 개천을 관대하게 다루지 않았습니다.

이런 일이 과연 한국에서만 일어날까요? 20세기 세계 전체를 봐도 여태까지 유례없었던 계급적인 상향 이동은 거의 도처에서 일어났습니다. 그러니까 "개천에서 용이 나는" 상황은 신자유주의 시대 이전까지는 "세계 보편"이었던 것이지요. 심지어 극우적 성격을 지닌 제정 러시아의 가장 보수적인 기관인 군부에서마저도 1914년의 경우 장교 중에서 귀족 출신들이 53퍼센트에 지나지 않았습니다. 장군들 중에서도 조부가 농노인 경우들이 종종 있었던 것입니다. 사관학교 등을 통해서 '용'이 될 자가 '개천'에서 올라올 수 있는 대중 사회는, 사회주의 지향적인 1917년 혁명 이전에 이미 형성돼가는 중이었습니다. 사회주의 혁명의 과제란 이보다 훨씬 급진적이었습니다. 사회주의 혁명은 단순히 개천에서 누구나 다 용이 될 수 있는 사회를 만드는 것을 넘어서서 아예 그 '개천' 자체를 없애고자 했습니다. 즉, 노동자 출신이 꼭 관리자가 되지 않아도 노동자로서 충분히 관리자와 평등할 수 있는, 그런 사회를 만들려고 한 것이지요. 혁명 초기의 노동자들의 공장 관리 위원회나 레닌이 중시했던 "노동자·농민 감찰원 Rabkrin"(기층민들이 국가 관료를 감찰할 수 있는 기구), 노조들에게의 일부 행정적 권력을 이양했던 것 등은 바로 이와 같은 "기층민 힘 키우기 empowerment" 프로젝트의 일환이었습니다.

이 프로젝트는 1920년대 말까지 어느 정도 가동됐다가 그다음에는 사실상 정지 및 폐기되고 말았습니다. 공장 관리 위원회들은 이미 1919년쯤 그 명을 다했고, "노동자·농민 감찰원"은 1920년대 중반부터 스탈린파에 의해 장악돼 1934년 일반 감찰원으로 개편됩니다. 부하린파(소련의 정치가 니콜라이 부하린을 추종하던 세력)에 속했던 미하일 톰스키Mikhail Tomskii, 1880~1936의 지도를 받았던 소련 노조는 1920년대 말까지 어느 정도의 자율성을 보유했습니다. 하지만 톰스키가 노총 위원장에서 해임되고 스탈린파에 충성해온 니콜라이 시베르니크Nikolai Shvernik, 1888~1970가 노총 위원장직을 이어받은 1930년부터 노조는 그냥 당의 하부 기관, 어용 노조로 전락하고 말았습니다. 1920년대 말 이후 소련에서는 "개천"과 "꼭대기"가 분명히 다른 서열적인 사회가 거의 완전하게 복원됩니다. 한데 평등화 프로젝트가 폐기되고 난 후에도 혁명을 거친 사회는 여전히 파격적인 신분 상승의 가능성들을 그 하부 구성원들에게 허용해줬습니다. 물론 그럴 수 있을 만큼 소련 말기까지 관료 기구와 교육 등이 계속 팽창해온 부분도 있었습니다. 지금 러시아를 지배하고 있는 푸틴과 같은 기층 노동자 출신의 소련 말기 하급 관료 출신들은 그 "고속 출세"의 기회를 누린 마지막 세대인 셈입니다. 이미 사회 귀족으로 태어난 그들의 자녀들은, 더 이상 이런 "고속 이동"이 불가능한 신자유주의적인 현대판 세습 신분 사회 위에서 군림하게 돼 있습니다.

〈기생충〉(2019) 같은 영화가 너무나 잘 보여준 사실상의 "현대판 양반"과 "현대판 천민"의 유사 세습적 사회인 신자유주의는 2008년 세계 경제공황 이후로 만인들의 지탄 대상이 되었지요. 현재 구미권에서는 신자유주의 비판이 주류를 이루고 있습니다. 문제는 신자유주의에 대한 비판 대부분이 수직적 이동이 가능했던 케인스주의 사회를 "되찾자"라는 취지에 머물고 있다는 것입니다. 마찬가지로 러시아에서도 스탈린주의 좌파의 신자유주의 비판이란 대개 "재능이 있는 노동자 누구나가 대학에 가서 교육을 받고 관료가 될 수 있었던" 스탈린 시대를 찬양하는 데에 그치고 맙니다. 케인스주의나 스탈린주의가 보다 많은 수직적 신분 이동을 가능케 했다는 것은 역사적 사실입니다. 하지만 그 "복원"이란 이미 비현실적일 뿐만 아니라 과연 바람직한지에 관한 질문을 던질 만한 주제입니다. 케인스주의도 스탈린주의도 "성장주의" 사회였는데, 기후 정의 같은 과제를 해결하자면 우리는 마땅히 탈성장을 지향해야 합니다. 즉, 기후를 살리자는 의미에서 적어도 선진권에서는 경제성장을 일단 멈추고 그 대신에 불평등 폭의 축소, 즉 분배의 개선에 초점을 맞추어야 할 것입니다. 그런 의미에서 1917년 혁명이 지녔던 본래의 이상, 즉 "개천" 그 자체를 없애려는 "평등 지향"이야말로 저는 미래 지향적이라고 봅니다. 탈성장과 진정한 의미의 철저히 평등한 사회주의가 같이 가야 하는 것이지요.

● 파편화되는 세계,
● 윤석열 정부의 실패는 시작됐다

이번 우크라이나 침략에서 러시아가 "고전"을 한다든가, (애당초 설정한 전쟁의 목표를 달성하지 못했다는 의미에서) "이미 사실상 패배"했다는 이야기를 종종 들을 수 있습니다. 이 말들이 꼭 틀린 것은 아닙니다. 말로는 우크라이나의 "탈나치화"나 "탈군사화"를 거론했지만, 크렘린의 본래 목표는 우크라이나를 사실상 속국으로 만드는 것이었습니다. "복종"시키는 것이 목표였지요. 이 목표의 달성에 러시아는 보기 좋게 실패했습니다. 푸틴 침략의 결과, 우크라이나는 러시아에 복종하기는커녕 서방 측과 더욱더 밀착하게 됐습니다. 이 실패를 직면한 푸틴은 지금 우크라이나 영토를 조금씩 점령하고 강탈해가면서 서방의 우크라이나 지원 의지가 약해지는 순간을 기다리고 있는 셈입니다. 이 기약 없는 전쟁의 장기화는 적어도 지금까지는 침략국의 실패로 판단될 수밖에 없는 것이지요.

한데 러시아가 실패하고 있다고 해서 과연 "대리전"으로서의 성격 역시 농후한 이 전쟁에서 미국이 이기고 있다고 할 수 있을까요? 꼭 그렇지만도 않습니다. 이긴다는 것은 본래 목표의 달성을 의미합니다. 미국의 본래 목표는 미국의 "제후국" 후보국이 된 우크라이나를 침략함으로써 미국 중심의 세계 질서를 "교란"시킨 러시아의 경제를 제재 등을 통해 말려 죽이는 것이었습니다. 침략 개시를 앞두고 미국이나 유럽연합 측에서는 러시아가 우크라이나를 침범할 경우 러시아 경제가 10퍼센트 이상의 마이너스 성장을 하고, 무역이 거의 차단될 것이라고 예상했습니다. 세계 역사상 최강의 "지옥으로부터의" 제재를 미리 준비한 셈이었지요.

그런데 러시아가 우크라이나의 전장에서 실패했듯이, 미국도 러시아와의 경제전이라는 전장에서 실패하고 있는 중입니다. 광의의 서방(유럽연합, 일본, 한국, 싱가포르, 북미, 호주, 캐나다, 뉴질랜드 등을 포함)은 대러시아 제재를 결의했지만, 딱 거기까지였습니다. 서방과의 무역이 줄어든 만큼 러시아의 대인도, 대중국, 대중동 등의 무역이 갑자기 팽창해버렸습니다. 과거에 비해서 석유 등을 아시아 쪽으로 훨씬 더 많이 수출한 덕에, 2022년 러시아의 수출 총액은 2021년에 비해 오히려 19.9퍼센트나 성장했습니다. 제재와 서방(그리고 일본과 한국의) 기업들의 철수로 2022년 러시아 경제 전체는 마이너스 2.1퍼센트의 성장을 했지만, 2023년에는 플러스 3.5퍼센트대의 성장률이 예상됩니다. 애당초 미국의 노림수는 대러시아 제재를 통해서 러시아 경제의 폭락, 그리고 푸틴 정권에 대한 대대적인 민심 이반, 궁극적으로는 정권 교체를 유도하는 것이었습니다. 그런데 그 계획 역시 푸틴의 침략 계획만큼이나 성공을 거두지 못한 것입니다.

푸틴도 바이든도 실패한 이유는 사실 비슷합니다. 양쪽 모두 자신의 힘을 과신한 것이지요. 푸틴이 우크라이나의 군사력이나 우크라이나인들의 독립에의 의지, 그리고 우크라이나에 대한 서방의 지원 의지 등을 과소평가하고 러시아의 군사력을 과대평가했다면, 바이든은 서방 바깥 세계에 대한 미국의 영향력을 과대평가했습니다. 미국과 유럽(그리고 한국과 일본 등)이 대러 제재를 했다고는 하지만 중국이나 인도는 물론이거니와 걸프 국가들이나 튀르키예, 심지어 미국의 우방 중 우방인 이스라엘마저도 대러 제재 대열에 가담하지 않았습니다. 그들에 대한 대러 제재 체제 가담 압박도 무용했지만, 대러 제재에 대한 러시아의 우회와 면탈을 돕지 말라는 구소련 국가들에 대한 미국의 압박 역시 통하지 않았습니다. 예컨대 구소련 국가 중에서 러시아와 밀착하면서도 서방과도 매우 활발한 관계를 발전시켜온 카자흐스탄의 대유럽 무역은 2022년 27퍼센트나 늘어났습니다. 그 증가분의 상당 부분은 카자흐스탄을 통한 러시아의 유럽으로부터의 "우회 수입"이라는 점을 관계자라면 누구나 다 아는 사실입니다. 걸프 국가나 이스라엘은 그렇다 치고, 카자흐스탄이나 2023년 5월 러시아와의 항공 연결을 재개한 그루지야(조지아)마저도 미국의 말을 그다지 들으려 하지 않습니다. 그러니 러시아가 우크라이나 전장에서 고전을 면치 못하면서도 경제생활에 있어서는 적어도 "민심 이반"을 불러일으킬 정도의 어려움을 적어도 아직까지는 겪지 않고 있는 것입니다.

최근 국내외의 많은 분석가가 미국 중심의 일극 세계 체제가 오늘날 점차 다극화되어간다고 진단합니다. 미국과 경쟁하는 초강대국인 중국이나 여타의 대국인 인도 등의 상대적 부상이 가시화된 만큼 그런 분석도 나올 수 있지요. 하지만 그것보다는 현재 세계 체제가 더 현저히 보이는 특징은 일종의 "무극"이라고 칭할 만한 파편화 경향입니다. "미국의 말"도 과거와 같은 절대적인 힘을 지니지 않고 있지만, 중국이나 러시아가 꼭 미국이 약해지는 만큼 강해진다는 법도 없는 상황입니다. 미국의 우월성이나 패권이 상대화된 세계 체제에서는 각자도생, 즉 국가마다의 다면적인 실리 추구가 보편적인 생존의 법칙이 되어갑니다. 그러니까 파편화되어가는 세계 체제에서는 튀르키예처럼 나토 회원국의 입장을 견지하여 우크라이나에 무인기 등을 지원하면서도 러시아와도 정상적으로 무역을 하고 러시아의 기술 지원을 받아 원자력 발전소까지 계속 건설하는 것이 차라리 정상에 가깝습니다. 중동의 대국인 튀르키예는 그렇다 치고, 발틱의 소국인 에스토니아도—우크라이나를 매우 적극적으로 지원하면서—대러시아 무역을 계속 이어갑니다. 2022년 에스토니아의 대러 수출은 전년 대비 1퍼센트 정도 줄어들었지만, 러시아는 여전히 에스토니아산 제품을 사주는 수입국 5위의 파트너입니다.

이처럼 각국의 대외적인 다변화, 관계의 다면화, 다각의 실리 추구가 대세인 요즘의 세계에서, 윤석열 정부의 미국에 대한 "충성 어린" 태도는 장기적으로 커다란 비극의 서곡이 될 확률이 높습니다.

"전체주의적 집단"들의 전성기, 새로운 비전을 제시하라

　　며칠 전 아시아학을 공부하고 연구하는 북유럽 동료들이 모인 자리에 가게 됐습니다. 거기에서 한의학과 도교 등을 공부하는 한 박사과정 학생을 만났습니다. 그분은 한국과 관련된 한 가지 재미있는 이야기를 들려줬지요. 이야기인즉, 몇 개월 전 도교를 다루는 한 국제 학회에 갔는데, 거기에서 증산도 계열의 한 한국 신흥 종교가 운영하는 고등교육기관에서 파견된 몇몇 행정가형 학자(?)들을 만났다고 합니다. 그 박사과정 학생이 놀란 이유는 그 교육기관에 소속된 학자(?)들의 패권적인 태도였습니다. 다음 학회를 그들이 운영하는 교육기관에서, 그들의 돈으로 주최하기로 합의돼 있었기 때문에 그들의 태도가 한마디로 오만불손의 극치였다는 설명이었습니다. 가령, 본인들의 교리가 진리인 양 이야기하고, 학문적 의견을 피력한다기보다는 설교하거나 가르치는 투였으며, 참석자들의 동의도 없이 학회 분과들의 모습을 촬영해 이후 그 교육기관의 홍보 등에 사용했다는 것입니다. 이윽고 그 박사과정 학생이 제게 물었습니다. 한국에서는 이런 종교 단체들에 대한 견제라든지 법적 감시 등이 느슨해서 그들이 이 정도로 기고만장한 태도로 "돈 자랑"을 하면서 외국에 나가 주인 행세하는 것이냐고요.

한국은 강성 국가임에도 불구하고 대형 또는 초대형 종교 단체에 대해 아주 "부드러운" 태도를 견지해온 면이 분명 있습니다. 그 정도로 그들의 "영향력"을 정치인이나 관료들이 쉽게 무시할 수 없기 때문입니다. 지금 윤석열 정권은 노조를 대상으로 "회계 불투명성" 등을 거론하지만, 사실 종교 단체의 경우 종교 활동비를 비과세 항목으로 처리할 수 있는 것뿐이지 그 투명성은 매우 낮습니다. 즉, 법으로 보장받는 비과세 특전을 이용해 비자금 조성 등을 하는 일이 쉽다는 이야기입니다. 종교 단체들은 외부 회계 감사 등을 잘 받지 않습니다. 즉, 감시받지 않는 큰돈을 만들기가 쉬운 것은 오히려 종교 단체 쪽이고, 이들은 그것을 무기 삼아 어딜 가도 "주인 행세"를 충분히 할 수 있습니다. 한국은 자본주의 세계 체제 핵심부에 편입돼가는 과정에서 종교 인구 자체가 점차 감소해 지금은 무교인 사람이 거의 전체 인구의 3분의 2 정도에 달합니다. 그런데도 앞에서 언급한 증산도 계열의 종교 단체뿐만 아니라 특히 카리스마적 지도자를 중심으로 뭉치는, 결속력 강한 종교 집단들의 장사가 신자유주의 시대의 한국에서 성행하고 있는 것입니다. 그렇다면 그 구조적인 원인은 과연 무엇일까요?

신자유주의의 시대는 이윤율 저하의 시대이며 동시에 초대형 기업들이 주요 행위자로 부상한 "대기업의 시대"입니다. 이 밖에도 신자유주의는 불확실성과 불안, 외로움, 사회의 파편화와 개인의 무력화 시대이자 가족과 같은 공동체를 지향하는 말들이 옛말로 전락해가는 비정한 시대입니다. 혼밥·혼술·고독사의 시대이자 만성적인 불안과 공포의 시대이지요. 이런 시대에 강력한 리더를 중심으로 일사불란하게 움직이고, 큰돈을 소유해 비생산 고소득 부문에 투자하고, 무력해진 개인의 불안을 잠재울 만한 단결력이나 "강한 후견인"의 이미지로 무장한 집단들은 사실 그 황금기를 맞을 수밖에 없습니다. 카리스마와 집단 결속력이 강한 종교 단체부터 그 장사에 순풍이 부는 것입니다. 신도들이 얼마 되지 않아도 착취율(신도의 총소득 대비 신도가 종교 단체에 바치는 금액)이 높기 때문에 이런 종교 단체들의 소득은 비교적 좋은 편인데, 여기에 신도들까지 많아지면 아예 "대기업" 격이 됩니다. 원자화의 시대에는 그런 단체가 제공하는 (의사擬似) 연대감 체감 서비스("가족 같은 느낌"), 인맥을 만들 기회, 심적 안정, 초자연적인 힘을 호출함으로써 생기는 주관적 자신감 등에 대한 수요가 늘 있기 마련입니다. 즉, 종교 인구가 감소해도 단골 고객층은 어느 정도 보장돼 있는 것이지요. 그렇게 해서 생긴 잉여를 해당 종교 단체의 리더가 고소득 업종(부동산 임대업, 고리대 격의 대출업 등)과 정치인 영입 및 포섭, 즉 정치적 영향력 구입에 적절히 투자한다면, 이들 종교 단체는 언제 어디서든 얼마든지 주인 행세를 할 수 있는 것입니다. 자신을 부자 나라 한국의 종교업 부문의 대기업이라고 생각하니 밖에 나가서도 얼마든지 거드름을 피웁니다.

그런데 나라 밖을 봐도 신자유주의 시대는 철저하게 비민주적인 '국가' 규모의 집단들에게 그야말로 전성기로 작용하는 것 같습니다. 대개 그런 집단들에게는 어떤 "자원"에 대한 독점권이 있습니다. 가령, 러시아는 소련이 물려준 핵을 포함한 무기고들과 석유나 천연가스, 그리고 중앙아시아 출신의 가난한 이민 노동자들이 제공하는 저임금 노동력을 보유했습니다. 중국의 경우 수억 명에 달하는 민공(농촌 출신 저임금 노동자)의 값싼 노동력과 광대한 시장, 희토류 등의 자원을 가졌습니다. 걸프 지역의 절대 왕국들에게는 지하 에너지 자원과 함께 역시 수백만 명의 이민 노동자들이 제공하는 저임금 노동력이 있습니다. 그런 자원을 독점적으로 소유하고 관리하면서 그들은 구미권에서는 상상하기 어려운 초대형 투자를 비교적 쉽게 결정하고 집행합니다. 세계 역사상 가장 규모가 크고, 적어도 미화 5000억 달러 이상의 거대 자본이 투입된 사우디아라비아의 네옴NEOM 프로젝트는 신자유주의 시대의 절대왕권이 손댈 수 있는 프로젝트의 대표 격입니다. 그런 과감한 투자들은 낭비성도 심하지만, 중국의 IT, 반도체, AI 투자처럼 관리만 철저히 하면 추격 효과를 상당히 발휘할 수도 있습니다. 동시에 이런 프로젝트들은 그들로 하여금 자신들이 관할하는 지역의 주민들에게 "불안과 불확실성, 타락한 서양 등"으로부터 주민들을 "지켜주는 후견인"으로서의 이미지를 각인시켜줍니다. 그 결과, 공포와 함께 나름의 자발적 복종도 이끌어내 대민 통치를 실행할 수 있게 만들어주지요. 이런 국가 자본체의 내부 구조는 통일교나 신천지, 아니면 사랑제일교회만큼이나 상명하달적입니다. 또한, 자유주의와 민주주의적 요소들이 별로 없음에도 불구하고 그 국제적 위상이 신자유주의 시대 후기에 대단히 높아졌습니다. 사실 많은 면에서 이들 신흥 국가 자본체 집단들은—"전체주의적 집단"이라는 평가를 들으면서—이미 구미권 세력을 상당히 압박하기 시작했습니다. 구미권발 신자유주의는 결국 이렇게 부메랑처럼 되돌아와서 오히려 구미권의 위상을 상대적으로 약화시켰습니다.

구미권에서 "계급투쟁"이란 이미 어느 정도 제도화된 것이지만, 중국이나 러시아, 아니면 사우디아라비아 같은 나라들에서는 그야말로 "목숨을 버릴 각오"로 해야 하는 일입니다. 고전적인 서방식 민주주의를 당연시한 적도 없고, 그런 민주주의 아래에 살면서 발전을 이룬 적도 없는 사회인 러시아나 중국, 사우디아라비아에서 밑으로부터의 반체제 투쟁은 단순한 제도적 민주화 이상의 급진적 목표를 향해야 하는 것이 분명합니다. "목숨을 버릴 각오"로 벌일 투쟁이라면 이는 결국 "정의로운 사회"라는 미래 비전을 위한 투쟁이어야 합니다. 지금과 본질적으로 다르고 지금보다 노동자들을 비롯한 여러 약자들에게 훨씬 나은 정의로운 사회의 비전이 제시돼야 하는 것이지요. 이 비전은 예컨대 기후 문제 등에 중점을 두는 서구 좌파의 미래관과는 또 여러모로 다를 수도 있습니다. 결국 중국과 러시아 등의 역사적 경험이나 민중들의 기대치 등에 맞는 미래 비전을 제시하는 것부터가 저들 나라의 좌파가 맞이한 당면 과제일 것입니다.

균세로의
귀환은 기회인가

　애당초 국제 체제는 균세均勢, balance of power를 중점적 개념으로 해서 작동돼왔습니다. 서양에서는 수메르에서 여러 도시국가들이 상호 각축하면서 나름의 '세력 균형'을 이루고, 동양에서는 은나라와 동이東夷·서융戎狄·남만南蠻·북적北狄 등 주변 세력들이 균형을 이뤘던 시대부터 그래왔습니다. 균세, 즉 세력 균형의 원칙은 사실 간단합니다. 특정 국가가 지나치게 약해지면 주변 열강들이 그 영토를 분할·점령하는가 하면, 지나치게 강해지거나 어느 수준 이상의 야망을 보여 '균형'을 위협할 경우 열강들이 연대해서 전쟁을 함으로써 그 나라의 기를 꺾는 것입니다. 대체로 유럽의 국제 질서는 1945년까지 '균형'의 문제를 중심으로 움직여왔습니다. 가령, 혁명 이후 프랑스가 강해지고 주변을 점령하자 영국과 러시아, 프로이센, 오스트리아 등이 연합해서 결국 1815년 나폴레옹을 완패시켜 프랑스를 '2등 열강'으로 강등시켰습니다. 또한, 1870년 이후 통일된 독일이 강해지자 결국 영국, 프랑스, 러시아, 이탈리아의 연합 세력과 부딪쳤지요. 수메르 시대나 19세기 유럽에서나 균세 체제의 불가피한 동반자는 정기적인 열강 사이의 전쟁이었습니다. 전쟁 말고는 한 번 잘못 기울어졌다 싶은 균형을 다시 잡을 수 있는 수단이 없었습니다. 동아시아는 서양의 경우와 조금 다릅니다. 동아시아는 대개 패권 제국 중심의 조공 체제였지만, 예컨대 송나라와 요나라, 그리고 그 후 금나라의 장기 대립은 균세에 가까웠습니다.

이런 체제에 획기적인 변화가 생긴 것은 1945년 이후로 미국과 소련이 제2차 세계대전에서 승리하고 핵무기 생산이 시작되면서부터입니다. 냉전 체제에서는 처음부터 열강이 딱 두 나라, 미국과 소련뿐이었습니다. 이제 '균형'이란 이 두 초강대국 사이의 관계를 의미했습니다. 이런 양극 체제는 세계사에서 처음 있는 일이었습니다. 한데 이 양극 체제는 처음부터 불완전한 부분이 있었습니다. 소련은 군사를 포함한 모든 방면에서 미국에 비해 열세였습니다. 하지만 소련이 아무리 가난하고 후진적이라 해도 핵을 보유한 이상, 미국은 그 영향권(동유럽 지역)을 인정하고 그 안에서의 직접적 간섭을 자제해야만 했습니다. 이런 양극 체제의 주변부에서는 두 국가 사이의 대리전들이 계속적으로 수행됐지만, 미국과 소련은 직접적인 무력 갈등을 회피했습니다. 그런가 하면 과거의 서구 열강들인 영국, 프랑스, 독일, 이탈리아 등은 정도의 차이가 있지만 대체로 미 제국의 제후국으로 재편됐습니다. 이 전례 없는 양극 체제는 유럽 열강 사이의 각축을 완전히 불가능하게 만든 것입니다. 유럽 바깥의 열강들은—중국과 인도의 1962년 국경 전쟁 등에서 보이듯—종종 전쟁을 수행했지만, 냉전 시대에 초강대국과 주변부 열강 사이의 거리는 대단히 멀었습니다. 즉, 이 체제에서 유럽은 미 '제국'의 제후국이 됐고, 중국, 인도, 이란, 튀르키예 등의 위상은 그다지 높지 않았습니다. 한편, 1991년 소련 몰락 이후 한동안은 세계가 마치 동아시아 지역의 청나라 시대를 연상케 하는 '패권 제국 미국 중심의 일극 체제'로 가는 것은 아닌가 싶은 생각이 들 만한 상황이었습니다. 한데 이라크 전쟁에서의 패배와 2008년 세계 경제공황으로 미 제국의 위세가 꺾이면서 미국 중심의 일극 체제는 끝내 제대로 형성되지 못했습니다.

이후 트럼프 집권과 펜데믹 대응 실패, 아프가니스탄 철수 등으로 미국의 위상이 추락하면서 세계 질서가 점점 다시 균세의 시대로, 즉 1945년 이전의 시절로 돌아가기 시작했습니다. 물론 미국은 여전히 군사와 금융, 과학 등 일부 부문에서 상대적 우위를 보유 중입니다. 하지만 앞으로 약 15~20년 사이에 그 우위가 중국에 의해 상대화될 것으로 예상됩니다. 중국은 분명히 유라시아의 최강 국가로 이미 그 위치를 확정했습니다. 그런데 동시에 그 주변국인 인도와 러시아 등이 중국과 협력하는 한편, 은근히 견제를 하는 중입니다. 이외에는 이 새로운 국제 질서의 작동 원리가 솔직히 1914년 이전의 유럽 열강들 사이의 질서와 별반 다르지 않습니다. 지나치게 요구 수준이 높은 특정 열강을 다른 열강들이 견제하면서, 서로 엇비슷한 전쟁 수행 능력을 보유한 여러 세력들이 상호 협력과 견제를 반복하는 상태이지요. 예컨대 러시아가 우크라이나의 점령을 시도하자 미국과 그 유럽 제후국들, 그리고 일본과 한국 등이 연대해서 경제제재와 우크라이나 군사지원 등으로 러시아를 견제했습니다. 우크라이나 민중들의 저항과 함께 그 견제가 주효하여, 러시아가 실질적으로 점령할 수 있는 우크라이나 영토의 비율은 아마도 20퍼센트 안팎을 넘지 못할 것으로 전망됩니다(혹은 그것보다 훨씬 못 미칠 가능성도 큽니다). 시리아에서는 러시아와 이란, 튀르키예가 서로를 견제하는가 하면, 중국에 경제적으로 기대는 러시아는 동시에 인도, 베트남과의 관계를 강화해 은근한 대중국 견제를 이어갑니다. 이렇게 오늘날 열강들 사이에서는 전쟁과 상호 견제, 그리고 필요시의 협업이라는 '균세' 시스템이 작동하고 있습니다.

이런 균세 시스템의 재도래를 민족주의적 경향을 띤 국내 일부 지식인들이 "다극화"라고 표현하며 반기는 모양입니다. 그런데 이런 변화가 정말 반길 일인지는 따져봐야 할 필요가 있습니다. 1914년 이전 체제로의 회귀는 여러 가지 의미들을 지니는데, 그중 하나는 열강들 사이의 직접 충돌의 가능성이 높아진다는 것입니다. 예컨대 현재까지 러시아의 우크라이나 침공 현장에서 200명 이상의 외국인 전사들이 우크라이나 군대에 자원입대를 했다가 전사했는데, 그들 중의 수십 명은 미국과 폴란드, 영국, 독일 등 나토 국가들 출신입니다. 전장에서 나토 국가 출신 전사들과 러시아 병사들이 서로를 죽였다는 사실은 확전의 불씨가 존재함을 의미합니다. 또한, 대만을 중심으로 충돌이 발생할 경우 중국과 미국의 직접적인 무장 충돌의 가능성이 상당히 높을 것으로 예상됩니다. 영국, 프랑스, 독일, 러시아 간의 전쟁이 예삿일이던 19세기 정도는 아니지만, 균세 시스템으로 돌아가는 세계는 늘 불안을 담보로 합니다. 균형이 약간이라도 깨질 것 같으면 바로 군사적 대응이 실행되기 때문입니다. 즉, 균세의 원리로 돌아가는 세계는 오늘날에 비해 전쟁이 훨씬 더 대규모화되고 일상화될 것입니다. 유럽 및 동아시아에서의 장기 평화가 이제는 끝나가고 있는 것이지요.

우리에게 필요한 것은 제국형 열강 사이의 영구적인 경쟁을 의미하는 '다극'이 아니라 평화입니다. 미 제국 패권 체제도 그랬지만, 균세 시스템도 평화를 절대 보장할 수 없습니다. 우리가 평화를 원한다면, 민초 차원의 평화 운동부터 그 힘을 키우고, 영구 전쟁 체제의 경제적 배경, 이를테면 전시 무기 판매 등으로 군수 복합체가 얻는 초과 이윤 등에 대한 '불편한 질문'들을 던져야 합니다. 그리고 경쟁 열강에 거주하지만 똑같이 영구 전쟁 체제에 반대하는 민초들이 서로의 손을 잡고 함께 연대할 줄 알아야 합니다. 안타까운 점은 그럼에도 불구하고 아직까지 세계의 좌파적 반전운동이 그 단계까지 이르지 못했다는 사실입니다.

전쟁 이후의 세계

● 신자유주의는 어떻게
● 서구 패권을 종식시켰나

　　신자유주의의 '자유'는 노동에 대한 초착취의 '자유'일 뿐이고, 신자유주의적 세계화란 결국 공해와 저임금 일자리 수출 등을 의미합니다. 한데 신자유주의 시대가 초래한 지경학적 변화들을 객관적으로 살펴보다 보면 재미있는 부분들이 보입니다. 비록 신자유주의의 기수였던 로널드 레이건과 마가렛 대처가 의도한 한 바는 절대 아니었겠지만, 사실 신자유주의 시대야말로 서구의 패권 시대를 끝내는데에 아주 큰 견인차 역할을 한 바 있기도 합니다.

　　신자유주의 본격화 이전의 세계, 예컨대 1980년의 세계를 한번 상상해봅시다. 당시는 '미소 양극 체제'라고 하지만, 그 위성 국가 내지 자국 중심의 진영 바깥에서 소련이 행세하는 세계적 영향력은 사실 미미했습니다. 세계 총생산에서 소련이 차지하는 비중은 약 10퍼센트 안팎이었지만, 그렇다 해도 소련은 동구권 이외의 국가에는 경제적 영향력을 거의 행사하지 못했던 것이지요. 반면, 소련, 동구권, 중국, 북한, 베트남 등을 제외한 세계에서 구미권과 일본의 영향력은 거의 모든 방면에서 절대적이었습니다. 세계 총생산이나 세계 제조업 총생산에 있어서 미국의 몫은 약 30퍼센트로 단연 가장 컸습니다. 미국과 일본, 그리고 서독과 영국, 프랑스 등은 특히 IT 등을 위시해서 최첨단 기술을 거의 독점하다시피 했습니다(단, 무기나 원전, 우주공학 등 일부 분야에서는 소련도 세계적 노하우의 일부를 보유했습니다). 소련권을 제외한 세계의 모든 우수한 대학들은 전부 다 구미권과 일본에 있었습니다. 미국과 일본은 정치적 고려에 의해서 차관과 시장 접근 공여 등을 수단으로 한국과 대만 등을 "키우고" 있었습니다만, 이것은 어디까지나 냉전 상황에서 "필요"에 따른 것이었습니다. 극소수의 신흥 산업국 이외에 첨단 자본주의는 구미권과 일본의 독점물이었습니다.

그다음으로 신자유주의적 공장 이전, 저임금 국가 투자 집중, 구미권과 일본 자본의 세계적 확산과 현지에서의 공업 투자 등 40여 년간 자본주의적 세계화의 과정이 잇따랐습니다. 물론 구미권과 일본의 자본가들이 선심을 쓴 것이 아니고, 중국을 비롯한 신흥 시장들로부터 취할 수 있는 폭리를 노려서 이 과정에 들어간 것이지요. 한데 이쯤에서 오늘날 세계를 점검해봅시다. 미국 경제의 세계적 비중은 무려 23퍼센트로 여전히 만만치 않은 수준을 자랑하지만, 17퍼센트를 차지하게 된 중국은 이미 제조업 등의 여러 분야에서 미국을 사실상 추월했습니다. 제조업으로만 한정해 이야기하면 그 추월의 정도가 더욱 선명히 드러납니다. 제조업 분야에서 미국이 차지하는 몫은 16퍼센트밖에 되지 않지만, 중국은 그것의 거의 2배나 되는 비중을 차지하고 있으니까요. 첨단 기술에서는 특히 반도체 분야에서 중국이 미국과 대만 등의 수준에 머지않아 도달할 가능성이 있습니다. 미국이 중국 반도체 산업에 대한 제재에 돌입한 배경입니다. 즉, '추월'의 현실적 가능성이 있어 미국이 부득불 선수를 친 셈입니다. 사실 1980년의 세계에서는 그런 위험성이 존재할 이유가 없었습니다. 그 당시 첨단 사업이었던 컴퓨터 제작 등에 있어서 소련은 미국에 한참 뒤떨어져 있었기 때문입니다. QS 세계 대학 랭킹 등을 보면 여전히 최우수 100개 대학은 주로 구미권과 일본에 분포해 있지만, 17위에 칭화대학교가, 18위에 베이징대학교가 올라오는 상황은 1980년의 세계에서라면 상상하기 어려운 일입니다.

중국 등 신흥 시장에 홍수처럼 밀려들어간 구미권과 일본 자본은 '폭리'를 노렸을 뿐이지만, 이 투자와 무역 붐을 이용할 수 있는 위치에 있었던 중국이나 걸프 국가, 그리고 인도나 튀르키예, 인도네시아 등 비교적 '강성'인 국가들은 신자유주의적 세계화를 역이용해 이제 어느 정도 "부상"에 성공했습니다. 물론 이와 함께 과거의 "제3세계"는 부익부 빈익빈 방식으로 양분되고 말았습니다. 중국 등과 같이 외자를 이용해 빠른 산업화에 성공하지 못한, 보다 약한 많은 국가들은, 결국 점차 중국 자본의 경제 식민지 위치로 전락해가는 중입니다. 동남아시아의 라오스부터 중앙아시아의 타지키스탄, 아프리카의 잠비아나 앙골라 등 그런 사례들은 수두룩합니다. 주변부의 강한 국가들에게는 신자유주의적 세계화가 어느 정도 기회가 되었던 반면, 보다 약한 국가들에게는 경제적 재식민화의 함정이 열린 것입니다. 자본주의의 일반적 법칙인 약육강식은 이 경우에도 적용됩니다.

세계화가 지속되면 서구 패권이 장기적으로 위기에 빠진다는 사실을 드디어 눈치챈 미국은 이제 탈세계화를 가속화시키고 있습니다. 사실 미국의 산업 정책들은 이제 신자유주의라기보다는 1930년대식 보호주의에 더 가깝습니다. 한데 세계는 이미 바뀌고 말았습니다. 43년 전에는 구미권과 일본이 세계 총생산의 약 65퍼센트를 차지했지만, 지금 그 비중은 40퍼센트에 불과하고 경향적으로 감소하는 추세입니다. "서구 패권 이후" 세계의 윤곽은 이미 점차 잡혀가고 있습니다. 40~50년 후의 세계에서 펜타곤과 하버드, 국제어로서의 영어 등이 현재와 같은 위치를 갖고 있지 않으리라는 점은 어디까지나 분명한 현실입니다. 이런 패권 쇠락이 가능해진 여러 이유 중 하나는 바로 '자살골'이 되고 만 신자유주의적 세계화입니다. 물론 이 자살골을 넣게 된 이유는 구미권과 일본에서의 경향적 이윤율의 저하이지요. 그리고 이 세계화의 결과가 구미권과 일본 지배자들의 예상과 결국 상당히 다르게 나온 셈입니다.

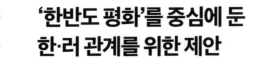

'한반도 평화'를 중심에 둔 한·러 관계를 위한 제안

2022년 2월 24일 러시아의 우크라이나 침공 이후에 러시아 등 동유럽 문제들은 한국에서 돌연 다수의 주목을 받으면서 주요 외교·안보 의제로 떠올랐습니다. 1990년 한·소 외교 관계 정상화 이후로 이처럼 러시아가 한국의 외교 의제에 중요한 의미를 가지게 된 것은 아마도 이번이 거의 처음일 것입니다. 1990년대 초반, 한·소 수교 직후 한국에서 잠깐 "러시아 붐"이 일어난 적이 있긴 했지만, 그 붐은 무척 짧았습니다. 1990년대, 소비에트 당·국가 해체 이후에 국가의 통치력이 일시적으로 약화돼 혼란기에 빠진 러시아는, 중국과 비교할 만한 한국의 주요 경제 파트너로 떠오를 리가 없었습니다. 1990년대 초반 이후부터 한·중 경제 관계가 점차 한국 경제의 핵심적인 대외 관계로 부상했지만, 한·러 관계는 주변에 머무르면서 주로 북한 문제나 한국에서의 러시아인 미등록 노동자, 러시아 여성을 둘러싼 인신매매 등과 관련해서만 국내 언론에서 언급되곤 했습니다. 물론 2000년 이후 러시아 자본주의의 상대적인 회복과 팽창에 따라 한국의 대러 교역이 일정 부분 증가하기는 했습니다. 2000년 러시아는 한국의 무역 파트너 순위 21위였다가 2022년 2월 24일 침공 직전에는 10위로 상승했습니다. 하지만 그래봐야 전체 대러 교역 규모는 273억 달러 정도로 한국 무역 전체의 2.2퍼센트에 불과했습니다. 경제적 비중이 낮은 만큼 한·러 관계는 그다지 대중들의 관심을 끌지 않고 있었지요. 그러다가 우크라이나 침공 사태로 말미암아 돌연 관심의 중심이 되어 주목받기 시작했습니다.

● 안보·외교 중심의 한·러 관계 구조

이와 같은 한·러 관계의 궤도는 우연이라기보다는 필연에 가깝습니다. 노태우 정권의 북방 외교 일환으로 1980년대의 한국이 그 당시 소련과의 수교를 모색했을 때부터 그 주된 동기는 경제 이외, 그리고 경제 이상으로 '안보'였습니다. 노태우 정권의 대소 수교의 목표는 1988년 올림픽 성공 개최 이후로 무엇보다 북한의 주요 후견 국가인 소련과 수교함으로써 북한을 견제하는 것이었습니다. 그런데 이런 의도는 주로 시베리아와 원동 지역에 대한 한국으로부터의 투자 등 경제적 이익을 염두에 뒀던 소련 지도부의 기대와 다소 엇갈리는 지점이 있었습니다. 수교 이후 무역이나 투자 관계는—한국의 대중국 내지 대동남아시아 관계에 비하면—비교적 미미한 수준에 머물러 있었다

전쟁 이후의 세계

고 해도 외교·안보 문제에 있어서 러시아의 역할은, 특히 러시아에서 권위주의 체제가 안정기에 들어선 2000년대부터 나름 중요했습니다. 예를 들어서, 2003~2007년의 6자 회담에서 러시아가 '중개자'로서 했던 역할은 국내 학계에서도 상당히 적극적으로 평가받은 바가 있습니다. 마찬가지로, 유엔안전보장이사회의 상임이사국으로서 러시아의 역할은, 대북 제재 통과 과정에서도 중요했습니다. 물론 러시아와 중국이 북핵 문제를 접근하는 데에 있어서 대체로 중국 측이 주도하고, 러시아 측은—약간의 접근 차이가 있어도—궁극적으로 중국의 리드에 따르는 추세이긴 합니다. 하지만 적어도 북핵 위기가 다시 벌어졌던 2017년 당시에는 러시아의 입장에 어느 정도 무게가 실려 있었습니다. 나아가서 2016~2017년에 벌어진 사드THAAD(고고도 미사일 방어체계) 위기 상태에서 러시아는 비록 한국에서의 미국 사드 배치를 원칙적으로 반대했지만, 중국에 비해서는 한국에 대해 다소 부드럽고 융통성이 있는 입장을 취했습니다. 즉, 다시 말해서 한·러 관계의 가치는 경제적 측면보다 이와 같은 안보 위기의 상황에서 더 명확하게 발휘되곤 했습니다. 경제와 안보가 한·러 관계의 두 축이라면, 그중에서 안보의 상대적 비중이 더 큰 것이지요. 사실 구한말 때에도 당시 제정 러시아와의 관계 역시 무역보다는 한반도를 둘러싼 청나라나 일본 등 여러 열강과의 관계에 있어서의 러시아의 외교, 즉 군사적 역할에 더 큰 비중을 두었습니다. 자본보다 군사를 위주로 해서 근대화를 추구해온 러시아의 발달 궤도가 그대로 반영된 부분이라 하겠습니다.

● 러시아의 우크라이나 침공과 한국의 장기적 이해利害

이런 차원에서 우크라이나 침공 사태가 한·러 관계에 커다란 영향을 미친 것은 충분히 예상 가능한 일이었습니다. 이 침공에 대한 한국 측의 부정적 태도는 한국의 입장에서 지극히 당연했습니다.

우선 한국은 무역 의존도가 79퍼센트나 되는 무역 대국입니다. 무역은 국제법을 필수적인 배경으로 삼습니다. 무법적 환경에서는 무역에 따르는 위험 부담이 커지기 때문에 무역 국가에는 "준법準法적 국제 커뮤니티"가 유리합니다. 한데 우크라이나 침공은 국제법을 정면으로 위반하며, 궁극적으로 국제법의 영향력을 크게 감소시키는 파급 효과를 미치고 있는 것으로 사료됩니다. 이는 한국의 핵심적인 장기적 이해利害를 침해하는 일입니다. 동시에 석유와 천연가스의 주요 공급자인 러시아가 이 침공을 벌인 나라인 만큼, 우크라이나 침공은 장기적으로 유가 불안 및 잠재적 앙등으로 이어질 가능성이 큽니다. 이는 에너지 집약적인 제조업을 주요 산업으로 하는 석유 수입국인 한국으로서 크게 불리하지 않을 수 없는 상황입니다.

한편, 우크라이나 침공이 벌어질 수 있었던 하나의 배경은 바로 상황적인 준準동맹에 가까운 중·러 관계의 상태입니다. 러시아에 친화적이고 표면적인 중립을 지키는 중국은 러시아의 전쟁 수행 과정과 서방 제재에 대한 러시아의 회피 전략 등을 면밀히 분석하면서 이와 유사한 사태에 대비하기 위한 '참고 자료'로 삼는 중입니다. 제재에도 불구하고 2023년 총국민생산의 성장률이 3.5퍼센트 혹은 그 이상으로 전망되는 등 러시아의 경제가 서방 분석가의 예상과 완전히 다르게 비교적 선전하는 사실은 중국 측이 얼마든지 "대만을 상대로 무력행위를 벌여도 경제적 파탄을 피할 수 있다"라는 뜻으로 해석할 수도 있습니다. 대만을 둘러싼 그 어떤 중·미 갈등도 한국으로서는 최악의 악몽 같은 시나리오에 속합니다. 전반적으로, 러시아의 침공으로 더욱더 탄력을 받은 전 세계의 군사화 추세, 무장 경쟁 추세의 강화는 단기적으로 (아래에서 논증한 것처럼) 한국의 방산 수출 등에 유리하다고는 해도 장기적이고 궁극적으로는 태평양 지역을 포함한 여러 지정학적인 완충지대에서의 군사행동 가능성을 높입니다. 특히 한국이 속한 지역에서의 군사행동은 한국의 핵심적 이해를 침해할 것입니다.

● **침공 초기:
한·러 관계 위기의 '관리'**

우크라이나 침공의 불법성과 그 침공이 내포하는 한국의 핵심적 이해관계에 대한 불리한 점을 따져봤을 때, 한·미 동맹 등의 차원에서 침공 직후 대러 제재에 한국이 합류하는 일은 충분히 예상 가능한 일이었습니다. 이 제재(금융 거래에 대한 제재 조치 등)가 결정, 시행되자마자 러시아는 이에 대응하여 한국을 "비非우호 국가"로 지정했는데, 이와 같은 반응도 충분히 예상 가능한 일로 아마도 피하기가 힘들었을 것입니다. 그러나 러시아 입장에서 '주적'은 한국이 아닌 (러시아에서 흔히 쓰이는 표현대로) "집단적 서방", 즉 미국과 북미·유럽에서의 동맹국들이었습니다. 또한, 당시 문재인 정권도 불가피한 수준 이상의 제재 조치로 인한 한·러 관계의 치명적 악화를 원하지 않았습니다. 그래서 영미권 언론들은 "사태의 평화적 해결"을 촉구하는, 침공 직후 당시 문재인 대통령의 담화를 두고 "중·러 측과 미국이라는 동맹국 사이에서 러시아의 원성을 크게 사지 않으면서 미국을 행복하게 만들려고 하는 전략을 취하는 듯하다"라는 평을 내리기도 했습니다. 그래서 우크라이나 전쟁 개전 초기, 즉 문재인 정권 말기에는 러시아 측 한국 전문가들도 한·러 관계의 상태를 두고 "완전한" 악화라기보다는 일종의 "휴식 시간пауза"이라는 표현을 사용했습니다. 2022년 봄, 한·러 관계에 치명적인 금이 갔다고 생각하는 사람은 한·러 양쪽 모두 많이 없었던 듯했습니다.

● 윤석열 정권: 우크라이나 지원과 한·미 동맹 강화

문제는 윤석열 대통령의 취임 후, 즉 2022년 5월 이후에 심각해졌습니다. 한·미 동맹에 절대적 가치를 부여한 새 정권은, 문재인 정권의 비교적 조심스럽고 균형 잡힌 접근 방식을 버렸습니다. 그 대신 우크라이나의 입장도 아닌 미국의 입장을 거의 전적으로 받아들이는 듯한 인상을 풍기는 일련의 조치와 제스처를 취했습니다. 러시아 측으로서 가장 크게 문제된 것은 캐나다로 대량의 포탄을 수출한 것, 그리고 폴란드로 전차 및 자주포를 수출한 것이었습니다. 러시아 측은 우크라이나의 주요 지원 국가인 캐나다나 폴란드가 한국산 무기를 공급받는 만큼 재래 무기를 우크라이나에 보내거나, 한국으로부터 수입한 무기를 우크라이나에 다시 보낼 수 있다고 의심했습니다. 2022년 8~9월 쯤 러시아 측은 이미 한국을 우크라이나에 무기를 "비공식적으로" 공급한 국가로 지목했습니다. 이에 대한 러시아 측의 공식적인 "적색 신호"는 "만약 한국의 이와 같은 행동이 지속되면 우리도 북한과의 군사 협력을 할 수 있다"라는 2022년 10월 27일 푸틴의 발언이었습니다. 사실 이와 같은 언급은 "한·러 관계의 완전한 파탄" 가능성에 대한 최후 경고 조치에 해당됩니다.

윤석열 대통령은 우크라이나에 살상 무기를 공급한 사실을 공식적으로 부인했지만, "한국의 주권에 해당되는 사항인 만큼" 원칙적으로 불가능한 일이 아니라고 못을 박기도 했습니다. 한국 당국이 그 뒤에 취한 일련의 조치로 봐서는 푸틴의 "최후 경고 조치"는 나름의 영향을 미치긴 했지만, 궁극적으로 우크라이나 무기 지원을 통해 한·미 동맹 강화에 만전을 기하려는 윤석열 정권의 의지를 꺾지는 못했습니다. 2023년 4월에 누출되어 여러 언론에 보도된 미 군부의 기밀문서 내용을 그대로 믿는다면, 한국의 당국자들이 우크라이나에 무기를 직접 지원하라는 미국 측의 압박에 직면하면서 폴란드를 통한 우회 지원 정도를 용인할 수 있었던 것으로 간주됐습니다. 2023년 5월 말 한국 정부가 《월스트리트저널》의 관련 보도를 부인했지만, 미국을 통한 우크라이나로의 한국산 포탄 지원 소식은 러시아를 포함한 관계 국가들에 이미 전해졌습니다. 궁극적으로 2023년 7월 15일 윤석열 대통령의 키이우 전격 방문은 비록 살상 무기에 대한 직접 지원과 관련된 약속으로 이어지지는 않았지만, 한국의 이미지가 러시아 당국자들의 의식 세계 속에서 "우크라이나의 후원 세력"으로 각인되기에는 충분했던 것으로 보입니다. 이미 2023년 5~6월에 러시아 측 분석가들이 한·러 관계는 비록 개선이 불가능한 최악의 악화를 면하더라도 경향적으로 나빠질 수밖에 없다고 예상했습니다. 그 후 지금까지 전개된 상황은 대체로 이 예상이 맞았음을 입증합니다.

● **북·러 관계의 변화와
한·우 관계의 "미러링"**

한국을 "우크라이나의 후원 세력"으로 지목한 러시아 측은, 일종의 "대칭적 대응" 전략을 선택했습니다. 한국이 러시아의 적국인 우크라이나와 가까워지는 만큼 러시아도 한국의 주적인 북한과 가시적으로 가까워져갔습니다. 윤석열 대통령이 우크라이나 대통령 젤렌스키를 만났다면, 러시아의 푸틴 역시 북한의 김정은을 만나는 것은 "대칭적 대응"에 제격이었습니다. 이 만남은 세계 언론의 대대적인 주목을 받으면서 2023년 9월 13일에 이뤄졌습니다. 윤석열 대통령이 젤렌스키 대통령에게 "생즉사 사즉생 정신에 입각한 연대"와 "자유와 민주주의를 지키기" 위한 공동의 "싸움"을 제시한 것처럼 김정은도 푸틴을 만난 자리에서 "앞으로도 언제나 반제자주 전선에서 내가 러시아와 함께 있을 것"이라고 다짐하면서 우크라이나 침공에 대한 전적이고 무조건적 지지의 뜻을 나타냈습니다. 그리고 한국이 우크라이나에—앞에서 이야기한 것처럼—간접적이고 우회적으로 무기를 지원하고 있는 개연성이 계속 언론에서 보도되는 것처럼, 김정은과 푸틴 관계의 중심에 북한에 의한 탄약이나 포탄 등 군사 물자의 공급이 자리를 잡고 있다는 것으로 계속해서 언론들이 보도하고 있습니다. 결국 우크라이나 지원을 통한 윤석열 정권의 "한·미 동맹 굳히기 작전"은 적어도 외형적으로 일종의 '동맹'을 방불케 하는 북·러의 "새로운 밀월"로 이어졌습니다. 북·러의 "밀월"은 한·러 관계로 보면 앞에서 이야기한 "휴식 시간"을 넘은 "준準파탄"에 가까운 상태를 의미합니다.

물론 푸틴의 "김정은 껴안기"는 단순히 "윤석열 정권의 우크라이나 지원에 대한 대칭적 응징"만으로 해석될 수 없습니다. 유엔 제재상 금지된 부분이지만 러시아는 이 제재를 우회하는 어떤 방식으로 예컨대 지금은 거의 파괴된, 러시아군이 점령 중인 동남부 우크라이나 지역의 복구 사업에 북한 노동력을 활용할 가능성이 큽니다. 러시아는 단순 노무 인력의 부족을 만성적으로 겪는 국가로 북한의 인력에 대한 수요가 큰 곳입니다. 경제적 측면 이외에도 북·러 "로맨스"의 이념적 측면도 중요합니다. 사실 세계에서 푸틴의 우크라이나 침공을 전폭 지지하는 나라는 극히 드뭅니다. 예컨대 2022년 10월 12일에 유엔총회에서 통과된 러시아의 우크라이나 일부 영토 합병에 대한 규탄 결의에 대해서 반대표를 던진 나라들은 5개국에 불과합니다. 이 중 러시아를 제외하면 4개국인데, 그중 하나가 북한이었습니다. 북한은 현 우크라이나 정권을 미국의 지원에 의존하는 "신나치" 정도로 인식하면서 미국이 우크라이나에서 러시아를 상대로 러시아를 "파멸시키기 위한 대리전쟁"을 펼치고 있다고 보고, 이 전쟁을 미국의 세계 패권 사수의 차원이라고 분석합니다. 이런 차원에서 김정은의 여동생

김여정金與正, 1988~ 은 북한이 러시아와 "같은 전호(참호)에 있다"라는 극단적 표현까지 써가면서 러시아에 대한 적극적인 지지의 뜻을 표시했습니다. 이 차원에서 비록 '가치'의 의미와 맥락은 당연히 다르지만, 북·러 "밀월"도—윤석열 정권 시대의 한·미 동맹처럼—"가치 동맹"으로서의 면모를 지니는 부분이 있습니다. 그러나 이런 실용적 내지 이념적인 부분들과 함께 푸틴의 "김정은 껴안기"는 윤석열 정권의 "우크라이나 지원을 통한 한미 동맹 강화" 전략에 대한 대응임이 틀림없습니다. 노태우 정권 시절에 경제보다 차라리 안보에 더 큰 비중을 두고 출범한 한국의 대러 관계는 이렇게 해서 30여 년 만에 안보 분야에서 파탄에 가까운 상황을 직면하게 된 것입니다.

● **한국의 손익 결산:**
경제와 안보·외교

그렇다면 현재 한·러 관계의 손익 결산은 어떻게 파악할 수 있을까요? 일단 경제적 측면부터 따져보겠습니다. 러시아로의 수출은 2022년에 36.6퍼센트로 감소했다지만, 2023년 6월까지 전년의 같은 기간 대비 22.7퍼센트나 늘어 일정한 회복세를 보였습니다. 한데 러시아로부터의 수입은 2022년에 14.6퍼센트로 감소된 데다, 2023년 6월까지 전년의 같은 기간에 비해 40.8퍼센트나 감소했습니다. 이는 일견 상당한 타격으로 보이지만, 한국을 포함한 많은 선진국이 이제 러시아와 직접적으로 교역하는 대신에 주로 구소련의 다른 공화국들을 통해 간접적으로 무역을 한다는 점을 염두에 두어야 합니다. 2022년만 해도 그런 간접 무역의 거점으로 알려진 카자흐스탄으로의 수출이 무려 115.2퍼센트나 늘어났는데 이는 누가 봐도 우크라이나 침공으로 인한 "간접적 대러 무역"이라는 특수 상황과 연결돼 있는 현상입니다. 또 하나의 대러 간접 무역 허브인 키르기스스탄으로의 수출은 2022년 무려 231.4퍼센트 정도의 전례 없는 성장을 보이기도 했습니다.

일정한 교역량 감소와 러시아에서 공장을 운영했던 현대자동차 등 일부 대기업의 부득이한 철수 등으로 상당한 손실이 있긴 했지만, 굳이 손익 결산 보고서를 만들자면 2021년 70억 달러(한화로는 약 9조 2869억 원)에 불과했던 한국의 방산 수출이 러시아의 우크라이나 침공 등으로 인한 세계적 군비 증가의 분위기 속에서 2022년 170억 달러(한화로는 약 22조 5539억 원)에 달했다는 점도 염두에 두어야 할 부분입니다. 2022년 한국의 방산 수출액은 대러 수출 총액보다 2.5배나 더 컸습니다. 대러 수출에서 빚어진 차질은 한·러 관계의 대대적인 악화에 따라 구조화될 수 있겠지만, 한국 방산 수출의 새로운 위상 역시 앞으로 나름대로 고정될 확률이 큽니다. 즉, 순수하게 경제적 차원에서만 본다면 러시아의 우크라이나 침공이 조성한 지구촌의 새로운 분위기 속에서 한국이 손해만 본 것은 아니라는 점도 인정할 수밖에 없는 사실입니다. 전쟁이 만들어내는 '특수'는 자본주의 세계 체제에서 늘 "성장의 동력"으로 통해왔고, 오늘날 한국의 상황은 이와 같은 경향의 연장선상에 있습니다. 러시아는 2023년 경제성장률을 3.5퍼센트 정도로 비교적 높게 예상했는데 이는 "전시 특수"로 말미암은 것으로 분석됩니다. 한국의 일부 방산 자본도, 러시아의 자본도 어떤 측면에서는 전쟁의 수혜자들인 셈이지요.

한데 앞에서 이야기한 것처럼 한국의 대러 관계는 애당초 경제적 측면보다 외교·안보적 측면이 우선시됐습니다. 노태우 정권이 추진한 북방 정책의 초점은 소련 내지 러시아로 하여금 북한의 후견 국가, 즉 상위 동맹국이자 군사기술의 공급자로서의 역할을 포기하도록 유도하는 데에 있었습니다. 이런 측면에서 보면 여태까지 윤석열 정권 아래에서 이뤄진 대러 관계 관리의 결산은 처참하다고 해도 할 말이 없을 정도입니다. 문재인 정권 후기에 시도됐던, 우크라이나 사태에 대한 한국의 지나친 연루를 예방하려는 시도들이 윤석열 정권 들어서는 제대로 이어지지 못했습니다. 결국 2023년 여름쯤에 이르러 한국은 한반도 평화 수호라는 대외 정책의 최종적 목표가 허용하는 수준 이상으로 현재 우크라이나를 그 중심으로 하는 지구적인 지정학적 대결에 연루되고 말았습니다. 우크라이나에 대한 인도적 지원 및 비非군사 물자 지원 등은 대러 관계의 적당한 '관리'와 충분히 병행이 가능했을 텐데 말이지요. 그 균형이 깨져가는 상황에서 북·러는 냉전 시대를 방불케 하는 '연대'를 과시하면서 전례 없이 밀착했고, 그 결과 러시아의 첨단 군사기술이 북한으로 이전되는 등 한반도 평화를 심각하게 위협할 수 있는 상황이 도래할 확률이 높아졌습니다. 한·러 관계의 준準파탄에 가까운 상태는 결국 한반도를 둘러싼 안보 환경의 대대적 악화와 서로 연결돼 있는 것입니다.

● 한반도 평화 중심의 한·러 관계 구도를 위해서

물론 오늘날 한·러 관계의 처참한 상태에 대한 책임을 윤석열 정권에만 묻는 것은 정당하지 않을 수도 있습니다. 앞에서 이야기한 것처럼 러시아의 우크라이나 침공은 한국의 장기적인 핵심적 이해관계에 반한 행위였으며, 어떤 정권이 집권했어도 일정 정도의 관계 악화를 각오해야만 했을 것입니다. 한데 러시아의 무력에 의한 "제국 영토 복원" 프로젝트가 위험천만한 상황을 빚을수록 한반도 평화 수호에 사활을 걸어야 하는 이해관계를 가진 한국의 대응은 더욱 신중해야 했습니다. 침략 피해 국가에 대한 인도적 차원 등의 지원을 하되, 이 상황을 이용해서 대미 충성을 과시하는 것처럼 보이는 정치적 행동은 자제했어야 했던 것이지요. 그리고 대러 교전 중에 있는 나라에 대한 살상 무기 지원은 비록 우회적으로 이루어진다 해도 북·러의 군사적 밀착 등 한반도 평화를 위협할 수 있는 사태로도 연결될 수 있다는 점을 기억해야만 했습니다. 즉, 그로 인한 리스크를 보다 신중히 관리했어야 했던 것입니다. 러시아의 우크라이나 침공은 엄연히 세계 평화에 대한 범죄 행위임에 틀림없습니다. 하지만 이와 같은 상황에 직면한 한국 정부는 한·미 동맹 이상으로 한반도 평화를 우선시했어야 했지요. 결국 한국 정부의 레벨에서는 장차 대러 관계 복구 및 관리의 중심에 "한반도 평화"라는 절대적 과제가 있어야 합니다. 이와 동시에 한국의 시민사회는—정부의 대러 관계 관리 노력과 별도로, 그리고 정부와 관계없이—러시아의 침공으로 고통을 받는 우크라이나 민중,

그리고 독재 정권에 맞서 저항하는 러시아의 민주화 투사들을 지원하는 것이 바람직하다고 여겨집니다.

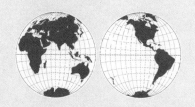